EMOCIONES INFANTILES

Guía de cuidados

Papel certificado por el Forest Stewardship Council®

A mi familia.
Gracias por prestaros a ser «mis ratas inteligentes» en mi propio laboratorio de inteligencia emocional, la vida es más vida a vuestro lado.
Chicas, gracias por todas las horas de diversión que os he robado para escribir este libro y por la generosidad con la que me habéis regalado los momentos sagrados de nuestra intimidad para ayudar a otras personas.
Miguel, si Adam Smith pudo escribir La riqueza de las naciones *mientras su madre le hacía la cena, yo he podido escribir este manual de cuidados gracias a los tuyos. Tienes mi eterna gratitud y reconocimiento.*

Primera edición: mayo de 2024

Printed in Spain - Impreso en España

ISBN: 978-84-253-6596-6
Depósito legal: B-6.000-2024

Compuesto en Compaginem Llibres, S. L.
Impreso en Gómez Aparicio, S. L.
Casarrubuelos (Madrid)

GR 6 5 9 6 6

EMOCIONES INFANTILES

Guía de cuidados

BEATRIZ M. MUÑOZ

Grijalbo

ÍNDICE

PARTE DOS. ...*a la práctica*

NOTA ACLARATORIA DE LA AUTORA SOBRE EL USO DEL LENGUAJE

A lo largo de este libro, quizá te extrañe el acercamiento que he escogido a la hora de expresar el género del discurso en la redacción. No es una decisión insignificante, sino que he decidido utilizar, en la medida de lo posible, fórmulas y términos que visibilicen tanto lo femenino como lo masculino, pues no es inocuo el lenguaje a la hora de formar la identidad social de las personas. Por tanto, leerás indistintamente los términos «madre» y «padre», «hijo» e «hija». Encontrarás, también, el femenino genérico en muchos casos, así como el habitual masculino genérico en otros. Asimismo, verás que a menudo recurro al término «figuras parentales», un uso del femenino que alude a madres y padres a la vez, pero también a otras personas que son referentes en la vida de las niñas y los niños y que ejercen dicha función.

PRÓLOGO

Desde que conozco a Bei, siempre he admirado de ella su compromiso con la infancia. En un mundo en el que los niños tienen un espacio (real y figurado) para existir tan limitado y constreñido y en el que se ven obligados a ajustarse a expectativas imposibles y etiquetas desajustadas, Bei siempre ofrece eso que ella repite tanto: aliento.

En *Emociones en conexión* es fácil imaginar su voz relatando, de tú a tú, lo que ha escrito, mientras avanzas a través de los capítulos. El tono sereno, el permiso a ser imperfectos, su experiencia personal y profesional se respiran más allá de las palabras. Su forma de acercarse a las familias está llena de compasión y a años luz de cualquier tipo de exigencia, y siempre enfocada en tratar de aportar algo que las ayude a tener una experiencia más tranquila y satisfactoria día a día con sus hijos. Esto, unido a las mil y una horas de estudio, exploración e investigación que, con certeza, hay detrás de estas páginas, hace que se conviertan en un espacio seguro donde poder reflexionar sobre nuestro rol como figuras paternas y revisar aquello que sea necesario.

A lo largo de las siguientes páginas no vas a encontrar recetas para un apego seguro, aunque sin duda, las reflexiones y los movimientos que puedas notar por dentro de tu cuerpo según avanzas abran un espacio para caminar en esa dirección. Esa es la magia de las relaciones, que no tienen que ver con fórmulas rígidas, sino con honestidad, coherencia y una presencia auténtica.

Lejos de lo que mucha gente piensa, el apego seguro no se consigue a base de pautas, sino que surge en la mirada de los padres, de los cuidadores. Cuando los niños ven en sus ojos que tienen permiso de existir siendo quienes son. El apego seguro surge en ese destello que ven en sus progenitores, en la certeza de saberse bienvenidos tal y como son. Cuando notan en su cuerpo que sus padres disfrutan de su existencia y de su compañía, sin necesidad de tener que esconder nada para ser aceptados, es ahí donde la seguridad se siente real, sigamos unas pautas u otras.

Una parte imprescindible de aquello que necesita ser visto y acogido son las emociones. La posibilidad de sentir todas nuestras emociones con el permiso de nuestros padres y desde que venimos a este mundo va a ser aquello que nos permita conocernos, respetarnos, encontrar respuesta a los conflictos y retos que vayan surgiendo a lo largo de toda nuestra vida. Poder sentir, algo tan sencillo y tan complejo a la vez, será un factor esencial en nuestro desarrollo y bienestar.

Cuando hemos crecido en relaciones en que nuestras emociones se ignoraban, se reprimían o trataban de controlarse o calmarse, no es de extrañar que nos acerquemos a las de nuestros hijos con mucha inseguridad y dudas, e incluso rechazo, aunque no queramos. Un buen punto de partida puede ser comenzar a entender que todas esas emociones que quizá hemos crecido creyendo que están mal, que son exageradas o inútiles, tenían una función, un para qué (incluso si eso sigue siendo un misterio para nosotros). Las emociones nos dan respuestas, nos mueven hacia un lugar que nos cuida y, si aprendemos a escucharlas, va a ser mucho más fácil poder acercarnos a las emociones de los niños que estemos acompañando y confiar ciegamente en ellas.

Quizá la curiosidad sea un buen aliado en esta lectura que vas a emprender. La curiosidad por lo que nos pasa y les pasa a nuestros hijos, la curiosidad por el mensaje que sus emociones y las nuestras nos tratan de trasmitir, la curiosidad por nuestras dificultades como padres y también por nuestras fortalezas, incluso la curiosidad por la culpa y la exigencia que tantas veces no nos permiten disfrutar. Todo lo que nos ocurre trata de cuidarnos, aunque reconozco que, a veces, creerlo requiere un acto de fe.

Estoy segura de que este libro puede ser un lugar donde comenzar a desarrollar o fortalecer ese espejo en el que nuestros hijos puedan ver sus emociones como un arcoíris de colores infinitos e igual de preciosos, porque, independientemente de lo agradables o desagradables que se sientan, si se experimentan ligadas a nuestra presencia incondicional, las emociones van a ser su guía hacia una vida en la que poder cuidarse y quererse de la misma manera que lo hemos hecho nosotros.

Beatriz Cazurro

INTRODUCCIÓN. TU CLIMA EMOCIONAL

Las emociones son como los colores..., inclasificables.

Mis hijas van a clases de arte y les encanta pintar, a mí también, pero tengo menos tiempo y lo hago bastante peor. Tanto que, cuando una vez su profe les dijo que «menudos genes tenían en la familia», pensé automáticamente que serían los de su padre.

No, no pinto bien. Pero me encanta.

Tampoco canto bien, ni se me da bien tocar música, ni hacer ejercicio.

Hace años no hacía ninguna de estas actividades, solo practicaba aquellas en las que sobresalía, porque así construí de pequeña la idea de que podía pertenecer en el mundo.

También me encanta clasificar las cosas, no sé si el intento de ordenar me hace sentir que puedo controlar lo incontrolable o si analizar las diferencias me permite acercar las similitudes. El caso es que me encanta. Y a muchas personas les sucede igual que a mí; de hecho, en Montessori tenemos muchos materiales sobre clasificar, no para memorizar sino para entender las relaciones entre diferentes conceptos.

Una vez me regalaron unas acuarelas nuevas y, para probarlas, me propuse clasificarlas: colores primarios y secundarios, tonos fríos y oscuros, colores complementarios y suplementarios. La gama de los rosas, de los naranjas, de los amarillos... Para cuando terminé, me regalaron otras acuarelas, esa vez metalizadas, y vuelta a empezar, ahora con los matices más sutiles.

Al principio, parecía sencillo, finalmente, se me tornó una tarea titánica y decidí que no merecía la pena clasificar más, para volver a disfrutar de la clasificación en otro momento, pero desde un lugar menos cuadriculado y más fluido.

Algo así me ha pasado con las emociones. En su día, clasificarlas parecía que me daba seguridad (buenas y malas fue la primera —y simplista—

clasificación, —y también, en ese momento de mi vida, necesaria para mi comprensión—), después, se convirtió en algo tan complejo que me acabó angustiando. Hoy en día no solo clasifico las más comunes, sino también las que son exclusivas de otras culturas. ¿Exclusivas? Pero... ¿no son universales? Sí, yo también me hice esta pregunta y llegué, al contestarme, a conclusiones muy interesantes. Lo vamos a descubrir juntas.

Para comprender necesito clasificar; asimismo, para mí, es muy necesario soltar (un poquito, y solo si podemos) la necesidad de clasificar, si esto significa que voy a hacer compartimentos estancos. Nombrar los colores es importante y distinguir los distintos matices, pero, por ejemplo, mi pareja no diferencia el color topo del beis, para él todo es marrón, ¡y pinta mejor que yo!

Clasificar colores me ayuda a emprender la teoría del color, pero realmente es tan simple como decir que *La Gioconda* es un conjunto de colores. Y saber más nombres de colores me puede ayudar en determinados momentos, pero el verdadero arte viene de la propia experiencia, de estar presente con ella mientras respondes a la pregunta, tan trascendental como simple, ¿para qué pinto?

Algo así pasa con las emociones, en este libro voy a clasificarlas para poder comprenderlas mejor y, a la vez, te voy a pedir que, si empiezas a perder el foco, si empiezas a meterlas en cajitas demasiado cerradas, dejes de hacerlo en cuanto puedas porque, de lo contrario, puedes perderte la increíble creatividad de tener toda una paleta de colores solo para ti.

E, igual que con el arte, lo más importante de las emociones es descubrir para qué nos sirven. Hay personas que tienden a decir que algunas no valen para nada, es más, incluso que no deberían existir, pero la investigación actual apunta a que no solo sirven para algo, sino que, además, es nuestro propio cerebro quien las construye con un propósito determinado; por ejemplo, cuando sientes miedo para poder huir o enfrentarte a un peligro.

Para mí, la inteligencia emocional no va solo de reconocer gestos que creemos que son universales ni de poner nombre a las emociones ni mucho menos va de asociar colores a emociones, aunque, si a ti te funciona, está perfecto. Para mí, se trata más bien de entender que las emociones son algo incierto, precioso y que nos animan a actuar como quien corre para refugiarse de una tormenta, y también a parar como cuando ves un arcoíris. A veces, la vida va tan rápido que estamos más en «modo prisa» que en «modo contemplación». En esas ocasiones, nos perdemos, y se nos olvida por unos instantes que la vida puede ser maravillosa. A veces, pasamos un tiempo sin ver el arcoíris y lo echamos de menos, otras lo vemos a diario, así que ya no nos sorprende tanto y lo damos por supuesto. Pero, realmente, no deja de ser casi un milagro que, en el fondo, nunca ha sido tal; porque es ciencia, un proceso que hace la luz del sol al contactar con la lluvia.

Hay emociones, como la alegría, que son como un día de sol; otras que tienen un color particular, como la tristeza, que recuerda a un día nublado. Hay emociones, como el miedo, que hacen mucho ruido, igual que las tormentas; otras veces, el ruido somos nosotros, como en la rabia, similar a los tornados. Otras son terriblemente interesantes, como la curiosidad, que evoca un día en la nieve, con esa luz tan especial. Y, algunas veces, todo rastro de luz se desvanece, la noche parece el día y hay una bruma pesada que nos impide ver todo lo que brillamos. Sí, la niebla me recuerda a la culpa y la vergüenza.

Y claro, no es lo mismo un tornado pequeñito que uno que se lleva las casas de un barrio entero; no es lo mismo una lluvia finita de verano que una tormenta llena de truenos y rayos, ni tampoco un poco de bruma por la mañana, «mañanita de niebla, tarde de paseo», diría mi abuela, que días y días de bruma, en plan dementor (unos seres mágicos de la saga Harry Potter que absorben la alegría de aquellos que están en su camino). Bueno, y tampoco son iguales las emociones más agradables de sentir (al menos para mí); un día de sol puede ser divertidísimo, pero hay que saber racionarlo, si no, puedes quemarte o sufrir una insolación. Y qué decir de la curiosidad, un día en la nieve puede ser maravilloso, pero puedes acabar tremendamente agotado, ¡o incluso congelado!

Sí, tan importante es el nivel de activación (la intensidad con la que experimentamos la emoción) como la sensación de placer y displacer que nos provoca. Personalmente, la curiosidad y la alegría me parecen muy agradables de sentir, mientras que el miedo o la culpa se me tornan insoportables. La tristeza no me encanta, pero cuando me permito sentirla, me encuentro mejor. Y lo mismo me pasa con la ira. Pero esto no ha sido así siempre.

Y es que de pequeña aprendí que expresar las emociones no estaba muy bien visto, y todavía me estoy rehabilitando. De hecho, tú seguramente estés igual. Y es más, cómo acompañaron tus emociones va a tener impacto en cómo acompañas las de tus hijos e hijas.

Esto no se elige, como no puedes elegir si el día de tu cumple habrá tormenta o sol. Lo que sí que podemos hacer es aceptar el tipo de día que nos toque y, desde ahí, tratar de aprovecharlo de la mejor forma posible.

Esta parece la verdadera inteligencia, usar lo mejor posible la mano de cartas con la que vienes a jugar la vida.

Por eso no me gustan los términos alfabetización emocional, creo que todas las personas tienen un potencial increíble para tender a la salud y eso implica la información que nos llega de las emociones. Cuando ponemos esta etiqueta de analfabeto emocional a una persona, estamos perdiendo la oportunidad de descubrir sus fortalezas. Y en ocasiones, lo que realmente ha ocurrido es que no ha tenido el ambiente necesario (físico y psíquico) para poder desarrollar su potencialidad. Somos víctimas de esas circunstancias y, a la vez, el *Homo sapiens* está lleno de esperanza: actuamos como los constructores de nuestra propia inteligencia emocional.

La inteligencia emocional es, en definitiva, usar lo mejor posible la variabilidad emocional con la que vienes equipado de serie. Bueno, es mucho más que eso, y durante el libro vamos a verlo en profundidad, pero te adelanto que mi definición preferida de inteligencia emocional es la de Mayer y Salovey, que divide la inteligencia emocional en cuatro dimensiones: percepción y expresión emocional, asimilación emocional, comprensión emocional y regulación emocional.

Igual estás pensando que menudo currazo, se te acaba de cuadruplicar el trabajo, ¿y si a ti te gustan los días de sol y tu hijo adora la nieve? ¿Y si te dan miedo las tormentas? ¿Y si en el día a día te conviertes en un tornado? ¿Y si, de repente, hay tanta niebla que dejas de ver brillar el sol?

Son muchas preguntas y todas importantes. Y poco a poco iremos avanzando en todo esto. De momento, solo quiero darte estos datos:

- No podemos decidir el clima, pero sí tener impacto en nuestras emociones. Nuestro cerebro las construye en torno a una suposición que hace de lo que está percibiendo de la situación. Si podemos darle nuevas interpretaciones a nuestra realidad, será más fácil utilizar las emociones en nuestro beneficio.

- A veces, las criaturas necesitan nieve y nosotras sol. Y está bien no coincidir en las necesidades. Nuestros hijos e hijas no requieren figuras parentales perfectas, solo suficientemente buenas. Espero que te hayas quitado un peso de encima.
- Suficientemente buenas significa un 30 por ciento de interacciones seguras, es decir, que una de cada tres veces puedas hacer un buen plan según el tipo de día (tormenta, tornado, sol...) que te toque. Parece más fácil, ¿verdad?
- Construir un apego seguro va a depender de qué haces el 70 por ciento restante del tiempo de vuestras interacciones: la reparación (que está dentro de la cuarta dimensión emocional) es el lugar desde donde construimos las relaciones. Así que, si no llevas ropa preparada para la lluvia, siempre puedes volver a casa, tomarte un baño calentito y una sopa (aunque sea de sobre) y escuchar el sonido de las gotitas mientras juegas junto a la ventana.
- Hecho es mejor que perfecto y reparar es mejor que no dañar nunca (porque así les damos la oportunidad de aprender también a reparar y a reconciliarse con el error, como el impulsor del aprendizaje que es). Y, fundamentalmente, porque no dañar nunca es imposible cuando hablamos de relaciones entre personas.

Nunca nunca nunca nunca nunca es tarde para reparar. Ni tampoco para percibir, expresar, utilizar, comprender y regular emociones. La reparación resulta tan poderosa que es mi absoluta habilidad preferida. Si solo pudieses aprender una, que sea esa. Aunque claro, van en orden, y unas se sustentan sobre las otras.

Pero reparar no significa hacer grandes cosas. Para mí, cuanto más simple y vulnerable, mejor. Y honesto, sobre todo honesto, porque a veces reparamos con un «Si no hubieras..., no habría tenido que...» o incluso con un «Como me he confundido, te daré todo lo que tú quieras».

Y sorpresa, el arcoíris no nace de mucho sol ni de mucha lluvia, sino de un equilibrio perfectamente imperfecto entre ambos. «Lo siento, me he equivocado al hacer esto, me hubiera gustado tratarte de otra forma, espero que podamos volver pronto a conectar», sin imponer, sin enjuiciar.

¿Y qué es conectar?

Bueno, es la base de todo, te espero en las próximas páginas para poder descubrirlo juntas.

Antes de nada, quiero avisarte de que en este libro no vas a encontrar recetas tipo qué hacer cuando mi peque tiene una «rabieta» (si sigues leyendo, sabrás por qué entrecomillo esta palabra) o qué hago cuando mi hija no respeta los límites. No, no habrá recetas, lo que sí que habrá, con toda seguridad, es empuje para que construyas tu propio recetario o tu propia paleta de pintor, para que puedas acompañar —una de cada tres veces— de forma segura, y reparar cuando no lo logres; para que, incluso cuando ya no estés aquí, sigas siendo CASA para tus hijos e hijas.

¿Qué sí vas a encontrar en este libro, pues?

El libro está dividido en varias partes. La primera, «De la teoría...», incluye dos capítulos. En el primero, profundizaremos en qué es la inteligencia emocional y por qué es importante que la cultives y, por eso, te hablaré de la base de nuestro método «Educando en conexión», haré un breve recorrido por la historia de la inteligencia emocional (que para mí es más bien una historia de amor), descubriremos para qué sirven las emociones (para pertenecer y sobrevivir en definitiva), qué son exactamente y cómo explicárselas a tus hijos e hijas (para que sepan que somos equipo, nuestro cuerpo, nuestra mente y nuestras emociones y nosotros como familia), para terminar hablando de la importancia de las emociones en el sistema de apego (acompañar suficientemente bien las emociones actúa como vacuna para evitar dificultades de salud mental en el futuro) y sobre emociones y nuestro sistema nervioso (descubriremos por qué acompañar es tan difícil cuando en tu infancia no tuviste lo que tú necesitabas).

En el segundo capítulo, «Cuidar la inteligencia emocional de tus hijos e hijas (y la tuya propia) en pequeños pasos», aprenderemos sobre lo que es más importante a la hora de acompañar y cultivar la inteligencia emocional de nuestros hijos e hijas, a través de un modelo de habilidad de cuatro ramas y dimensiones. Descubriremos la importancia de notar la emoción (percepción y expresión emocional), la utilidad de la emoción (asimilación o facilitación emocional), nos pondremos el uniforme de detective e investigaremos la necesidad subyacente (comprensión emocional). El último punto del capítulo se lo dedicaremos por completo a la habilidad parental y vital más importante que existe: la reparación emocional (está dentro de la regulación emocional).

En la segunda parte, «... a la práctica», una vez visto el contenido más teórico, pasaremos al más práctico, donde descubriremos en el tercer capítulo, «Comprender y atender las necesidades de tu hijo es (más) fácil si sabes cómo», seis puntos muy importantes para poder practicar el acompañamiento emocional. Aprenderemos que nuestros hijos e hijas más que «rabietas» tienen necesidades por satisfacer, cómo podemos acompañar emociones, qué relación tienen las emociones con los límites y reflexionaremos sobre la relación límites y seguridad versus autonomía y libertad. Analizaremos por qué es tan difícil pasar de la teoría a la práctica y terminaremos por descubrir la importancia de reflexionar sobre las emociones que no fueron acompañadas en su día (que resumimos con la metáfora de acoger a tu niña/niño interior) y de cuidar tus emociones no para atender las de ellos y ellas, sino porque te lo mereces.

En el cuarto capítulo, «Emociones: manual de cuidados», tendrás un pequeño manual de instrucciones (el que creías que no traía tu hijo cuando lo llevaste a casa) sobre algunas de las emociones que experimentamos:

- La alegría
- El miedo
- La tristeza
- La ira y la frustración
- La curiosidad y el asombro
- La culpa y la vergüenza
- Los celos y la envidia

Y en el quinto capítulo tendremos dos partes: un compendio de expectativas ajustadas y divididas por bloques para cada edad y soluciones posibles, y nuestras «*Solucioemociones*. Herramientas de inteligencia emocional de la A a la Z», con la idea de que puedas crear tu propio diccionario de inteligencia emocional.

En las conclusiones, haremos un repaso, que, en mi corazón, espero que sea un chute de aliento, porque no te puedo decir frases hechas y vacías como que eres el mejor padre o madre de tus hijos, lo que sí sé, con certeza, es que eres el padre o madre que tienen, y esto es responsabilidad y también esperanza. Y también sé, con certeza, que los adoras y que solo con reflexionar sobre tu práctica diaria ya estás caminando hacia un apego más seguro, unas emociones más sostenidas y una vida, en definitiva, más plena.

He incluido también un epílogo donde te contaré cómo el libro se convirtió en algo tan grande que tuvimos que prescindir de algunos contenidos que respondían a las preguntas que quizá también te puedas hacer: ¿cómo llevo esto al aula?, ¿cómo hago si mi hijo o alumnado tiene necesidades especiales?, ¿y en casos de neurodivergencia? Pero encontramos una solución relacionada, respetuosa, razonable y resolutiva. Y es que tendréis enlazada una web con algunos anexos, para que todo lo que hemos visto en el libro lo podáis también construir en papel, y que esté bien visible en vuestras casas y aulas, porque cuando estamos cambiando el modelo de relación con nuestras personas favoritas, necesitamos recordatorios visuales, como cuando vemos la flechita del GPS y sabemos que vamos por el buen camino.

No va a ser un libro fácil de leer, quizá haya momentos en los que tu sistema nervioso se active, te conectes con experiencias dolorosas del pasado y experimentes emociones difíciles para ti. Ojalá puedas cuidarte en el proceso, que esta pequeña advertencia te ayude a recordarte que puedes también pedir ayuda: ya no estás sola, solo.

Por último, cada vez que empieces la lectura de este libro y siempre que termines o comiences uno de los capítulos, voy a pedirte que hagas un ejercicio. Ojalá saques el tiempo para hacerlo porque esta reflexión será clave en tu progreso.

Empezamos el viaje, abrocha tu cinturón, que vienen curvas, y déjame que te lleve por este largo y sinuoso camino, como dice aquella canción, ya antigua, de Sheryl Crow:

Everyday is a winding road
I get a little bit closer
Everyday is a faded sign
I get a little bit closer to feeling fine

Cada día es un camino sinuoso,
me acerco un poco más,
cada día es una señal desvanecida,
me acerco un poco más a sentirme bien.

Aquí tienes el primero de los diferentes recuadros que encontrarás en el libro. Los hemos llamado «Una pausa para recuperar el aliento» y eso es exactamente lo que queremos que sean, que te ayuden a profundizar pero también a rebajar la intensidad del libro. Los tienes también en audio en un código QR en la página 283.

UNA PAUSA PARA RECUPERAR EL ALIENTO

Cierra los ojos.
Pon una mano en el pecho y otra en tu abdomen.
Respira profundamente e intenta ser consciente del aire en ambas manos.
Reflexiona sobre cómo te sientes hoy, puede ser con esta analogía de los fenómenos meteorológicos (lluvia, nubes, sol...), puedes decidir si la emoción es agradable o desagradable y cómo es de intensa, o puedes ponerle nombre. ¡Ponle nombre para domarla!, diría Daniel Siegel.
Observa cómo tu clima emocional individual está influyendo en el clima emocional general (en casa, en el trabajo, en tu entorno).
Descubre para qué te está sirviendo esa emoción, ¿qué necesitas?
Nombra una de tus fortalezas más útiles (para casa, el trabajo, el entorno).
Y termina pensando en qué quieres aprender hoy.

PARTE UNO

De la teoría...

¿QUÉ ES LA INTELIGENCIA EMOCIONAL?

CÓMO EMPEZAR A EDUCAR EN CONEXIÓN

Es fácil y difícil hablar sobre emociones. Es fácil porque todo el mundo se hace una idea de lo que son, y también es difícil, porque muchas de esas ideas son sesgadas o incluso incorrectas. Y, a la vez, no pienso que las personas estén equivocadas, sino que realmente cada una lo está haciendo de la mejor manera posible.

Hace doce años en verano fui con mi familia a la piscina. Mi hija mayor, hoy adolescente, tenía unos tres meses y no era lo que popularmente se conoce como «una bebé buena» (buenos son todos los bebés, la gente suele asociar el término a, digamos, un «bajo mantenimiento», una niña —o niño— que no molesta, que no nos damos cuenta de que está ahí).

Durante sus primeros meses de vida lloraba muchísimo, fuimos a una fisioterapeuta especializada en bebés, a una gastroenteróloga que le recetó un medicamento para el reflujo, a una pediatra que pautó el corte del frenillo sublingual, y la llevábamos porteada todo el tiempo.

Cuando yo le decía a mi madre que lloraba mucho y que estaba preocupada, ella me contestaba: «Como todos los bebés», hasta que pasó una tarde entera con nosotras. Su gastroenteróloga, que acabó siendo su pediatra, siempre nos calmaba; así que yo estaba tranquila en cuanto a salud, pero su llanto agudo me alteraba al cabo de un rato.

Y en esas estábamos aquel día en la piscina, en esa hora dorada en la que la mayoría de los bebés se alteran tanto, cuando una señora se acercó y le dijo: «No llores, que te pones fea», mientras yo la mecía desde hacía rato.

Sentí un revoltijo en todo mi cuerpo e invertí toda mi energía en sonreír y reprimir mi emoción. Entonces, le dije a mi hermano que el comentario era espantoso, que con comentarios así la niña podría acabar reprimiendo sus sentimientos. Y él —con veinte años y sin hijos—, entre la incredulidad y el desconcierto, lo cuestionó. Mi explicación en aquel momento fue bastante mediocre y poco elaborada, así que mi hermano, finalmente, me preguntó: «¿Y por qué tú le estás diciendo "Ea, ea, no se llora, no se llora"?».

¡Bum! Me explotó la cabeza, y fue la primera vez, de muchísimas, en que me di cuenta de mi absoluta incoherencia maternal. Confusa y avergonzada respondí: «Le digo esto porque no sé qué más decir para consolarla».

Si pudiera volver al pasado me daría a mí misma un abrazo, validaría mis emociones y me diría algo así como «Esto es difícil para ti», sin paternalismos, sin minimizaciones.

Cada vez que me he sentido abrumada o desalentada, buscando huecos para poder escribir este libro, he vuelto a ese momento. Me gusta volver a los recuerdos, como si fuera una película en la que yo soy espectadora, una de esas que ya tienes muy vistas, pero, cuando la vuelves a ver, consigues descubrir nuevos detalles que antes no habías detectado. Estaban ahí, pero ocultos a simple vista.

Y es que este libro lo estoy escribiendo para ti, que me estás leyendo ahora mismo, pero también para esa mamá reciente de veintisiete años que entonces no tenía ni idea de apego, de emociones ni prácticamente de maternidad. Y lo único que necesitaba era que su bebé dejara de llorar un rato, porque la crianza es agotadora.

Por eso, ahora, me gustaría decirle varias cosas:

- La primera es que el llanto en los bebés es una forma de expresión emocional, y que estando sano no hay nada de lo que preocuparse.
- La segunda es que nos cuesta sostener el llanto de la niña porque resulta muy doloroso ser la persona adulta a cargo de las emociones de otra cuando de pequeña el acompañamiento emocional no era el que necesitábamos y esperábamos.
- La tercera es que esto, como el color de ojos o la forma de los pies, no se elige. No se hereda, pero sí se absorbe durante los primeros

años de vida, especialmente hasta los seis, siendo claves los doce meses iniciales. Es decir, que es importante que seamos personas compasivas con nosotras mismas. Estas son las cartas de la baraja que nos ha tocado jugar en el juego de la vida.

- La cuarta es que hay esperanza, que tus primeras experiencias son importantes y te condicionan, pero no resultan determinantes; y que cada día podemos reflexionar y cambiar la forma en que acompañamos a nuestros hijos e hijas. La reflexión que nace de nuestra vulnerabilidad es nuestra gran fortaleza.
- La quinta es que también posee importancia ser personas compasivas con otras, incluso cuando se comunican de forma violenta (más o menos sutil), porque cada una de ellas habla desde su verdad, desde lo que introyectó (absorbió) en su día, y lo hace así porque todavía no ha podido reflexionar lo suficiente para hacerlo diferente. Y que ser compasivos no tiene que ver con no poner límites.
- La sexta es que, en momentos vulnerables, es importante elegir espacios cuidados en los que nos sintamos seguras en vez de enjuiciadas o cuestionadas como figuras parentales; que hay tiempo para todo, cada cosa en su momento. Y que, aunque no podamos explicar ciertos porqués, volver al cuerpo y a la sensación que percibimos como desagradable es un buen punto de partida.
- La séptima es que vamos a poder hacer todo este proceso solas o solos, pero no hace falta, que reconocer la vulnerabilidad es una gran fortaleza y que nos ahorraremos mucho sufrimiento si lo hacemos acompañadas o acompañados en espacios terapéuticos, que hacer terapia es la mejor inversión para nuestra salud mental y la de nuestros hijos e hijas.
- La octava es que no hace falta ser la figura parental perfecta; con un 30 por ciento de interacciones seguras (y sus correspondientes reparaciones el restante 70 por ciento) es suficiente para cultivar un apego seguro. No hace falta ser la figura parental perfecta, solo ser «suficientemente buena».
- La novena es que nunca nunca nunca es tarde. Nunca. Siempre hay espacio para la reparación, cuanto antes mejor, porque hay que desandar menos el camino, y siempre tenemos la oportuni-

dad de hacernos cargo de nuestra responsabilidad y, con ello, liberar a la otra persona —personita— de un peso que no es suyo.

- La décima es que la capacidad reflexiva y la atención se van a ver mermadas, y mucho, por la crianza y la falta de sueño. El único antídoto que conozco para paliarlo es el autocuidado, y cuidarse a una misma o a uno mismo va mucho más allá de tomarse un día para irse a un balneario, es construir un diálogo compasivo, reflexivo y alentador. Autocuidado tiene mucho más que ver con cómo gestionamos lo que nos pasa que no con lo que realmente nos pasa.

Aparte de estas diez cosas, le diría que doce años después se iba a matricular en Psicología, que sería finalmente profe, que dejaría su trabajo de funcionaria, que acompañaría a miles de familias en todo el mundo y que tendría cuatro hijos más, pero no maternaría a todos como ella desearía y había planeado, aunque al final, todo iba a estar bien.

Por supuesto, esta conversación solo sucede en mi cabeza, es imposible (al menos de momento) viajar al pasado físicamente, y, si lo fuera, no lo haría porque podríamos crear situaciones imprevisibles y, sobre todo, porque no me haría ni caso, y está bien, de lo contrario me estaría privando de una oportunidad de aprendizaje brutal que tenía que hacer por mí misma.

Antes de empezar a hablar de emociones, me parece necesario mencionar los principios que sustentan mi forma de entender la educación y la crianza, las bases de mi metodología, que decidimos llamar «Educando en conexión».

Su base la forman la psicología individual (o disciplina positiva), la pedagogía Montessori, la neurosicoeducación, el neurodesarrollo, la inteligencia emocional, la teoría polivagal, la psicología de la Gestalt, la escucha activa, la comunicación no violenta y la teoría del apego (fundamentalmente el Círculo de Seguridad Parental).

Lo que todos estos saberes tienen en común es el respeto mutuo, que se produce cuando pasamos por todas las personas de los tiempos verbales: el yo del autorrespeto (y el nosotros), el respeto a ti (tú y vosotros) y el respeto a los demás (al entorno, él/ella y ellos). Este respeto mutuo, a veces, está claro; por ejemplo, no nos gritamos; pero otras, es más difuso, como cuando un familiar insiste en que nuestro hijo le dé un beso y él no quiere, pero se enfada, se empeña y nos cuestiona, porque siempre se ha hecho así.

Este «siempre se ha hecho así», para mí, es un arma de doble filo. Me parece importante honrar a las personas que han estado aquí antes que yo, y al mismo tiempo, si nos quedamos estancados en el pasado, dejamos de honrarlas para ser secuestrados por ellas. Me gusta ir al pasado a buscar respuestas, no excusas. Y también me gusta volver conscientemente en búsqueda de momentos que sean fortaleza y conexión, porque constituyen la prueba de que, en mis vínculos, hubo mucho amor. Pero todo esto, sin reflexión, pierde el sentido.

Como decía, en este libro voy a hablar de emociones y no me centraré en otras cuestiones, así que he resumido en diez los principios que siguen nuestra forma de ver la educación y la crianza. No son mandamientos, no están tallados en piedra y puedes hacerlos tuyos si resuenan con tu forma de ver las relaciones interpersonales.

Sobre muchos de estos puntos profundizaremos en el libro. En mis libros previos: *Montessorízate. Criar siguiendo los principios Montessori* (ideal para la etapa de cero a seis años) y *Criar desde el corazón. Soluciones honestas de la infancia a la adolescencia*, reflexiono y profundizo largo y tendido sobre el resto de los principios que rigen nuestra forma de entender la educación y la crianza, y sobre por qué y para qué las niñas y los niños hacen lo que hacen:

1. Los seres humanos somos seres sociales y la finalidad última de todas las personas es la pertenencia; con cada uno de nuestros comportamientos vamos encaminados a ser parte de la sociedad.

2. Además de pertenecer, también necesitamos soberanía, es decir, la capacidad para tomar decisiones sobre nuestro entorno, y autonomía, esto es, elegir cómo queremos contribuir. La infancia es todo potencialidad, las personas adultas somos el bonsái de la secuoya que podríamos haber sido; en palabras de André Stern: «El desarrollo va del gigante de la potencialidad hacia el pequeño

bonsái en el que se convierten los adultos. Cuando entendemos esto, cambia nuestra actitud hacia los niños».

3. Cada persona, tenga la edad que tenga, ve el mundo desde su propio punto de vista: la lógica privada, un mapa mental bastante fijo, por el que, con base en las percepciones que nos llegan, realizamos interpretaciones y, con ellas, elaboramos creencias que nos ponen en movimiento. Este comportamiento nos lleva a experimentar nuevas realidades, sobre las que tendremos nuevas percepciones y, con ellas, nuevos sentimientos y decisiones.

4. La capacidad de adaptabilidad de los seres humanos es nuestra gran ventaja competitiva, y esto hace que, de los cero a los seis años, absorbamos e interioricemos como propias las creencias de nuestros cuidadores principales. De los seis a los doce años, las criaturas van a empezar a reflexionar sobre si esto que han interiorizado es, o no, justo y moral. Y de los doce en adelante, si todo sigue el plan de la naturaleza, se desarraigarán de todas estas creencias.

5. La tarea de las figuras parentales o docentes es doble: por un lado, alientan a las criaturas la exploración fuera de la relación y, por el otro, los acogen (a ellos y a sus emociones) cuando vuelven a casa. Esto puede durar segundos cuando son bebés y varios días cuando son adolescentes; en todo caso, no va a ser tarea fácil para la mayoría de las figuras parentales, sobre todo, si sus experiencias vividas anteriormente fueron traumáticas.

6. La emoción es lo que permite que se inicie el movimiento para satisfacer una necesidad. Cuando reprimimos sus emociones (también si las distraemos), estamos interfiriendo en su habilidad de autoescucha y, con ello, en su capacidad para darse lo que necesitan en ese momento. Si esto se repite a menudo, tendrá impacto en su vida a largo plazo.

7. La inteligencia emocional consta de cuatro dimensiones (percepción, asimilación, comprensión y regulación) y unas se apoyan

sobre las otras. El objetivo de la inteligencia emocional no es, para mí, enseñar técnicas para volver a la calma, sino abrazar la potencialidad que nos da aceptar nuestro mundo emocional y «amigarnos» con todas y cada una de las emociones.

8. La autorregulación (la capacidad para poder modular nuestro propio sistema nervioso) es una habilidad que se va construyendo, poco a poco, en compañía de nuestras figuras de apego. Que nosotras como figuras parentales entrenemos ahora se lo pondrá un poco más fácil a nuestros hijos e hijas en el futuro. Es importante reflexionar sobre lo que queremos enseñar a largo plazo y no solo reaccionar en el momento álgido.

9. Si hemos vivido momentos difíciles en nuestra vida, nuestra capacidad de respuesta a la hora de acompañar las emociones o la exploración de nuestros hijos puede verse mermada. En el momento en el que dejamos de ver que nuestro hijo o hija tiene un problema y necesita nuestra ayuda, y empezamos a pensar que nuestro hijo o hija es el problema, dejamos de ser parte de la solución.

10. Cuando no podemos cumplir con nuestra tarea parental de alentar la exploración o acoger la vuelta a casa, se produce una ruptura en la relación. Ser consciente de ello es clave, desde la responsabilidad que nos pone en marcha, y no solo desde la culpa, que nos ancla. Por todo lo anterior, la reparación es probablemente la habilidad parental más importante que existe. No es necesario ser padres, madres o profes perfectos; sí es muy importante reparar cuando nos equivocamos a la hora de relacionarnos con ellos y ellas.

11. Un 30 por ciento de interacciones seguras son suficientes para garantizar un apego seguro (no significa que el 70 por ciento restante podamos tratarlos mal, solo quiere decir que podemos reparar nuestros errores y volver a conectar con ellos).

Aunque en la parte de soluciones daremos algunas pinceladas sobre posibles ideas, en este libro no vas a encontrar pautas o soluciones mágicas, sino reflexiones sobre si lo que haces o no te conecta o te desconecta de tus hijos.

Pero siempre desde un lugar compasivo, honrando la persona que eres ahora. Igual, en un momento de desregulación te saldrá un sermón o un castigo, y no voy a decirte que no pasa nada, porque no lo pienso; lo que sí te digo es que tienes una oportunidad de reparar y hacerlo diferente la siguiente vez. O las siguientes quinientas veces, porque no es nada fácil criar de forma diferente a como fuiste educado. De hecho, ni siquiera es fácil hacerlo de la misma forma. Es difícil, costoso y, a pesar del escaso reconocimiento social, importante y valioso.

Después de diez años acompañando a familias, me di cuenta de que da igual la etiqueta que le pongas a tu crianza; lo más más más importante es cómo construyes un vínculo sano y seguro con tu hijo o hija, o con cualquier otra persona. Y por eso en este libro voy a centrarme en hablar de emociones, porque si somos capaces de acompañar su mundo emocional (y hacernos cargo cuando no lo logremos), ya tenemos mucho camino recorrido.

En resumen, los niños y las niñas nunca se portan mal y mucho menos cuando están expresando sus emociones. Seguramente sea difícil para nosotros, como figuras parentales, actuar de la forma más asertiva y cuidadosa en el momento, y siempre tenemos oportunidad de reparar después. Un segundo después, cinco minutos después, varias horas o días después. O incluso años después.

¿Te acuerdas?

Nunca es tarde.

UNA PAUSA PARA RECUPERAR EL ALIENTO

Cierra los ojos.
Pon una mano en el pecho y otra en tu abdomen.
Respira profundamente e intenta ser consciente del aire en ambas manos.
Vamos a hacer un viaje al pasado, a la última vez que viste a tu hijo o hija dormido.
Puede que sea justo ahora, o hace unas horas, o días. O quizá te cueste recordar la última vez que presenciaste algo que solía ser diario.
Reflexiona sobre qué necesita para sentirse así de seguro o segura y poder dormir a pierna suelta.
Tal vez estás un poco removida o removido por lo que has leído hasta ahora, o estás pensando que has hecho demasiadas cosas mal, puede que se estén colando en ti los «tendría qué» y los «debería».
Todo este ruido es importante, es todo el amor que sientes por tus hijos llamando a la puerta.
Concéntrate en esa imagen de placidez al dormir y en la seguridad que les has transmitido.
Enumera todas las fortalezas que tienes como figura paternal o docente.
Recuerda todo lo bueno que ha tenido tu forma de maternar, paternar o educar.
Y abre los ojos pensando que será más fácil caminar hacia un apego más seguro teniendo muy presente lo que sí has podido hacer en vez de lo que todavía no has conquistado.

BREVE HISTORIA DE LA INTELIGENCIA EMOCIONAL. LARGA HISTORIA DE AMOR

En este momento quizá estás pensando en saltarte este capítulo, porque seguramente tienes mucha prisa por conocer qué hacer con las emociones que tiene tu hijo y te desbordan, y esto de realizar una revisión histórica te parece bastante poco útil.

Te animo a que te escuches y priorices lo que consideres que necesitas. Y también voy a pedirte que confíes en mí y que no dejes de leer este apartado porque lo que quiero transmitir en este capítulo es muy importante para mí.

Teniendo esto en mente (y que nuestra capacidad atencional se ve cada vez más mermada), yo no voy a empezar escribiendo «El concepto de inteligencia emocional lo popularizó Daniel Goleman en los noventa...».

La historia de la inteligencia emocional obviamente no nació en los noventa, pero estoy convencida de que sin ella la humanidad no sería la que es hoy. Constituye nuestra absoluta ventaja competitiva respecto de otros seres vivos.

Mientras Goleman escribía su superventas, yo aprendía inteligencia emocional por mi cuenta. Nací en el 83, así que «por mi cuenta» significaba que en mi colegio no había clases de inteligencia emocional, sino que la estaba absorbiendo de mi entorno: de mi madre y de mi padre, de mi familia, de mis profes, de mi escuela, de mis amigos, de mi cultura...

Mis padres nacieron en plena posguerra en Madrid y fueron educados en un contexto en el que el miedo, la vergüenza y la culpa estaban a la orden del día. No es que la represión emocional fuera la moda, sino que era la mejor estrategia de supervivencia que habían encontrado, algo lógico teniendo en cuenta que el trauma de una guerra tarda varias generaciones en «curarse».

Mientras Mayer y Salovey (los creadores del término y modelo de inteligencia emocional en el que se inspiró Goleman) se daban cuenta de que la inteligencia emocional era clave para la salud mental de las personas, yo iba descubriendo que, en la escuela, la emocional no era una inteligencia medible ni evaluable ni importante. Por suerte, mi inteligencia se ajustaba bastante al sistema educativo y el colegio fue un espacio seguro para mí.

Sin embargo, mientras ellos descubrían que la inteligencia emocional tenía cuatro dimensiones —percepción y expresión emocionales, asimilación, comprensión y regulación emocional—, yo vivía una realidad diferente.

En vez de trabajar la percepción y expresión emocional yo recibía un «No llores, que te pones fea».

En vez de acompañarme a descubrir que las emociones nos traen un mensaje y que nos pueden facilitar unas y otras situaciones, yo recibía frases como «No pasa nada».

¿Comprensión emocional? Más bien era un «si sigues llorando, vas a llorar por algo».

Y la regulación emocional, con suerte, se resumía con «No es para tanto» o con una disculpa disfrazada de reproche, del tipo: «Si no hicieras X, yo no tendría que hacer Y».

Todo esto es absolutamente cierto y, a la vez, tengo la certeza de que con las cartas que les tocó jugar, las personas adultas que tenía cerca lo hicieron lo mejor posible. De hecho, a veces, mi yo adulto piensa con mucha ternura lo difícil que tuvo que ser educar en los noventa, con menos recursos, menos información y mucho más trauma y tabú para hablar de ello.

Hay muchas personas que piensan que «a todos nos han criado así y no hemos salido tan mal» (las cifras de la salud mental en adultos igual desmienten el «tan mal»). A mí me gusta pensar que, efectivamente, el ser humano es resiliente y tiende hacia la salud y que, a la vez, es importante reconocernos que lo que hicieron o no hicieron con nuestras emociones fue lo que nos dañó. Y aquí viene una verdad incómoda, o quizá una esperanza alentadora, **cuanto más cultivemos ahora nuestra propia inteligencia emocional, menos «deberes» les dejaremos a nuestros hijos e hijas**.

No, mis figuras parentales no tenían ni la información ni los recursos ni siquiera la capacidad. Lo que sí tuvieron era amor que dar, y ese es el motor de la vida. Y rompieron muchísimos patrones generacionales y creencias sistémicas, y solo porque no las rompieran todas, no dejan de merecer reconocimiento de lo que sí hicieron. Y merecen la compasión de pensar que, cuando no lo hicieron, fue porque lidiaban una batalla tan dura consigo mismos que no podían encargarse de otra cosa.

La historia de la inteligencia emocional, para mí, es una historia de amor, de amor hacia las otras personas y, por supuesto, de amor de las figuras parentales hacia sus hijos y de los hijos hacia sus padres. Para mí, es una batalla, a veces cruenta, en la que tratas de entender que la distancia entre lo que te prometiste no hacer y lo que acabas haciendo es demasiado pequeña, y en la que, buscando esa imposible coherencia interna, intentas encontrar el equilibrio entre justificarte y sentirte culpable.

Cuando mi padre sí era el padre que yo necesitaba de bebé, me mecía, me consolaba, me abrazaba, me cogía a upa, me llevaba de paseo, me daba de comer y me cambiaba los pañales. Cuando mi padre sí era el padre que yo necesitaba de niña, jugaba conmigo a las peluquerías, a los osos, a los médicos y a todos los juegos a los que hoy sigue jugando con mis hijas. Cuando mi padre sí era el padre que yo necesitaba de adolescente, me leía las meditaciones de Marco Aurelio, que hoy podrían tener hueco en cualquier cuenta de citas inspiracionales de Instagram.

Pienso que mi padre, sin darse cuenta, solo desde la curiosidad de descubrir y compartir sus pasiones, me estaba enseñando inteligencia emocional desde el único lugar que podía hacerlo. Me estaba enseñando lo que él sabía; no podía enseñarme a regular mis emociones, porque él no sabía hacerlo con las suyas, ni a comprender que las emociones nacen de necesidades, cuando él no escuchaba las suyas, ni animarme a expresar emociones, cuando él no se permitía expresar lo que sentía.

Pero, con esta lectura, podía decirme que, de algún modo, hay esperanza, que podemos decidir cómo interpretamos y reaccionamos a nuestra realidad, o como decía Viktor Frankl: «Entre el estímulo y la respuesta existe un espacio. En este espacio se encuentra nuestro poder para elegir la respuesta. Y en nuestra respuesta descansan nuestra libertad y nuestra capacidad para crecer como personas».

Como ves, estudiar el impacto de las decisiones en la forma que tenemos de actuar los seres humanos no es algo de los noventa. Y, más o menos, siguió una corriente predominante hasta no hace mucho tiempo: la teoría clásica de las emociones.

Antes de Marco Aurelio, filósofos clásicos como Sócrates, Platón, Aristóteles o Séneca se interesaron ya por la función de las emociones en la vida y el aprendizaje. Mientras se dedicaban a reflexionar sobre las emociones y su relación con nuestro comportamiento, llegaron a la conclusión de que había una lucha entre emoción y razón, una corriente que sigue estando muy presente en la sociedad.

Hoy no toca clase de filosofía, pero me gusta imaginarme a Platón, de repente, haciendo un viaje al futuro, y viendo que dos mil cuatrocientos años después seguimos dando vueltas a esta idea, en vez de centrarnos en su otra célebre cita: «Todo aprendizaje tiene una base emocional». Y es que, muchas veces, nuestras criaturas aprenden lo que es el otoño desde la frustración de estar sentados en una silla, con dos años, haciendo una ficha sobre un árbol sin hojas, en lugar de estar retozando entre las hojas secas y rojizas caídas en el suelo.

Aristóteles, por otro lado, decía que las emociones tenían impacto en las percepciones corporales, vistas como placer o displacer —dolor—, y que estaban provocadas por ciertas creencias (diferentes para cada emoción), al tiempo que defendía la importancia de una adecuada educación emocional desde la infancia y la idea de que la pasión (lo que hoy llamamos emoción) no era *per se* algo negativo. Así que me gusta también la idea de imaginarme a Aristóteles viendo como las personas clasifican las emociones en buenas o malas, y volteando los ojos a la vez que piensa: «No han entendido nada».

Años después, en el siglo XVII, el interés por las emociones fue creciendo, y llegaron a ser objeto de estudio por parte de Descartes, Spinoza o Rousseau. Y entonces llegó Darwin. Él fue uno de los pioneros en el estudio de las emociones, algo que quizá te sorprenda. Darwin, el padre de la teoría de la evolución, escribió también un tratado llamado *La expresión de las emociones en el hombre y los animales*, uno de los primeros tratados sobre emociones y obra precursora de lo que hoy es la neurobiología de las emociones, aunque no todos los científicos consideran que el reino animal tenga emociones tal como las conocemos nosotros.

En este libro se dedicó a observar y clasificar sistemáticamente las expresiones emocionales de los seres humanos y otros animales. A mí me gusta imaginarme a Darwin como una persona muy meticulosa y curiosa, intentando entender cómo una especie más bien debilucha como la nuestra pudo ser la dominante del planeta, mientras conciliaba el estudio con la crianza de sus hijos (en términos de la sociedad victoriana, «conciliar» seguramente significaba que veías a tus hijos para cenar, pero para él, además, eran objeto de estudio).

Me lo imagino, también, observando a sus hijos en un enfado infantil (lo que normalmente llamamos «rabieta», porque somos una sociedad con carencias en inteligencia emocional) para hacer hipótesis sobre la utilidad de las emociones en la evolución, y preguntándose si tenemos emociones porque nos ayudan a la cohesión grupal o si son un vestigio ancestral que ya no necesitamos.

Tal como detalla en su libro, analizaba los gestos de las expresiones emocionales en la cara de sus hijos con curiosidad y presencia. Cuando me sobrepasan las emociones de mis hijas, algo que me ayuda a volver a la presencia es recordarme que, como Darwin, yo también soy investigadora y aprendiz de emociones, y que tengo el privilegio de tener muy cerquita mi objeto de estudio.

En esta visión clásica de las emociones, se argumenta que todas las personas venimos con una serie de emociones heredadas de nuestros ancestros, a través del proceso evolutivo, que son universales y que comprenden unos gestos iguales para todas las personas en cada época y lugar del mundo.

Según Paul Ekman, otro de los grandes referentes de esta visión clásica, en la línea evolucionista de Darwin, «experimentamos las emociones como nos suceden, no como las hemos elegido». Ekman dividió las emociones universales en básicas y complejas, a partir de determinados gestos corporales que comprobó en diferentes culturas del mundo. Las básicas serían las universales y entre ellas distinguió miedo, tristeza, ira, asco, sorpresa y felicidad. Sobre las complejas, surgen de la combinación de las anteriores.

Tiene sentido que vengamos a la vida con esta potencialidad, pero es importante reflexionar sobre si unas huellas emocionales tan fijas nos permitirían adaptarnos a cualquier ambiente.

Dicen que Maria Montessori, igual que Aristóteles en mi imaginación, al final de su vida solía decir que las personas que se interesaban por su método no habían entendido nada. Y, ciertamente, teniendo en cuenta que para ella la negación de las emociones era una falta de respeto al alma del niño, no cabe duda de que todavía nos queda mucho camino por avanzar. La doctora Montessori pensaba que el ser humano venía, de serie, con unas potencialidades (*nebulae* —nebulosas—, en honor a la masa de la que se construyen las estrellas), que ponía en marcha en función de cuáles considerara más útiles para adaptarse al entorno en el que iba a vivir.

En el año 1870 nació la doctora Montessori, y también Alfred Adler, el padre de la psicología individual (base teórica de la disciplina positiva) —con «individual» no se refiere a individualista, en el sentido de egoísta, ya que está muy enfocada a la colectividad, sino a indivisible al individuo, holística—. Para Adler, las emociones están al servicio de la teleología, esto es, nos sirven para nuestra meta última y principal: el interés social, es decir, pertenecer y contribuir a la sociedad (ser parte y ser importante): tú no te enfadas *por* algo, te enfadas *para* algo, con un propósito. Esta idea que él, en el siglo XIX, descubría por propia reflexión y observación, poco a poco se fue confirmando por la neurociencia actual.

La culminación de esta rama más holística (que entiende el sistema como un todo en el que razón y emoción cooperan, y en el que no hay tres cerebros —como propone la ya desfasada teoría del cerebro triuno—, sino una red que funciona como un equipo) empieza a tomar fuerza en los últimos años. Y es que, aunque la visión clásica, heredera de Platón y Darwin, se ha mantenido hasta hoy, cada vez son más las evidencias que la cuestionan, y empezamos a pensar que no hay una lucha entre la razón y la emoción, sino un solo cerebro, encéfalo realmente, una gran red neuronal que hace lo que puede para mantener el equilibrio (homeostasis).

Me gusta imaginar el cerebro como una figura parental que atiende las necesidades de todos con un presupuesto muy limitado y que se balancea constantemente, como un funambulista en la cuerda floja, en un claro ejemplo de lo necesaria que es la economía de los cuidados.

Finalmente, me gustaría hablarte de la teoría de la emoción construida, de Lisa Feldman Barrett, relativamente novedosa (2018) y contrapuesta a la teoría clásica de las emociones de la que te hablaba, no sin antes mencionar también la existencia de un tercer grupo de teorías, el de la evaluación de la emoción —según las cuales las emociones nacen de los pensamientos cognitivos— en el que no voy a profundizar aquí y ahora. Así, según la teoría de Lisa Feldman Barrett, relacionada con el constructivismo, las emociones, aunque tienen cierto carácter universal, no se expresan igual por las mismas personas de una o diferentes culturas, ni siquiera por la misma persona en diferentes situaciones. Y, además, la emoción se construye en el momento, no es universal ni heredada; en la línea de Adler, la emoción es la respuesta que da el organismo basándose en la suposición o hipótesis que hace sobre cuál es la mejor forma de sobrevivir en una situación determinada.

Esta teoría puede parecer contracultural y realmente tiene muchos detractores, aunque las investigaciones de la autora son sólidas desde el punto de vista científico. El tiempo y los avances en la neurociencia nos permitirán tener más información al respecto y decidir cómo posicionarnos.

Quizá, como a mí, te molesta que solo haya citado a dos mujeres en todo el capítulo y, ciertamente, no hay mucho espacio para ellas en los libros de historia, a no ser que sean hijas de, hermanas de, o, quizá, «anónima».

Así que voy a citar a una tercera mujer, Tiffany Watt Smith, una historiadora que se dedica a estudiar las emociones desde una perspectiva antropológica y que compendia su teoría en su *Atlas de las emociones humanas.* El hecho de que las expresiones emocionales hayan ido cambiando y evolucionando, a veces incluso de forma abrupta, en respuesta a nuevas expectativas e ideas culturales, nos lleva a reflexionar sobre la no universalidad emocional y a confirmar el impacto que tienen la cultura y el contexto en las emociones, lo que, para mí, se puede resumir en esa frase hecha de «lo que no se nombra, no existe».

Personalmente, estoy segura de que en unos años existirá una emoción que se defina como «rabia y frustración a causa del borrado sistemático de las mujeres en la historia de la humanidad», llamémosla «matricia». En casa, somos muy creativas inventando palabras y nuevas emociones, mezclando unas y otras, como, por ejemplo, el «miedalivio» (emoción que sintió una de mis hijas cuando estaba asustada y, a la vez, aliviada cuando su primer diente por fin cayó tras moverse demasiado tiempo).

Sea como sea, tanto la teoría clásica de las emociones como la constructivista coinciden en que las emociones nos permiten sobrevivir mejor. Y en esto de lograr la supervivencia de nuestras crías, estarás de acuerdo conmigo en que las madres —y padres— tenemos mucho que decir.

A pesar de que nada de esto venga en los libros de historia, las figuras parentales, con sus gestos pequeñitos, estaban (y están) cambiando el mundo.

Hay cosas que no podemos alterar del pasado, como el hecho de que no hayan sobrevivido al paso del tiempo los nombres de muchas mujeres que fueron importantes, pero hoy sí podemos dar una interpretación diferente a este pasado. Yo puedo ver esta situación con enfado (muy lícito) o con alegría, curiosidad y creatividad; he elegido lo segundo y tengo una historia para ti.

Como habrás imaginado, a mi padre le encanta la historia, y recuerdo que nos explicaba con mucha ilusión cómo se organizaban las cuadrículas para excavar un yacimiento o qué forma tenían los bifaces. Lo hacía de una manera abstracta y no muy comprensible para mí en ese momento, pero con pasión y mucho amor, y sembró en mí la semilla de la curiosidad. Hoy en día, yo me veo a mí misma explicando lo mismo a mis hijas, mientras su padre (me casé con un historiador, lo que es, o quizá no, una casualidad, en cualquier caso, muy bonita) las enseña a tallar. A ojos del mundo solo machaca un par de piedras, otra analogía muy interesante de cómo lo que hacemos por la inteligencia emocional de nuestros hijos resulta valioso aunque invisible.

Y me gusta pensar que en el Pleistoceno había una madre —llamémosla Anónima— que pasaba los días enseñando a su hija a tallar útiles líticos y que, cuando la niña se cortaba con el filo de la piedra, recibía un «Pareces asustada, estoy contigo, debe dolerte mucho». Y cuando lanzaba la piedra, frustrada, porque no le salía el corte que quería, Anónima decía algo así como «Esa energía del enfado te vendría fenomenal si te persiguiera un tigre dientes de sable, qué bien te cuidan tus brazos que te protegen... Ahora no hay ningún peligro. Ven, demos un paseo y después podrás terminar tu herramienta, los errores son oportunidades para seguir aprendiendo. No hay prisa, mañana vuelve a salir el sol». O un «La tristeza nos ayuda a dar hueco a los amigos que ya no están con nosotros porque se los ha comido un oso cavernario; llora todo lo que necesites, no estás sola». O «Me he enfadado mucho y te he gritado cuando has hecho ese ruido y se nos ha escapado la cierva que íbamos a desayunar. Lo siento, te he tratado sin respeto y quiero disculparme porque nadie se merece que le griten». Y Anónima no lo hacía porque quisiera enseñar inteligencia emocional, porque ha leído en un best seller que es la competencia que más éxito puede reportar en la vida futura de sus criaturas y una vacuna para las dificultades de salud mental. No, no sabía leer, ni existían los libros, lo hacía porque los cuidados van de eso, de dar presencia a las personas a las que quieres cuando más te necesitan. Y que, pase lo que pase, no se sientan solas.

Y yo he querido hablar de la historia de la inteligencia emocional para poder llegar a este punto, en el que te recuerdo a ti que lo que estás haciendo por cuidar las emociones de tus hijos e hijas es valiosísimo, aunque tu nombre no vaya a salir en los libros de historia. Y por eso he querido escribir una guía de cuidados de nuestras emociones y no un manual de instrucciones.

Posiblemente, igual que mi historia de Darwin y sus hijos, nada de esto pasara en realidad, pero como cualquier conjetura que podamos hacer sobre la prehistoria es incierta, me gusta pensar que esto es a lo que tendemos los seres humanos y que, si no lo hacemos, es simplemente porque hemos olvidado el cómo y todavía no hemos podido recordarlo. De hecho, para Maria Montessori, la historia de la evolución de las especies era, asimismo, una historia del amor de los padres (y madres) de todas las especies hacia sus hijos e hijas.

Te espero en el siguiente capítulo para contarte qué relación tiene esto con las emociones.

UNA PAUSA PARA RECUPERAR EL ALIENTO

Cierra los ojos.
Pon una mano en el pecho y otra en tu abdomen.
Respira profundamente e intenta ser consciente del aire en ambas manos.
Piensa en qué te gustaría llevarte de la lectura de este libro. Visualízalo. Escríbelo si lo deseas.
Ahora piensa en la forma en la que vas a responsabilizarte de este deseo.
Transfórmalo en un propósito, que no se quede solo en una aspiración.
Anótalo si quieres.
Ahora puedes, si te apetece, darte las gracias por este camino que estás continuando desde que aparecieron en la tierra los primeros *sapiens*.

EL FIN DE LAS EMOCIONES

Como te contaba antes, para María Montessori la historia de la evolución era una historia de amor de los padres hacia los hijos de cualquiera de las especies. En una de las grandes historias —o grandes lecciones— (fábulas científicas que se ofrecen en los entornos Montessori en la etapa de primaria), se habla de la evolución en esos términos, con ejemplos tan bellos como que las plantas guardan en el interior de su ovario las semillas de su futura descendencia. O que los animales pasaron de vivir solo en el agua, como los peces, a vivir «dos vidas», como los anfibios (una en el agua al nacer y otra al crecer en la tierra), para dar más oportunidades a sus crías. O que los reptiles, para proteger sus puestas, empezaron a poner huevos con un esqueleto exterior mucho más duro. Y que, después, surgieron los animales de sangre más caliente, que pudieron emigrar a zonas más frías para alimentar mejor a sus crías, como hacen las aves. Y para poder protegerlos todavía mejor, los mamíferos empezaron a gestar dentro de sus cuerpos, y a alimentarlos con sus propias mamas, sin tener que buscar fuera el alimento. Y así, sus posibilidades de supervivencia aumentaban. De hecho, algunos mamíferos, digamos primitivos (equidnas y ornitorrincos), todavía ponen huevos, pero alimentan con su leche a sus crías.

La historia termina con un «Era como si una nueva energía hubiera aparecido en el mundo: la del amor». Después, empieza otra gran lección, la historia del ser humano. Los *sapiens* caminamos erguidos y tenemos brazos liberados —con utilísimos pulgares oponibles—, somos capaces de gestar en el mínimo tiempo posible, de forma intrauterina, y tener una segunda gestación extrauterina, como la que llevan a cabo otros animales, como los marsupiales. Así podemos tener bebés pequeños que se transformarán en adultos con cerebros mucho más grandes y desarrollados.

A mis hijas les solía contar, de pequeñas, que me gusta pensar que tenemos los brazos liberados para poder dar los mejores abrazos, para que así ningún niño se sienta solo. Y esa es nuestra ventaja competitiva como especie.

Y no podemos discutir que el pulgar oponible resulta un gran atributo competitivo, pero claro, puedes tener un Ferrari y no saber conducir. Es decir, personalmente creo que no es solo la capacidad para fabricar tecnología la que nos hace seres humanos, sino la de compartir esta tecnología la que nos hace crecer como especie.

Por ejemplo, volviendo a nuestros queridos bifaces, hay una primera técnica primitiva para tallar un bifaz, en la que simplemente rompes la piedra y consigues un filo para cortar (y tiras la piedra, porque no has invertido mucho tiempo en fabricarla). Años después (y cuando digo años, me refiero a un millón de años), alguien se da cuenta de que, si le da vuelta a la piedra, puede tallarla de forma más simétrica y lograr una herramienta mucho más eficiente. Me gusta hacer la broma de que fue un niño o una niña quien dio la vuelta al bifaz, mientras sus adultos de referencia le decían que solo tallara por un lado, que «toda la vida se ha hecho así y no hemos salido tan mal».

Esta innovación tecnológica se transmitió a otras tribus. Me los imagino reunidos alrededor del fuego al abrigo de una cueva (sin romantizar, que también practicaban el canibalismo en ciertos momentos), conversando sobre la caza o la recolección, compartiendo técnicas para tallar útiles líticos o para coser las pieles de animales, o hablando sobre técnicas para crear el gran misterio que son hoy las pinturas rupestres. Y para hacer todo esto, necesitaban habilidades sociales y, para tenerlas, requerían una buena inteligencia emocional. Y, como argumentaba Darwin, necesitamos también el altruismo, es decir, la capacidad de renunciar a nuestro propio beneficio en favor del interés social, que si recuerdas, era lo que movía a todos los seres humanos según Adler.

Los niños y las niñas muy pequeños son altruistas, puede que sean egocéntricos y que no tengan —por madurez evolutiva— empatía. También que les cueste compartir cuando se lo dicen los adultos, pero, sin duda, son seres altruistas (puedes buscar los experimentos de Warneken y Tomasello si tienes dudas). Si se dan cuenta, dejarán lo que están haciendo para ayudar a alguien que lo necesita, que se sienta vulnerable o que esté desvalido.

Y para poder poner en marcha el altruismo, necesitamos comprender las emociones de las otras personas, necesitamos reconocerlas, entender su utilidad, comprender la necesidad que las motiva y regularlas. Y reparar cuando hemos tenido una ruptura momentánea en nuestros vínculos. Por ejemplo, ¿para qué nos sirven, evolutivamente, las lágrimas? Las lágrimas son la tristeza hecha visible (aunque otras veces son rabia, ira o risa extrema), ayudan al resto de los individuos a darse cuenta de que una persona necesita apoyo social y a poder acompañarla.

Las emociones y el altruismo están directamente relacionados, por eso puede serte útil comprender que la expresión emocional de tus hijos e hijas es una forma de pedir ayuda. No te retan, no te manipulan, te necesitan. Un SOS en código, parecido al morse, que con tanto ruido externo e interno no recordamos y se nos ha olvidado cómo traducir.

En el momento en que emiten esta señal de socorro, quizá tú mismo estás tan activado que no puedes verlo, pero puedes parar un momento y reflexionar sobre la pregunta: ¿para qué se ha enfadado?, ¿qué está necesitando en este momento? En ocasiones, no podrás hacerlo, ni parando un momento, pero puedes reflexionar *a posteriori* sobre ello.

Entonces ¿cuál es la finalidad de las emociones? Y me refiero a la teleología, a esa pregunta molesta que nos hace reflexionar para qué nos sirve algo que es incómodo para nosotras. ¿Es la finalidad de tu hija llamar constantemente la atención? En realidad, solo necesita sentirse vista, te echa de menos, quiere estar más contigo o decirte que últimamente estás pasando mucho tiempo en el trabajo (o en tu mundo). ¿Es la finalidad de tu hijo retarte? Probablemente está intentando, más bien, conectar contigo y saber que puede tener hueco en su propia vida, pudiendo decidir cosas. ¿Es la finalidad de tu hija vengarse de ti o hacerte daño? Es más probable que se sienta tan dolida que la única forma que ha encontrado de dar la vuelta a esta injusticia es que tú te sientas como ella se siente, y quizá, así, puedas comprenderla.

Dentro de veinte años, no recordarás esa llamada que no te estaba dejando hacer, ella sí va a recordar tu mirada de decepción. Dentro de treinta años, no recordarás de qué iba esa lucha de poder o ese límite que no se estaba cumpliendo, él sí recordará el gesto de tu cara y los movimientos de tus manos. Dentro de cuarenta años, no recordarás qué fue aquella falta de respeto que te activó tanto, ella sí recordará que, además de dolida, se sintió culpable y confusa, sin saber cómo salir del bucle en el que se había metido. Las cosas que hoy nos importan tanto el tiempo las suavizará. Y, a la vez, aquellas a las que no les damos tanta importancia el tiempo las colocará en su sitio principal.

Hablaremos más adelante de la culpa y de cómo puede ser ancla o impulso para relaciones más conectadas con nuestros hijos e hijas. En esta ocasión, solo quiero reflexionar sobre el hecho, en mi opinión irrefutable, de que las emociones, en cierto modo, nos cuidan. Si no tuviéramos emociones, no podríamos utilizar la información que nos regala nuestro cuerpo en nuestro beneficio.

La culpa es eso que nos viene a decir, *a posteriori*, que hay otra manera de relacionarnos con las personas a las que queremos. Si no hubiera emociones, no tendríamos esta información. Por eso, los planteamientos de «no debería existir esta emoción» no tienen mucho sentido, es necesario acogerlas y escuchar el mensaje que nos traen para poder aprovechar su utilidad.

En el mundo actual —donde quien no produce no existe—, dedicar parte de nuestra vida a cuidar nuestras emociones y las de otros no parece productivo, y al mismo tiempo, sin esto, nos estamos perdiendo parte de la experiencia de ser humanos.

En esta línea, cuando a Margaret Mead, una célebre antropóloga, le preguntaron cuál fue el primer rasgo de civilización de nuestra especie, no respondió que fue una pintura rupestre ni el bifaz que me enseñaba mi padre. No, para ella el primer indicio de civilización son las fracturas sanadas que pueden hallarse en los fósiles de huesos.

En España, en el yacimiento de Atapuerca, encontraron dos muestras de este altruismo: el cráneo de Benjamina, una niña de diez años con craneosinostosis, un defecto que le produjo un retraso psicomotor, lo que implica que fue cuidada y atendida durante los años que duró su vida. Y el cráneo de Miguelón, que presenta indicios de una infección que duró meses, tanto que se cree que sus cuidadores le daban la comida machacada porque no podía masticarla. Para la antropología, en la naturaleza, el animal que tiene una pierna rota se muere; entre los seres humanos, no. Y es por el amor, no solo hacia sus hijos e hijas, sino hacia sus iguales. Esto, para Adler, es *Gemeinschaftsgefühl* o sentimiento de comunidad.

¿Te acuerdas de la historia del ser humano de la que te hablaba al empezar el capítulo? Termina así:

Todos estos nuevos seres obedecían nuevas leyes:

- Cooperar, colaborar.
- Crear y preservar la armonía.
- Crear un amor más eficiente.
- Tomar para uno mismo y dar algo de regreso.

Realmente, las grandes historias, con el paso de los años, han quedado algo obsoletas a nivel científico, pero los niños y las niñas que las escuchan se llevan una impresión sobre ellas, están diseñadas para impresionar, como hacía Monet con sus *Nenúfares*. Por ejemplo, la primera vez que escuché esta gran historia, yo conecté, al leer aquello de tomar para uno mismo y dar algo de regreso, con la idea de contribución. Esa fue la semilla que germinó, años más tarde, para que dejara mi puesto de trabajo de funcionaria —cómodo, pero con poco impacto en el mundo que yo quería que tuvieran mis hijas— por la incertidumbre de mi vida actual, en la que contribuir al interés social está tan de manifiesto.

Años más tarde, en otro momento de mi vida, conecté mucho con la idea que transmite la historia de una especie humilde, y me enfoqué en temas más relacionados con la conciencia medioambiental. Y ahora me conecta con la idea central de este libro: la idea de que el amor (y los cuidados) es lo que mueve el mundo (a pesar de que parezca que lo mueve la productividad) y que esta nueva generación aportará al mundo la inteligencia emocional y no solo la IA (inteligencia artificial).

Fue el altruismo lo que nos hizo seres humanos y, biológicamente, somos muy parecidos a esos primeros homínidos, llevamos más tiempo siendo seres humanos que seres productivos.

Esta idea de que solo importa lo que produce la hemos absorbido con cada poro de nuestra piel, la hemos introyectado, nos la hemos creído, nos la hemos tragado, ni siquiera pudimos masticarla un poquito. Por eso, da la impresión de que las emociones estorban, porque parece que no contribuyen al capitalismo. Sin embargo, esto es solo nuestra historia reciente, nuestra historia como especie es diferente. Somos la especie que somos gracias a haber sabido cooperar, podemos cooperar gracias a tener habilidades sociales y tenemos habilidades sociales gracias a la inteligencia emocional. Y todo esto lo hemos aprendido de nuestras figuras de referencia, de las personas adultas que nos acompañan y nos cuidan.

Cada vez que dejas lo que sea que estás haciendo —que pueda ser calificado de productivo— por atender al infante que está expresando una emoción y lo acompañas, estás creando, desde tu parcela de poder, un mundo mucho más pacífico, más unido y, en definitiva, mejor. Porque podemos usar las piedras para agredirnos con ellas o para machacar la comida de alguien que no puede comer porque tiene una infección. Y lo más interesante de la inteligencia emocional es que ambas decisiones pueden ser sabias dependiendo del contexto. La asimilación emocional es probablemente la más desconocida de las cuatro dimensiones de la inteligencia emocional y puede hacer que, como nos decía Adler, todo sea diferente.

UNA PAUSA PARA RECUPERAR EL ALIENTO

Cierra los ojos.
Pon una mano en el pecho y otra en tu abdomen.
Respira profundamente e intenta ser consciente del aire en ambas manos.
Quizá este ejercicio sea difícil para ti, no olvides cuidarte al ponerlo en marcha, o incluso al no hacerlo si no es tu momento.
Reflexiona sobre las últimas situaciones que se te ocurran en las que has perdido tiempo atendiendo un conflicto o una emoción de tus hijos e hijas, alumnado o cualquier otra persona.
Visualiza cada una de estas situaciones con el título «pérdida de tiempo».
Coge aire, suéltalo con suavidad y firmeza, y escribe ahora «inversión en humanidad».
Puedes repetir este ejercicio cada vez que estés ahí para tus hijos e hijas, alumnado o cualquier otra persona.
No olvides terminar dándote las gracias por cada esfuerzo que estás haciendo en crear un mundo más bonito.

¿QUÉ SON LAS EMOCIONES?

Una vez, una de mis hijas estaba llorando muchísimo por algo que la tenía enfadadísima; yo la acompañaba como podía y, de repente, se paró en seco y me dijo: «Mira, mamá, me está latiendo muy rápido el corazón». Este descubrimiento le generó tanta curiosidad que el malestar que tenía pasó a un segundo plano, así que me pidió una explicación detallada de por qué le estaba sucediendo eso.

A medida que crecemos —e interactuamos con personas a las que les cuesta sostener nuestras emociones—, nos vamos desconectando de las sensaciones corporales con el objetivo de cuidarnos y protegernos, hasta el punto de que, si yo ahora te pregunto cómo te sientes, seguramente te irás enseguida a ponerle nombre a la emoción. Pero sentir va mucho más allá de eso. Sentir (experimentar sensaciones producidas por causas externas o internas) tiene su raíz latina *sentire* en la información que nos llega a través de los sentidos. Estos sentidos, tradicionalmente, eran gusto, tacto, olfato, vista y oído. Sin embargo, ahora sabemos que también tenemos tres sentidos más: vestibular (todo lo que tiene que ver con equilibrio), propioceptivo (relacionado con nuestro cuerpo en un espacio determinado) y, mi favorito, el interoceptivo (la percepción del estado interno de nuestro organismo). Volveremos a él enseguida, pero antes me gustaría reflexionar sobre qué es una emoción para ti.

Cuando en mis cursos sobre inteligencia emocional pregunto qué es una emoción, la nube de palabras suele contener las siguientes expresiones: incontrolables, universales, automáticas u otras como (ahora sabemos que un poco confusas o incluso obsoletas) cerebro límbico. Para mí la emoción es algo que está en nuestro cerebro y en nuestro cuerpo, pero también en la cultura.

Soy una persona muy curiosa y con mucha atención al detalle, así que, cuando estuve preparando mi trabajo de fin de máster sobre inteligencia emocional, dediqué muchas muchas horas a investigar qué era una emoción. También soy una persona práctica, así que acabé llegando a la conclusión de que es algo diferente para distintos autores y que, además, al paso que va la investigación, cualquier cosa que pueda decir ahora en unos años estará desactualizada y que no me merece mucho la pena perderme en los detalles cuando tengo un elefante rosa en la habitación con un letrero con luces de neón que dice: «Es difícil estar ahí para los tuyos cuando expresan una emoción difícil para ti». Igualmente, soy consciente de que no podemos escribir un libro sobre emociones sin definir lo que son.

La Real Academia Española (RAE) lo define como una «alteración del ánimo, intensa y pasajera, agradable o penosa, que va acompañada de cierta conmoción somática». Es decir, tradicionalmente, una emoción implica un cambio, agradable o desagradable, que se refleja en el cuerpo. Pero ¿para qué sirve? Parece que la definición no incluye lo que a mi juicio es más importante: la utilidad y el propósito de las cosas.

Me fascina desde muy pequeña encontrar el origen de las palabras para descubrir sus «para qué», y la palabra emoción viene del latín *emotió*, que, a su vez, procede del verbo *emovere*, *ex* (hacia fuera) y *movere* (mover), es decir, una emoción implica un movimiento que nos saca de nuestro estado anímico, digamos, basal. Nos llega información a través de los sentidos y el sistema nervioso formula una hipótesis de qué movimiento es necesario hacer, así que pone en marcha mecanismos para que puedan cubrirse las necesidades derivadas de dicha hipótesis. Con nueva información, mejor ajuste de la hipótesis.

Sí. Una emoción tiene más que ver con una suposición que con algo fijo e inmutable. Cuando comprendí esto me añadí un extra de responsabilidad, y es que yo puedo hacer hipótesis diferentes sobre lo que me pasa a mí, a mis hijas o a mis seres queridos (o hasta a los haters de redes sociales). Pero también me llenó de esperanza, la que mi padre me regalaba sin saberlo cuando me leía las meditaciones del emperador romano filósofo, me demostró que no estamos a merced de un mundo incierto y que reflexionar nos va a permitir ser más conscientes y con ello tomar decisiones que nos cuiden más.

Desde el punto de vista de la teoría constructivista de la emoción, estas no son cosas que simplemente nos pasan, sino que las elegimos. Igual estás pensando que eso no puede ser, que la gente que tiene depresión no elige estar triste. Y llevas toda la razón. Decirle a una persona deprimida algo así como «Anímate, que estás eligiendo sentirte triste» es una falta de respeto a su proceso. No, no estoy hablando de este tipo de elección. Especialmente la depresión o la ansiedad suelen tener además otro componente: una respuesta a haber sufrido un trauma o incluso un desequilibrio hormonal. Esa gran tristeza, esa emoción, es la mejor forma que está encontrando ese sistema nervioso de cuidarse; es la forma que está consiguiendo mantener su presupuesto de energía para seguir viviendo.

Imagina esta situación: tienes pareja y estáis enfadados por algo, discutís en el coche, discutís al salir del coche, discutís esperando el ascensor del garaje y seguís mientras subís a vuestro piso, hacéis el gesto automático de marcar el botón correspondiente, pero estáis muy enfadados. Y enseguida para el ascensor, se abren las puertas y aparece en el portal una vecina, dejáis de discutir, sonreís y le preguntáis por su bebé o por su perrito, o habláis del tiempo, pero entráis en modo conexión, se baja en el tercero y desde ese piso al vuestro seguís discutiendo.

¿PARA QUÉ NOS SIRVE LA RABIA?

Para la comprensión y llegar a acuerdos, no mucho. Quizá estés reflexionando: «No sirve para nada», pero no tiene mucho sentido que el cerebro gaste recursos de nuestro presupuesto temporal en algo que no sirve para nada.

Y no, la rabia viene a entregar un mensaje. Viene a decirnos: «Oye, esto no es justo, hay que hacer algo».

O a ayudarnos a poner límites: «Esto no me gusta, tenemos que cambiarlo».

O a decirnos: «Esto que ha hecho el otro está mal, tenemos que castigarlo para que no lo repita».

O a controlar a la otra persona con nuestro enfado: «Voy a demostrarle que estoy enfadada para que entonces haga lo que yo necesito...».

O a enmascarar otra emoción: «Me pone muy triste o me tiene muy asustada esto otro, pero vamos a sacar la rabia, que no quiero mostrarme vulnerable».

Todo esto nos dice de una forma más o menos inconsciente, intentando mantener el equilibrio en el presupuesto corporal.

Y es que responsabilizarnos es difícil, sobre todo cuando, al crecer, los adultos se interpusieron entre nuestros actos y las consecuencias de nuestras acciones, no solo rescatándonos —que también—, sino con castigos y premios que nos hacían desconectarnos de nuestra verdadera responsabilidad intrínseca.

Y no solo la rabia viene a entregar mensajes.

Imagina que estás en el campo con tu hijo, te centras en observar una flor durante un segundo y el peque ha desaparecido, dejas de estar en modo conexión con la naturaleza y se activa el sistema de alerta, tu sistema nervioso evalúa la situación y decide que lo mejor es construir la emoción de miedo. Hay cambios en todo tu cuerpo, en la presión de la sangre, en tu sistema digestivo, todo se prepara para entrar en modo lucha o huida. Pasa en cuestión de microsegundos.

Y, de repente, ahí está tu preciosa criatura en la mesa de pícnic comiéndose un plátano porque tenía hambre. Suspiras con alivio y poco a poco todo tu sistema nervioso vuelve a la homeostasis (el equilibrio), y llega la alegría que te recuerda que es importante que la compartas con tu peque, al tiempo que le pides que te avise la próxima vez, porque te habías asustado.

O puede que no, es posible que te cueste un poco más y el miedo se transforme en rabia y sea un impulso para echarle la bronca o incluso amenazarlo y castigarlo. Ya vimos que son los caminos contrarios a la conexión, y aquí no vamos a juzgarte porque sabemos el esfuerzo titánico que es pensar sobre lo que nos duele y que no siempre es posible ir a la velocidad que necesitamos cuando tenemos tanto que cambiar.

O puede que de repente te invada la tristeza porque te acuerdes de cuando hacías la misma travesura a quien te cuidaba cuando eras niña y ya no puedes llamarlo para decirle que ahora entiendes lo mal que se pasaba.

O puede que venga la culpa acompañada de un montón de pensamientos intrusivos sobre todo lo malo que podría haber ocurrido.

O que el miedo se quede tan tan instalado que decidas que es mejor marcharos a casa por si acaso ocurre de nuevo.

Todas esas emociones son válidas, son necesarias, y sí, las podemos usar en nuestro provecho; de hecho, ya lo estamos haciendo.

Por ejemplo, imagina que te enfadas por la situación y decides irte, y, en la vuelta a casa tienes una avería justo enfrente de un taller que está echando el cierre. Podrías ir supercabreada a decirles que cómo se les ocurre cerrar tan pronto, o podrías ir con tu mejor sonrisa y decir algo así como: «Hola, he visto que estáis cerrando y siento terriblemente molestaros, pero es que se me acaba de averiar el coche y tengo a mi hijo dentro, me preocupa que se haga de noche, tarde en venir la grúa y se asuste por la oscuridad, ¿seríais tan amables de echarle un vistazo por si es algo rápido?». Las probabilidades de lograr tu objetivo con una y otra son abismales, ¿verdad?

Por eso me gusta pensar que las emociones son suposiciones de la información que nos cuenta nuestro cuerpo sobre cuál es la mejor forma de comportarse ante una situación determinada. Hay veces que podemos ser conscientes y usarlas en el bien común (que incluye el bien personal) y otras, la mayoría de hecho, que no vamos a ser conscientes de ellas y nos llevarán por otros lares que no nos gustan tanto. Lo que tengo claro es que siempre siempre siempre nos cuidan y nos protegen (basándonos en la hipótesis que ha hecho nuestro sistema nervioso).

¿Y con la infancia? Pues las viven igual, con más intensidad y también, normalmente, con menos «resaca», es decir, que si una emoción fuera una ola gigante, tardan menos tiempo en volver a tener un mar en calma. No he utilizado en este capítulo ejemplos de niños para alejarme de esas frases hechas del tipo: «Si llora y lo coges, te está manipulando» porque no es así; lo que necesitan es volver a recuperar la conexión, porque los *sapiens*, sin conexión, morimos.

No, cuando Alicia (nombre ficticio) se marchaba y uno de sus mellizos lloraba y le decían «Pues ha estado tan tranquilo hasta que has vuelto tú», no era porque quisiera manipularla, sino que la mayoría de las veces expresa una emoción que no había podido manifestar hasta ese momento. No, nos manipulan como nos han hecho creer. Es que somos casa. Expresar emociones desagradables en momentos inseguros suele ser síntoma de que el apego es seguro. Más adelante continuaremos con este tema.

Pero ¿cómo se produce ese movimiento?

Antes te hablé sobre el sentido interoceptivo y quizá puede que sea la primera vez que hayas oído hablar de él, porque ni siquiera viene en la RAE, lo que nos da también una idea de lo poco que conocemos las sensaciones de nuestro cuerpo.

Seguramente te ha pasado alguna vez que has acudido a consulta de fisioterapia. Yo hace unos meses tomé la decisión de priorizar y hacerme un chequeo mensual y Olga, que tiene manos maravillosas, me dice «cuéntame» y en ese momento yo le cuento mis, como dirían nuestras abuelas, dolores. Que si la cadera, que estoy mucho tiempo sentada escribiendo el libro, que si la rodilla, que estoy haciendo menos ejercicio, que si me duele el cuello del estrés. Tiendo a decirle todo lo que siento desagradable, algo lógico porque voy a recibir su ayuda, pero me hace pensar en que cuando escaneamos nuestro cuerpo lo hacemos con el objetivo de ver lo que está defectuoso en vez de lo que se siente placentero. Y esto, en cuestión de dónde ponemos nuestra energía (lo que llamo nuestro presupuesto corporal) tiene sentido, porque si yo tuviera que poner atención a cómo están los latidos del corazón, los movimientos de mis tripas, el parpadeo de mis ojos o cómo trago saliva, estaría invirtiendo recursos de energía que no podría dedicar a otra acción más prioritaria como escribir este libro.

La interocepción es, en palabras de Lisa Feldman Barrett, «la representación que hace el cerebro de todas las sensaciones de nuestros órganos internos y de nuestros tejidos, de las hormonas de nuestra sangre y de nuestro sistema inmunitario». Es como un centinela o, como a mí me gusta pensarlo, un guardián entre el centeno, que solo vigila que nadie se haga daño. No sirve para fabricar emociones, sino para ayudar al cerebro a mantener equilibrado el presupuesto corporal y, a la vez, basándonos en este sentido, a construir las emociones.

Esta interocepción se recoge en lo que ella llama «región de presupuestación corporal de la red interoceptiva» y se encuentra en lo que de forma simplista llamábamos el cerebro límbico (la amígdala, el núcleo accumbens, la ínsula anterior, etcétera). Es decir, estos núcleos están constantemente analizando y prediciendo qué necesidades tenemos, con el objetivo de mantener nuestro presupuesto corporal.

Mientras que desde la teoría clásica de las emociones se considera que estas son impulsos encaminados a la supervivencia y que hay circuitos cerebrales destinados a cada una de las emociones básicas que desencadenan patrones específicos de expresión facial, estado corporal y determinada acción física, es decir, que las emociones tienen gestos universales y, además, son imprevisibles e incontrolables (lo que significa que no tenemos impacto sobre ellas), desde la teoría de la emoción construida el concepto es diferente: las emociones son hipótesis o conjeturas que hace nuestro cerebro sobre las sensaciones corporales que llegan desde el sistema interoceptivo, guiadas, también, por nuestras experiencias previas. Es un proceso tan rápido que puede parecer que una emoción nos viene sin más, y no que la estamos creando nosotros. No hay diferentes circuitos para cada emoción, sino que todo el sistema funciona como una gran red.

Por ejemplo, voy caminando por el campo con mis hijas y percibo algo sin ser consciente de qué es, que mi cerebro interpreta como la presencia de una serpiente; con ello, este se conecta (gracias a mi sistema interoceptivo) con una emoción desagradable (por si nos encontramos con ella realmente) y, en ese momento, podría categorizar y construir una emoción de miedo. Y todo esto sucede antes siquiera de que haya llegado a mi consciencia la entrada sensorial real de una serpiente. Yo no he visto la serpiente, pero, como dice la neurocientífica Nazareth Castellanos: «El cuerpo ya sabe lo que la mente aún no ha observado».

Voy a poner otro ejemplo. Una vez iba caminando con mis hijas por la calle. Las dos pequeñas correteaban y apareció una moto por una calle peatonal empedrada. En milésimas de segundo, mi brazo se levantó y se tensionó con firmeza, mi hija se chocó con el brazo y cayó de espaldas al suelo. El motorista me miró, con (lo que interpreté como) una mezcla entre miedo, alivio y admiración, por mi capacidad maternal «salvahijas», mientras yo literalmente estaba flipando, porque mi brazo había actuado solo, es decir, sin que yo me enterara de nada. De hecho, iba bromeando con otra de mis hijas. Internet está lleno de vídeos meme que hablan de esta capacidad salvadora de las figuras parentales. Según la teoría constructivista de la emoción, mi cerebro creó una hipótesis de una potencial situación de peligro para mi hija y rápidamente tomó la decisión de gastar unos pocos recursos y levantar el brazo, en vez de no hacer nada y que a mi hija la atropellara una moto, cuando yo ni siquiera era consciente de que esa moto existía.

Y ahora viene la parte más interesante. Después de haber lanzado una hipótesis, el cerebro hace un recalibrado de los nuevos *inputs* sensoriales que le llegan desde dentro y fuera del cuerpo, y pueden pasar dos cosas: que acierte o que aprenda para la próxima vez. Si hubiera hecho una predicción incorrecta, por ejemplo, que ese sonido (el ruido del motor y la fricción de las ruedas contra el suelo) fuera el que en esa ciudad tienen los carritos de los helados, con mi hija en el suelo, hubiera cotejado la información previa con la actualización sensorial que nos llega al ver que el carrito de helados aparece en escena. Como resultado, nos habríamos comido unos ricos helados y habría sido una anécdota que contar después. Pero el cerebro, realmente, no está pensando en aprender, sino en mantenernos con vida; aprender es la consecuencia de trabajar por nuestra supervivencia y no al revés. Quizá precisamente por esta necesidad de supervivencia, construir este nuevo aprendizaje nos llevará bastante tiempo y varios errores. Por otro lado, si en vez de esta situación, segura para mí, hubiera sido otra diferente, por ejemplo, en un acantilado (me dan mucho miedo las alturas) y hubiera percibido un posible peligro (una caída enorme) con mis sentidos, mi cerebro se habría mantenido en su hipótesis, aunque los datos sensoriales del exterior hubieran aportado información contraria (que hubiera un terraplén justo debajo).

¿Por qué mi cerebro inicia este proceso? Podríamos hacer una hipótesis de que quizá el miedo a las alturas me venga dado de una situación traumática en mi vida, pero no he vivido ninguna, aunque quien sí lo hizo fue mi madre. Y, como veremos en el capítulo sobre el apego, cómo reaccionan nuestras figuras parentales ante ciertas situaciones tiene impacto en nuestras propias interpretaciones. Incluso podemos hacer hipótesis más complejas como que, en esa situación difícil para mi madre, yo, como óvulo, ya estaba en su cuerpo. Y ese trauma quedó también impreso en mí. La pedagogía sistémica nos puede ayudar a descubrir todas estas influencias de nuestro entorno familiar y ayudarnos a interpretar de forma más precisa. Sea como sea, cuando entra en peligro la supervivencia, el cerebro activa una especie de «piloto automático».

Una vez vi un vídeo en el que, en una carrera popular, un grupo de corredores pasó cerca de la terraza de un bar y, de repente, todas las personas allí sentadas salieron corriendo, presas del pánico, por un peligro que no existía, camarero incluido. El vídeo es divertidísimo y, alguna vez, lo he usado para explicar el funcionamiento de las neuronas espejo. Ahora he investigado más y sé qué no hay realmente neuronas espejo solo dedicadas a ello, sino que la función de espejo se hace en todo el cerebro de forma más holística. De hecho, es una función que no está solo en el cerebro sino en todo el cuerpo, lo que Nazareth Castellanos resume en que «nuestros corazones acompasan su dinámica eléctrica», que es una forma muy bonita de decir que nosotros (y nuestros cuerpos) tienen mucho impacto en los demás. El cerebro formula una hipótesis —aquí claramente se confunde—, pero solo ha implicado el gasto de un poco de energía, algo de glucosa, un poco de cortisol... Nada de esto compromete mucho el equilibrio del presupuesto energético y, en contraposición, si te atrapan Godzilla, los alienígenas o Loki (el hermano de Thor en *Los Vengadores*), tu presupuesto vital se puede ver terriblemente comprometido.

La dificultad viene cuando, por diversos motivos, vivimos nuestra vida cotidiana en modo supervivencia todo el tiempo. El piloto automático está bien para mantenernos con vida, pero no siempre es útil para construir vínculos seguros. Poder amigarnos con la información que nos llega de las emociones puede ayudarnos mucho en esta tarea.

Ya te he hablado de dos teorías sobre las emociones y creo que he desvelado cuál es la que más me gusta. El tiempo y la ciencia nos traerán nuevas teorías o matices. Respecto a estos ejemplos, en la teoría clásica de emociones, yo vería la serpiente, la moto, el acantilado o la gente corriendo, y esta entrada sensorial desencadenaría la emoción a través de un circuito de miedo dentro del cerebro. Y aunque reflexionar sobre todo esto es interesante, y podríamos darle muchas vueltas a si pensamiento y emoción van o no unidos, o a si la emoción es innata o construida, personalmente me parece que al detenernos mucho en estos matices perdemos el foco de lo que en realidad necesitamos las personas y no entendemos qué utilidad tienen las emociones. Sea como sea, en ambas teorías, el objetivo es la supervivencia, mantenernos vivos y sanos.

Volviendo al ejemplo inicial. En el fondo, en pos de esta supervivencia, uno de los cometidos del cerebro es mantener estable lo que los científicos llaman el presupuesto corporal, es decir, las necesidades energéticas de nuestro cuerpo para mantenernos vivos, y para esto tiene que saber lo que pasa en nuestro organismo. Cuando el sentido interoceptivo de mi hija notó que su corazón latía demasiado fuerte, su propio sistema se dio cuenta de que la emoción que estaba construyendo en ese momento (enfado) empezaba a ser demasiado intensa y desarrolló una nueva emoción, la curiosidad, que hizo a su vez que el corazón latiera más despacio. Poner la atención en el cuerpo, enfocarnos en la conciencia corporal, es una muy buena estrategia de autorregulación emocional y, como ves, niños muy pequeños pueden hacerlo de forma instintiva.

En definitiva, la palabra «emoción» no tiene solo que ver con el movimiento que hacemos hacia fuera de nuestro cuerpo, sino que nace de los movimientos desde dentro. Y quizá no es la emoción lo que se refleja fuera del cuerpo, sino una representación externa de lo que está sucediendo dentro.

Movimiento, cuerpo y emoción están intrínsecamente unidos. Y este es el motivo por el que reñir a tu hijo o hija por tener una emoción no favorece la conexión ni la seguridad. Y, a la vez, como iremos viendo en los siguientes capítulos, si esto no lo aprendiste de pequeño, vas a tener un extra de dificultad, así que lo mejor es empezar por darnos mucho amorcito. Por ejemplo, cuando tu cerebro construye la emoción de enfado porque tu hijo no ha recogido los juguetes, tu respiración está agitada, tus movimientos son demasiado rápidos, el corazón bombea acelerado. Y, de repente, parece que tu hijo es una amenaza, pero realmente no lo es, solo está jugando y ese es el trabajo más importante de la infancia. Y tú actúas desde tu modo de lucha o huida, es decir, en dirección contraria a la conexión.

Lo bueno de estas suposiciones que hace nuestro cerebro es que son muy eficientes para el organismo; lo malo, como acabas de comprobar, que a veces se confunde. Cuanto mejor comprendamos nuestro cuerpo y a las demás personas, más eficiente lograremos que sea nuestro propio sistema.

La parte buena es que no estás sola o solo, tener a tu alrededor personas (adultas) que te ayuden a regular tu presupuesto corporal resulta importante, de hecho, la soledad es uno de los indicadores de riesgo respecto a la salud mental. En esta nueva forma de vivir, quienes criamos a nuestros hijos somos la familia cercana, en soledad, en contraposición al precioso y utópico lema «para criar a un niño se necesita una tribu entera». Otras personas pueden ayudarnos a corregular nuestros sistemas nerviosos y nuestras emociones. Y, como figuras parentales, es importante que podamos hacerlo con nuestros hijos e hijas; al principio no pueden hacerlo solos, nos necesitan, somos seres altriciales.

Coordinar bien el presupuesto corporal no es fácil, para las personas adultas tampoco. Por ejemplo, ¿te suena esa situación en que te quedas a ver una serie de Netflix, olvidando tu presupuesto corporal y negando que mañana vas a estar agotada cuando suene el despertador? Sin embargo, cuando les pasa a los niños y las niñas, con sus cerebros más inmaduros y sus menos experiencias vividas, somos menos comprensivos. Por ejemplo, ese niño que ha estado dándolo todo en el parque sin parar de jugar y cuando llega la hora de irse a casa, de repente, está agotado y no puede caminar y se queda dormido, ha consumido su presupuesto corporal. Su sistema nervioso está, todavía, aprendiendo a gestionarlo. Necesitan nuestra ayuda, y esto también es corregulación emocional.

Antes de terminar este apartado, me gustaría hablar del concepto de lo que los científicos llaman *affect* o afecto, que hace referencia no al cariño, sino a la sensación general de sentir que experimentamos a lo largo del día, algo un poco más simple que una emoción. Tiene dos características nada más: la valencia (si es agradable o desagradable, como el sabor de nuestra comida favorita o el sonido agudo de una puerta sin engrasar) y el *arousal* o estado de alerta o activación (si la energía es alta o baja, como la sensación de correr la primera vez que monta tu hijo en bici o la que tienes al final del día cuando te desplomas en tu cama y todos duermen). Más adelante te mostraré una herramienta, el *mood meter*, que puede ayudar mucho a trabajar la conciencia emocional con nuestros hijos e hijas, incluso antes de poner nombre a las emociones.

No todos los científicos piensan que los bebés pueden experimentar emociones como las personas adultas, pero es unánime el criterio de que son capaces de experimentar estas cuatro dimensiones de los *affects* (afectos) —agradable, desagradable, alta y baja, con todas las combinaciones posibles, incluyendo la neutralidad—. Para regular su presupuesto corporal, van a necesitar el apoyo de sus figuras parentales, y según cómo reciben este apoyo, se configurará todo su sistema de apego (volveremos a esto más adelante).

Lo importante ahora es que, cuando nuestro presupuesto corporal se desajusta, esto tiene una repercusión en nuestro *affect* (afecto) y este apela al cerebro para que busque soluciones que otorguen un nuevo equilibrio. El cerebro rastrea nuestras experiencias pasadas para poder predecir qué estrategias son mejores y se van a quedar instaladas, de forma inconsciente muchas veces, en nuestro sistema. Así, el cerebro recurrirá a ellas siempre que necesite ajustar el presupuesto corporal.

Te pongo un ejemplo: una vez una de mis hijas vino a casa contándome que uno de sus profes les había gritado en clase. Esto provocó en mí una sensación desagradable (valencia negativa) y de *arousal* (se me activó el sistema de alerta), que habría propiciado una respuesta poco asertiva, fruto de mis experiencias pasadas. Sin embargo, antes de eso no estaba especialmente predispuesta a ponerme en alerta y, además, ella lo contaba tranquila, así que, haciendo uso de lo que pronto llamaremos «facilitación emocional», enseguida decidí (inconscientemente) que la mejor emoción en ese momento no era el miedo o la rabia, ni siquiera la tristeza, sino la curiosidad. Pregunté a mi hija qué había pasado y me explicó, con mucha precisión, lo sucedido. Así que continué:

—Y, cuando os gritó, ¿qué sentiste?

—Pues mucha tristeza por él, porque imagina estar queriendo dar clase y que los niños estén todo el rato interrumpiendo y gritando.

—¿Y qué hiciste?

—Le dije: «Profe, respira»; no sé si me oyó, pero yo le sonreía.

—¿Y qué pasó después?

—Que se calmó, se disculpó y seguimos con la clase.

Yo usé en ese momento la emoción de la curiosidad para obtener más información; igual hubiera podido utilizar la calma si me hubiera desregulado mucho. O tal vez habría podido desoír todo lo anterior y tener un miedo que me hubiera llevado a proteger (o sobreproteger) a mi hija. Quizá la emoción de la rabia me hubiera incitado a escribir un correo incendiario. Y cuando digo «tener», realmente, quiero decir «construir».

El profe utilizó el enfado porque su cerebro consideró que era la mejor forma de lograr su objetivo (poner un límite), aunque eso supusiera desajustar su presupuesto corporal. Mi hija utilizó la calma, porque su cerebro consideró que era la mejor forma de mantener el presupuesto corporal. Quizá, en otro momento, con otro docente con el que no tuviera ese vínculo o que no fuera un lugar seguro para ella, no hubiera sido la calma la emoción elegida de forma más consciente, sino la inacción, debido a que su sistema nervioso habría entrado en modo congelación. O, puede que, si hubiese crecido en una casa en la que las personas adultas se desregulan rápidamente, esa calma tendría menos de elegida y más de autoimpuesta, porque habría construido la creencia de que debía ser el espacio seguro de sus hermanos (o de sí misma). Y no, esa es la tarea de las figuras parentales, profundizaremos sobre esto enseguida. La interpretación de lo que nos pasa es lo que nos permite transformar estos *affects* (afectos) que nos llegan del propioceptivo en emociones que nos cuiden todavía más.

Pero también puede ocurrir lo contrario. Así fue en nuestros primeros años de vida (primer año especialmente), cuando se configuraban nuestro sistema nervioso y la forma en que interpretamos el mundo (como un sitio seguro lleno de posibilidades o uno inseguro repleto de peligros), así como la idea de qué podíamos hacer para sobrevivir en este mundo de la mejor forma posible; nuestras interpretaciones nos pueden llevar a tener emociones menos adaptativas para determinadas situaciones. Por ejemplo, si una persona crece en un hogar en el que la perfección impera y los errores no se toleran, cuando crezca es posible que vea los errores como algo peligroso y entrará en modo lucha, huida o parálisis cuando sucedan. La buena noticia es que podemos realizar un trabajo terapéutico y reflexivo que nos lleve a interpretar mejor las cosas que nos suceden. Y lo más bonito de todo, en palabras de Tiffany Watt Smith, autora de *Atlas de las emociones humanas, es tener en cuenta que*: «Las emociones son fenómenos cognitivos, moldeados no solo por nuestro cuerpo, sino también por nuestros pensamientos, nuestros conceptos, nuestro lenguaje. La neurocientífica Lisa Feldman Barrett se ha interesado profundamente por esta dinámica relación entre las palabras y las emociones. Ella dice que, cuando aprendemos una nueva palabra para designar una emoción, se desencadenarán, inevitablemente, nuevos sentimientos. Como historiadora, mantengo la sospecha desde hace largo tiempo de que, a medida que el lenguaje cambia, también lo hacen las emociones». Personalmente, esto me llena de compasión, tristeza y esperanza, o quizá, como dicen los habitantes de Ifaluk (en Micronesia) esté sintiendo *fago*.

Y es que, las emociones, en definitiva, nos sirven para ampliar las posibilidades, no solo de sobrevivir, sino de vivir con plenitud.

Dedicar tiempo a la inteligencia emocional es destinarlo a lo verdaderamente importante de la vida.

Y lo más bonito es que, aunque tus experiencias anteriores no fueran como estas, **nunca es tarde para ayudar a tu cerebro a construir experiencias nuevas. Nunca.**

UNA PAUSA PARA RECUPERAR EL ALIENTO

Cierra los ojos.
Pon una mano en el pecho y otra en tu abdomen.
Respira profundamente e intenta ser consciente del aire en ambas manos.
Quizá este ejercicio sea difícil para ti, no olvides cuidarte al ponerlo en marcha, o incluso al no hacerlo, si no es tu momento.
Piensa en esas situaciones en las que sí aprendiste inteligencia emocional de tus figuras de referencia.
Quizá haya situaciones en las que integraste todo lo contrario. Hoy quiero que te concentres en las que sí lo hiciste.
Ahora da las gracias por cada una de las habilidades que, sin darte cuenta, has podido absorber.
Piensa en todas y cada una de las veces que sí has sido ejemplo de la enseñanza de habilidades sociales y de inteligencia emocional.
Cada vez que has ayudado a expresar, asimilar, comprender o regular las emociones de tus hijos e hijas.
Cada vez que has sido CASA para ellos y para ellas.
Y ojalá puedas reconocer y agradecer todas y cada una de estas veces, porque son tus y SUS fortalezas.

EMOCIONES Y SISTEMA DE APEGO. LA PRESENCIA, LA MEJOR «VACUNA» PARA LA BUENA AUTOESTIMA DE TUS HIJOS E HIJAS

Una vez vimos una situación de violencia física hacia un menor, y mis hijas me preguntaron muy sorprendidas cómo podía suceder esto, una de ellas dijo incluso «Las madres no pegan», porque le parecía inverosímil que algo así pudiera ocurrir. Yo intenté contestar, sin enjuiciar las situaciones de violencia, con una anécdota sobre mi infancia, en concreto con mi abuela, una de las personas a las que más he querido, y quiero, en mi vida. Así les conté una vez que me perdí en el mercado. Realmente, solo me despisté (algo que me pasa todavía a menudo), y cuando me encontró, mi abuela me pegó una bofetada. Quizá el tema que vamos a tratar te sea difícil, así que ojalá te puedas cuidar, porque vamos a hablar de apego y de trauma antes de contarte cómo terminó aquel día con mi abuela .

Cuando un niño o una niña viene a la vida, al contrario que otros muchos animales, es total y absolutamente dependiente de los cuidados de sus figuras de referencia. Somos una especie altricial, esto es, nacemos inmaduros y necesitamos de muchos y largos cuidados de nuestro entorno. No somos capaces de regular nuestro presupuesto corporal, ni siquiera de alimentarnos solos o caminar y, a la vez, eso no significa que nazcamos desvalidos, porque llegamos a la vida con un surtido de características de serie para ayudarnos en estos primeros momentos, desde reflejos primitivos hasta un sentido del olfato muy desarrollado, pasando por un llanto agudo y característico y un aspecto adorable. Todo esto nos va a servir para vincularnos con nuestros cuidadores de referencia.

Desde el Círculo de Seguridad, nos animan a imaginar el vínculo de apego como un círculo o elipse en el que las figuras parentales (o cuidadoras) somos manos, es decir, tenemos una doble función: alentar la exploración y acompañar la vuelta a casa. Somos como un refugio en la montaña desde el que salimos a explorar y al que volvemos para rellenar nuestra taza de energía, en este caso, de cuidados.

Círculo de Seguridad®

Padres atendiendo las necesidades del niño

Esto invita a reflexionar sobre dos tipos de necesidades. Las de la parte superior del círculo están relacionadas con la autonomía: los niños y niñas necesitan que apoyemos su exploración, es decir, que estemos pendientes de ellos (supervisemos), que los ayudemos (cuando lo necesiten), nos divirtamos con ellos (el juego todo lo cura) y nos alegremos en ellos, solo por el mero hecho de existir. Las necesidades de la parte de abajo del círculo se relacionan con el acompañamiento. Cuando los niños han terminado de explorar, necesitan volver a su lugar seguro para recargar su energía y regular su sistema. Desde aquí necesitan que les demos la bienvenida, que es un gesto íntimo y diferente en cada díada figura parental-criatura. Necesitan que los protejamos si tienen miedo, que los consolemos si están tristes, que organicemos sus sentimientos si sienten rabia (o cualquier otra emoción) —lo que incluye escucha, validación emocional y mentalización— y que nos alegremos en ellos y ellas, porque cada emoción que nos comparten —sea de valencia agradable o desagradable— es una oportunidad de asegurar nuestro vínculo.

El lema del Círculo de Seguridad es ser más grande y más fuerte (todo lo positivo de la estructura y la firmeza), y más sabio y más bondadoso (todo lo positivo de la amabilidad y la autonomía). Siempre que sea posible, vamos a seguir las necesidades del niño (ese «sigue al niño» que ya nos recomendaba la doctora Montessori) y cuando que sea necesario, nos haremos cargo, es decir, nos responsabilizaremos, porque somos las personas adultas. Y esto implica satisfacer sus necesidades, para que se sientan seguros, y no esperar de su parte obediencia ciega, obviando sus necesidades y emociones. De lo contrario, si el adulto de referencia no satisface las necesidades de su hijo o hija (especialmente importante el primer año de vida) de la manera requerida durante largos periodos, esto puede poner en peligro la formación de un apego seguro. Cuantas más interacciones seguras haya entre figura parental y niño o niña, más papeletas compramos para construir un apego seguro. Cuantas más necesidades (que no deseos) podamos satisfacer, más posibilidades. Cuantas más reflexiones sobre tu apego de origen, más capacidad de reparación para desarrollar un vínculo seguro con ellos y ellas.

El apego seguro es aquel que se construye cuando los adultos de referencia responden a las necesidades de sus hijos de manera sensible, ajustada y adecuada, buscando el equilibrio entre seguridad y autonomía, lo que alienta a los niños a explorar y asumir nuevos desafíos, al tiempo que tienen seguridad respecto a nuestra disponibilidad cuando nos necesitan.

Al contrario, el apego inseguro puede ser de tres tipos, cada uno con sus implicaciones:

1. El **apego inseguro evitativo** se da cuando la figura de apego atiende las necesidades físicas del bebé, como el hambre, el cansancio o el frío, pero no está disponible (física o emocionalmente) a nivel emocional. El niño aprenderá que no puede expresar sus emociones si quiere conectar con su adulto de referencia. El adulto responde, pero no lo hace de la manera que el bebé necesita, ya que no aborda la regulación emocional. Como resultado, el bebé dejará de mostrar su vulnerabilidad para poder encajar y pertenecer a su grupo social.

1. El **apego inseguro ansioso** (ambivalente) es aquel en el que la figura de apego responde a las necesidades emocionales del bebé, unas veces de la manera esperada, pero otras de forma opuesta. Esto puede ser agotador para los bebés, ya que no son

capaces de regular las emociones por sí mismos. La relación resultante es ambivalente, pues la figura de apego puede actuar de tres formas:

   a. sobreprotección y rescate excesivo;
   b. distracción para evitar acompañar la emoción,
   c. falta de respuesta, cuando la situación se vuelve insostenible para el cuidador.

Esto genera inseguridad y ansiedad en el niño, debido a la falta de coherencia en la respuesta del adulto de referencia.

2. Por último, el **apego desorganizado** se produce cuando el niño expresa una necesidad y no recibe ninguna respuesta. Es común en casos de maltrato y negligencia, pero también en situaciones de adicciones o abuso de sustancias. Las figuras de referencia no pueden satisfacer las necesidades de sus hijos, lo que asusta a los pequeños. Sin embargo, los niños siguen necesitando a sus cuidadores, a pesar del abuso, lo que resulta en un vínculo desorganizado. A diferencia del apego seguro, en el que los adultos de referencia responden de manera sensible y brindan lo que se necesita, en el apego desorganizado los adultos no son capaces de satisfacer esas necesidades. Este tipo de vínculo es especialmente perjudicial y puede dejar cicatrices profundas en el niño.

En los tres casos, las figuras parentales están haciéndolo, realmente, como pueden y saben, por lo que no tiene sentido enjuiciarlas —que sería, además, una revictimización, ya que estas personas adultas tan solo están reproduciendo las vinculaciones que experimentaron, a su vez, con sus cuidadores de referencia—. Es mucho más compasivo y eficiente ofrecer las herramientas para la reflexión, y la oportunidad de caminar junto a sus hijos hacia la seguridad. Un apego seguro proporciona una base sólida desde la que los niños pueden crecer y desarrollarse emocionalmente, sabiendo que sus necesidades emocionales serán atendidas. Cuando esto no sucede, cuando el niño o la niña no encuentra lo que necesita en sus figuras parentales, dará los pasos necesarios para la protección, aunque ponga en peligro la seguridad y la conexión, con el objetivo de priorizar su supervivencia.

En esta tabla te resumo los tipos de apego:

SEGURO	EVITATIVO	ANSIOSO AMBIVALENTE	DESORGANIZADO
Responden a las necesidades emocionales de sus hijos encontrando el equilibrio entre seguridad y exploración.	Responden a las necesidades físicas, pero no a las emocionales, generando represión emocional.	Responden a las necesidades emocionales de forma exagerada, lo que genera inseguridad en los niños.	No son capaces de responder a las necesidades, lo que ocasiona abandono, negligencia y abuso en los niños y niñas.
El futuro adulto podrá autorregular sus emociones y tendrá más posibilidades de acompañar a sus futuros hijos de forma adecuada.	El futuro adulto podría evitar sus emociones y desconectarse de ellas, y, cuando sus futuros hijos las muestren, tenderá a reprimirlas.	El futuro adulto podría tener dificultades para regular sus emociones y tendrá dificultades para distinguir las suyas de las de sus hijos.	El futuro adulto podría caer en situaciones de violencia y negligencia con sus propios hijos, además de tener conductas nocivas consigo mismo.

El objetivo de este capítulo no es detectar si tu hijo o tú tenéis un apego seguro (aunque si es algo que te preguntas, puedes acudir a un psicólogo especializado en apego para que te acompañe en el proceso), sino comprender que las personas hacemos lo que hacemos porque todavía no hemos aprendido a hacerlo de manera diferente. Huelga decir que estas clasificaciones no son compartimentos estancos ni etiquetas, y que el apego se puede reparar, no está roto para siempre.

Clasificar nos ayuda a entender y nos da seguridad y, a la vez, es importante ir más allá. Como te contaba al principio, personalmente, me encanta clasificar; si lo relaciono con mi formación de guía Montessori, el orden es una tendencia humana (un impulso común que tenemos todos los seres humanos, con independencia de la edad o el lugar de nacimiento), e incluso un periodo sensible (una ventana de oportunidad en la que aprender determinadas destrezas con muy poco esfuerzo y mucha concentración) que se desata a los dos años. Y no tiene que ver con recoger juguetes. El orden adulto y el orden infantil son dos mundos enfrentados. Las personas adultas nos enfocamos en resultados (la casa recogida) y las criaturas en los procesos (el disfrute, la exploración, la curiosidad); las adultas nos enfocamos en el momento futuro y ellos en el momento presente.

Algo parecido pasa con las emociones, los niños y las niñas pequeños (y las personas adolescentes, en gran parte también) sienten, viven, transitan la emoción. Les da igual todo lo que no sea ese momento concreto. Y cuando pasa, no se quedan enganchados a la emoción. Tal y como viene, se va. Se rinden a vivirla. Las personas adultas, no. Si a nuestras figuras parentales les costaba acompañar emociones (precisamente porque a las suyas también), habremos crecido con la idea de que expresar emociones no está permitido. Absorbimos todo tipo de creencias (introyectos) sobre cómo y de qué manera se pueden gestionar. Así que ahora, para poder encajar, reprimimos lo que queremos decir, y eso tiene repercusión en nuestro sistema nervioso. Nos pasamos todo el día camuflando y reprimiendo nuestras emociones. Y esto es muy costoso.

Por eso, cuando tu hijo explora y hace lo que parece ser una trastada, explotas. «La confianza da asco», dice el refrán. Nos pasa con nuestras hijas e hijos —y no con el jefe cuando nos trata de manera irrespetuosa o con la persona que nos empuja en el metro—, primero, porque todas las personas tenemos un límite y nuestra capacidad de autorregulación es bastante limitada, y segundo, porque de alguna manera sentimos su amor de forma tan incondicional que sabemos que nos van a aceptar tal como somos.

El problema es que estamos rompiendo el orden natural. Las niñas y los niños exploran, las personas adultas cuidamos (y esto implica validar emociones y acompañarlas, además de supervisar y alentar su exploración y, por supuesto, de informar de los límites, porque los límites cuidan). Cuando sucede al revés, cuando la parte más vulnerable es la que cuida, el orden natural se invierte y las criaturas dejan de atender sus necesidades para centrarse en las nuestras. Esto puede tener consecuencias en el futuro. Como puedes imaginar, esta parentalización (que el niño se haga cargo demasiado pronto) va a llevarle a desoír sus propias necesidades en favor de las de los demás, lo que tendrá como consecuencia una baja autoestima, un bajo autoconcepto y una complacencia excesiva en las relaciones.

Por supuesto, esto no quiere decir que, si en algún momento estamos tristes, como adultos evitemos expresarlo y ponerle nombre; al contrario, si disimulamos, reprimimos, invalidamos o minimizamos nuestras emociones, estamos confundiendo a los niños con un mensaje contradictorio (perciben la emoción, pero nosotros la negamos) y, sobre todo, estamos enseñando, a través de nuestro ejemplo, que esa es la mejor forma de afrontar las emociones.

Volvamos a Platón y a que la virtud está en el término medio; expreso mi emoción, pero te muestro cómo puedo hacerme cargo (o pedir ayuda a otra persona adulta); te muestro mi vulnerabilidad, pero no te hago cargar con ella; normalizo que todas las emociones tienen un mensaje, pero no te responsabilizo de su solución. Te pongo un ejemplo: «Hoy me he sentido muy triste por una cosa que ha pasado, es posible que lo hayas notado, quiero decirte que no tienes que preocuparte y que no tiene nada que ver contigo. Esta semana voy a... (quedar con mi amiga para hablar, hablarlo con mi psicóloga, levantarme un poco más temprano para meditar o hacer deporte, salir el fin de semana con la bici, bailar, etcétera) y eso, posiblemente, me ayude a sentirme mejor».

A nivel teórico, es sencillo de comprender; a nivel práctico, quizá sea más difícil. Seguimos caminando juntos para llegar a nuevas respuestas.

No quiero terminar el capítulo sin hablar de mi abuela y la violencia física que ejerció contra mí. Fue la única vez que hizo algo así. La única. Y recuerdo perfectamente su cara de terror al pensar que me había pasado algo. Mi abuela vivió la posguerra en un Madrid destartalado, perdió a su padre, su casa y su vida escolar en cuestión de meses, con solo siete añitos. Había sufrido violencia de todo tipo durante toda su vida. Y sí, me pegó una vez. Y sí, fue doloroso para mí. Y confuso, porque mi abuela era el amor hecho persona. Y no quiero justificarla. Y, a la vez, ni en ese momento ni ahora ni nunca le guardo rencor.

De corazón, sin saber nada de sistemas nerviosos ni cerebros ni teorías polivagales, yo supe en su día que mi abuela me quería de la forma más incondicional posible, y eso no cambió por ese instante en que ella cometió un error. Por supuesto, no estoy justificando la violencia, todo lo contrario, siempre defiendo y defenderé los buenos tratos. Lo que intento decir es que hay errores que son intolerables, sí, y que las personas que ejercen violencia son víctimas de ella. Una herida antigua que nunca se curó. En esa agresión de mi abuela hubo muchísima benevolencia, en el sentido de que su intención real era protegerme y cuidarme; si relativizas y empatizas, puedes darte cuenta.

Mi abuela era una persona maltratada, traumatizada, violentada, abusada. Y un día se asustó mucho y su sistema nervioso se activó y me pegó una bofetada. ¿Dolió? Por supuesto. ¿Puedo, de adulta, relativizar un segundo de violencia por toda una vida de amor? Sin duda.

Lo verdaderamente importante es darnos cuenta de que podemos dañar y acto seguido ponernos manos a la obra para herir lo mínimo que podamos. Comprender que hemos dañado y reparar, a través de nuestra disculpa, y desculpabilizar al otro.

¿Qué me hubiera gustado recibir? Quizá algo así:

> Siento haberte pegado, me he asustado y he reaccionado así en vez de cuidarte. Tienes derecho a estar triste, asustada o enfadada, nadie se merece que le peguen. Mi sistema nervioso se ha activado y me he conectado con todas las situaciones de violencia y miedo que viví de pequeña. Se me ha olvidado que ahora estamos seguras y que lo más probable era que te hubieras despistado y no que alguien te hubiese raptado. Se me ha olvidado que a mí me castigaban con palizas, y he pensado que la mejor forma de motivarte para que pusieras más atención era pegarte. Ahora que mi sistema nervioso está tranquilo, me doy cuenta de que no es correcto y que, además, yo quería cuidarte y he hecho lo contrario. Lo siento. Te prometo, y me prometo, que, a partir de ahora, que soy consciente de hasta dónde puedo llegar, voy a hacer todo lo que pueda por no hacerte daño nunca más.

Yo no puedo recibir ya esta reparación, y es mágico poder, simplemente, escribirla. ¿Imaginas cómo sería de mágico recibirla de su puño y letra, escondida en algún cajón entre papeles y fotos antiguas? ¿Imaginas cómo sería haberla recibido de ella en vida, con sus abrazos, sus besos y sus lágrimas compartidas?

Mi abuela nunca me dijo esas palabras, pero en cierto modo sí que reparó el daño. Me cuidó el resto de su vida (y me sigue cuidando desde donde esté), me ofreció su pecho para llorar y su regazo para descansar siempre que lo necesité, me hizo mis comidas preferidas —que tanto añoro— y seguía mi ritmo vertiginoso de juegos de cartas. Me escuchaba con atención y se alegraba de mis logros. Fue, ha sido y será un faro para mí. Mi sola existencia la hacía feliz. Siempre estaba para mí. Me dio el regalo de la PRESENCIA.

No, no justifico ninguna violencia, solo quiero decir que ojalá un instante de daño no empañe el trabajo de querernos o quererlos de forma incondicional, sobre todo porque la culpa nos ancla y nos impide poder seguir progresando.

Si es también tu caso, quiero decir que tu dolor es, a la vez, una pesada carga y una gran fortaleza, porque has absorbido este tipo de relaciones tan dañinas y, sobre todo, porque te prometiste no repetirlas. Tus violencias son las mismas que las mías. Son deberes de por vida evitar caer en ellas. Y por eso, mi objetivo con este libro no es enjuiciar, sino dotar a las personas que acompaño de nuevas perspectivas, herramientas y soluciones, compartir lo que yo he tenido que volver a aprender. Y si te pierdes por el camino, tienes pequeños cuerpecitos que duermen seguros y tranquilos cada noche a tu lado, y una pequeña (o pequeño) en tu interior que sabe que aunque TODAVÍA no logres ser exactamente quien prometiste en la infancia, estás en el camino de serlo pronto. Pasito a pasito.

Y ahora, dime: si para mí solo fantasear con una carta de disculpa es sanador, ¿cómo sería para tu hijo o hija recibir una reparación por aquello que pasó y no querías que pasara?

Ojalá puedas hacerla hoy mismo.

UNA PAUSA PARA RECUPERAR EL ALIENTO

Cierra los ojos.

Pon una mano en el pecho y otra en tu abdomen.

Respira profundamente e intenta ser consciente del aire en ambas manos.

Quizá este ejercicio sea difícil para ti, no olvides cuidarte al ponerlo en marcha, o incluso al no hacerlo si no es tu momento.

Imagina una playa en un día soleado, el tipo de playa que más te guste, con mucha gente o desierta, escarpada o más bien plana, con grandes olas o con un oleaje muy suave, con el agua turquesa o azul marino, arena blanca y fina u oscura y mezclada con guijarros.

Intenta imaginar también los sonidos, el olor, las texturas de la arena bajo los pies o incluso recuerda cómo sabían las gotitas de agua sobre tu piel.

Y ponle música de fondo, puede ser *reggae* o los Beach Boys o las típicas canciones pegadizas del verano.

¿Qué emociones tendrías? ¿Cómo acompañas el juego de tus hijos e hijas?

Y ahora piensa que, de repente, se pone el sol y cambia el clima, la gente huye corriendo de la orilla, ya no suena esa música alegre, sino una angustiosa y estridente que te recuerda a alguna peli antigua que no consigues saber cuál es.

Miras hacia el mar y ahora recuerdas el nombre de la película.

¡Tiburón!

¿Cómo acompañarías a tus hijos e hijas en una situación así?

Ojalá te puedas cuidar haciendo este ejercicio. En el próximo capítulo te explicaré más sobre esta práctica.

EMOCIONES Y SISTEMA NERVIOSO. CÓMO FUNCIONA NUESTRO CEREBRO

¿Te acuerdas de la pareja que discutía en el ascensor? Pues ese día superaron sus diferencias y decidieron seguir el mandato biológico de esparcir sus genes por el mundo. Tuvieron una hija y, un par de años después, otra. Y un día sucedió lo siguiente: la madre escuchó gritos y vio a la niña mayor arrastrando a la más pequeña por el suelo del rellano mientras esta gritaba «*¡Ayuya, ayuya!*».

Imagina sus gritos desgarradores y agudos y piensa, ¿qué harías ante esa situación? Para cada persona que lea este libro, la acción será diferente, pero lo que para todos resultará similar es el proceso por el que se toma la decisión.

Como ya hemos visto, lo que sentimos, notamos o percibimos de una situación determinada se transforma en un *affect*, y este, a su vez, en una emoción que, finalmente, se convierte en acción. La percepción es diferente para todas las personas; mi padre, por ejemplo, que por su edad ya no oye bien los sonidos agudos, puede que, sin sus audífonos, tarde en percibir ese grito de ayuda. El *affect* también será diferente porque está influenciado por nuestras experiencias vividas, así como las emociones y las acciones resultantes.

Quizá alguna persona elija sentarse tranquilamente a dialogar sobre lo que está pasando, mientras otra grita. Una experimentaría culpa después; otra pensaría que la niña se merece el grito por su mal comportamiento; quizá, una tercera la miraría con compasión y se diría que ella no es así, que ha sido su cerebro «reptiliano». Seguramente has oído hablar del cerebro triuno, es un modelo que argumentó el doctor McLean desfasado hoy en día desde el punto de vista de la evidencia científica. Supone la idea de que los seres humanos tenemos tres cerebros que hemos ido heredando en capas gracias a la evolución. La verdad es que la historia que proponía McLean es muy visual y bonita para los niños y las niñas: al principio de la vida en la Tierra, los reptiles tenían un cerebro muy primitivo que les permitía hacer lo que hacen los seres vivos (nacer, crecer, reproducirse y morir). Los reptiles evolucionaron, convirtiéndose en animales más desarrollados, como los mamíferos, y tenían dos cerebros, el que conservamos de los reptiles, que continúa realizando las funciones vitales de forma inconsciente, y otro, el cerebro emocional o límbico, que se encarga de todas las emociones. Finalmente, llegó el rey de la creación, el ser humano, que desarrolló un tercer cerebro, el racional, el único capaz de dominar todas las impredecibles emociones.

Como ya hemos visto, esto no sucede así. Las teorías clásicas que sostienen la pelea emoción versus razón han quedado ya desfasadas. No tenemos tres cerebros superpuestos unos sobre otros, sino que realmente hay uno solo que funciona de forma holística, como un todo; de hecho, como una red. Además, el plan de la naturaleza para construir cerebros en los diferentes animales no tiene tanto que ver con los pasos que conlleva, sino con los tiempos de maduración y, por tanto, con la especialización.

A pesar de que no tiene evidencia científica, el cerebro triuno es una analogía muy famosa, yo misma, en mis libros anteriores, hago referencia a la metáfora de Siegel, «el cerebro en la palma de la mano», porque es muy útil a la hora de explicar conceptos complejos de neurociencia a principiantes; y, personalmente, levantar cuatro dedos de la mano como gesto para expresar a mi pareja que mi sistema nervioso empieza a desregularse me parece una maravilla.

Además, anatómicamente, ayuda mucho a comprender cómo está estructurado el cerebro, el cual, a pesar de desarrollarse de abajo arriba y de atrás hacia delante, realmente se encuentra también muy distribuido y funciona como un todo. Es verdad que el tallo cerebral (donde McLean ubicaba el cerebro «reptiliano») es el lugar donde hay más núcleos encargados de controlar todo lo que tiene que ver con las vísceras. También es cierto que existen áreas límbicas sobre el tallo cerebral (el cerebro emocional de McLean), pero no son exclusivas para las emociones (tienen muchas funciones emocionales y también otras cognitivas de las que el cerebro no es consciente). Y, por último, verdaderamente lo que tarda más en desarrollarse es la corteza prefrontal, pero no es cierto que exista un neocórtex exclusivo de los seres humanos que puede controlar los otros dos cerebros. Es más, lo que se descubrió más tarde es que la ruta de «mando» entre cerebros no es solo unidireccional, sino que la conexión se da en ambos sentidos. Es decir, tenemos capacidad para influir en nuestras emociones y acciones y podemos regular nuestras emociones de abajo arriba o de arriba abajo.

Durante mucho tiempo, con objetivo pedagógico y no científico, he usado este modelo con ciertas adaptaciones, ya que no hablo de tres cerebros sino de grupos de estructuras especializadas en tres tipos de funciones: unas inconscientes relacionadas con la supervivencia, otras vinculadas a las emociones y una parte del cerebro que tarda más en madurar (la corteza prefrontal), que nos ayuda con todo lo que tiene que ver con la lógica y las funciones ejecutivas. Y esta adaptación, hasta que encuentre una mejor, me ayuda a explicar cómo funciona el cerebro en la infancia y qué esperar a nivel madurativo de ellos y ellas, porque las funciones ejecutivas de la corteza prefrontal no van a madurar antes de los veinticinco o treinta años, es más, en la adolescencia adelgazarán atendiendo al plan de desarrollo de la naturaleza. Y es que lo que me encanta de la metáfora del cerebro en la palma de la mano es que *des-culpa* a los niños y las niñas y ayuda al adulto a cargo a validar más y castigar menos. Es decir, podemos hacerle entender a nuestro hijo o alumno lo siguiente: «Tú no has pegado a ese niño porque seas malo, eres un niño —ni bueno, ni malo, sin juicio— que ha sentido una emoción y, basándote en ella, has tomado una decisión determinada porque es la que tu sistema nervioso ha considerado que te cuidaba de la mejor forma posible, te protegía, te salvaba. Otra cosa es que yo, como adulta, me haga cargo de mi responsabilidad de protegeros, no os deje pegaros, intervenga y os separe (con firmeza y también con compasión y curiosidad, con un "¿Cómo puedo ayudaros?")». «Mi tarea como adulta es cuidar de ti hasta que puedas cuidarte por ti mismo» puede ser un resumen de la principal tarea de la función maternal.

Sea como sea, el cerebro triuno sigue muy vigente y, si ya lo tienes instalado en tu cerebro y te resistes a soltarlo (muy lógico, por otro lado, porque casa a la perfección con lo que podemos pensar de forma natural), puedes integrar igualmente todo lo que voy a contarte en este libro. Y aunque ya sepamos que el cerebro no se construye en capas, que los *sapiens* no tenemos una capa especial, sino que es cuestión de especialización, lo que sí tenemos claro es que el cerebro de los seres humanos se ha especializado —y mucho— para conectarse con otras personas.

Cuando explico que realmente no hay tres cerebros (instinto, emoción y razón) luchando entre sí, sino que elegimos la emoción que queremos usar en cada momento, no siempre se produce el efecto que me gustaría para que mi interlocutor pueda comprender cuál es nuestra tarea parental/educativa, pero con mi analogía adaptada del cerebro triuno, sí. Porque no solo *des-culpa* a los niños, también a las personas adultas. Es más fácil aceptar la idea de que, como argumentaba Platón, hay una lucha entre emoción y razón; así, cuando algo pasa, no has sido tú, sino tu cerebro primitivo. Mucho mejor eso que aceptar la idea de que has gritado a tu hijo, y no a tu jefe, con quien realmente estás enfadado, porque crees que eso sí es algo que puedes hacer.

No acabas de gritar a tu hijo porque tu cerebro reptiliano haya tomado el control, lo has hecho porque tu sistema nervioso ha supuesto que la mejor forma de tener éxito en esa tarea concreta es esa, y gritar es rápido, el enfado es rápido. Es decir, tú tienes responsabilidad. Y la responsabilidad nos debe mover a buscar soluciones, que pueden ser muy pequeñas y simples, o muy grandes y trascendentales. A veces esto nos ancla en la culpa. Para evitar sentirse culpable o, mejor dicho, una vez hemos podido escuchar el mensaje que nos trae la culpa, es una buena idea tomar decisiones: desde expresar el enfado cuando siento molestia y no cuando lo que siento es ira, hasta buscar estrategias de autorregulación e integrarlas como hábito, iniciar procesos de terapia o cambiar de trabajo.

Puede que, al reflexionar sobre esto, algunas personas se sumen en la culpa. Para mí, sin embargo, es un canto a la esperanza; sí, has actuado de esta manera porque en ese momento no has encontrado otra solución y, a la vez, si reflexionas sobre ello, puedes hacerte cargo; si eres capaz de hacerte cargo, puedes reparar; si consigues reparar, tienes la oportunidad de construir un vínculo más seguro.

Y es que nuestras respuestas y nuestros impulsos están muy influenciados por nuestras experiencias vividas. Para poder reflexionar un poco sobre cómo nuestras experiencias vividas contribuyen a cambiar las percepciones que nos ofrece el cerebro en forma de emociones, me gustaría hablar de la teoría polivagal como una forma de comprender cómo impacta el trauma en nuestras emociones y percepciones (que no siempre tiene que ver con sucesos horribles que nos pasaron una sola vez, sino también con situaciones con menor potencialidad traumática pero que, repetidas en el tiempo, acaban cristalizadas en el cerebro en forma de experiencia traumática). Y esto varía para cada persona, pero, en definitiva, es lo que sucede cuando nuestro propio sistema no puede regularse porque está viviendo experiencias que son demasiado —intensas, repentinas, duraderas en el tiempo—, no puede sostenerlas por sí mismo y tampoco recibe ayuda.

La teoría polivagal, obra de Stephen Porges (1995), puede ayudarnos mucho a comprender esta perspectiva; en sus investigaciones descubrió y argumentó la importancia del nervio vago y cómo el sistema nervioso autónomo tenía dos ramas: el sistema simpático (lucha o huida) y el parasimpático (congelación o, en el caso de los seres humanos, también conexión). Para Porges, nuestro sistema nervioso autónomo es nuestro radar de vigilancia, siempre alerta para detectar peligros potenciales. Monitoriza constantemente lo que sucede dentro y fuera de nuestro cuerpo, de forma inconsciente, para estimar la seguridad y el riesgo. En sus palabras: «Fuera del ámbito de nuestra consciencia consciente, nuestro sistema nervioso está continuamente evaluando el riesgo en el entorno, elabora juicios y establece prioridades para las conductas que son adaptativas, pero esto no es cognoscitivo».

Imagina tres hermanos que han vivido una situación traumática en su infancia: para uno de ellos, simplemente, fue un hecho difícil; para el otro, la situación fue tan amenazante que puso su vida en peligro y lo vivió desde la congelación, como si fuera a perder la vida; el tercero, lo pasó reaccionando en modo lucha o huida. Cada persona hace diferentes interpretaciones de una situación potencialmente traumática.

En el siguiente epígrafe hablaré de cómo puede afectar esto a la crianza y a la educación en el aula, pero ahora quiero dejarte con estas palabras de Deb Dana, una de las continuadoras del trabajo de Porges: «[El trauma] crea una necesidad autónoma que conforma el sistema alejándolo de la conexión en pos de la protección». Es decir, en determinadas situaciones, veremos a nuestros hijos expresar sus emociones de una forma que es totalmente segura y esperable y, sin embargo, basándonos en nuestras experiencias previas, no lo interpretaremos como una oportunidad de conexión, sino como un peligro potencial, como la gente que corría cuando la carrera pasó por una terraza de un bar.

Esto, en terminología del Círculo de Seguridad se llama música de fondo o, como decimos los facilitadores, música de tiburón. Imagina que estás en una playa, escuchas la brisa, las risas de los niños, música *reggae* suavecita y las olas del mar. ¿Qué actividades te gustaría llevar a cabo en esa playa? ¿Qué instrucciones les darías a tus hijos e hijas? Ahora imagina la misma playa, pero esta vez no escuchas la brisa ni la risa ni las olas del mar, solo la música estridente de la película *Tiburón*. Cambia la imagen, ¿verdad? Ya no es ese lugar brillante, soleado y lleno de alegría, sino un peligro potencial.

La playa es la misma, lo que cambia es nuestra interpretación, y viene dada por la percepción que nos llega de los sentidos exteriores. Pero también, como ya hemos visto, de nuestra interocepción, y es aquí donde intervienen el trauma y la música de fondo. Si algo es demasiado difícil de acompañar para nosotros, nuestro cerebro no va a crear la emoción de la curiosidad o del amor incondicional, sino la del miedo o la ira. No vamos a ver a un niño o una niña desregulado, necesitando ayuda para poder volver a la calma; nos parecerá un niño enrabietado que merece un castigo por no poder controlar sus emociones (lo que desde el punto de vista de la ciencia no ayuda y, desde la conexión, es muy poco deseable). Y lo hacemos así porque todavía no hemos aprendido a hacerlo de otra forma diferente.

Nosotros podemos ser los escultores de nuestras emociones y, a la vez, otros cinceles actuaron antes, sin que ni siquiera nos diéramos cuenta.

Un niño pequeño no puede regularse solo; para que llegue a existir la autorregulación, primero es necesaria una figura adulta que esté acompañando esa regulación, que construya un espacio de seguridad para que, poco a poco, sin que dure demasiado tiempo ni sea muy intenso ni demasiado precipitado en edad, ese niño o niña pueda practicar las habilidades de regulación con las que, solo potencialmente, ha venido al mundo. Pero para poder pasar de la potencialidad al hecho necesitamos un ambiente preparado. Y este es precisamente el rol de las personas adultas. En palabras de Peter Levine, otro colaborador de Porges: «El trauma ocurre cuando el organismo es forzado más allá de su capacidad adaptativa para regular estados de excitación. El sistema nervioso (traumatizado) se desorganiza, colapsa y no logra reajustarse. Esto se manifiesta en una fijación global, en una pérdida fundamental en la capacidad rítmica de autorregular la excitación, de orientarse y de estar en el presente y fluir en la vida».

¿Y qué tiene que ver todo esto con el acompañamiento emocional a nuestros hijos? Pues posee una doble vertiente. En primer lugar, debido a que la mayoría de nosotros, en distinta medida, hemos sufrido trauma, nuestras respuestas, nuestras interpretaciones a sus emociones, van a estar mediadas por él. Y no vamos a poder acompañar como ellos están necesitando —y este acompañar va más allá de los límites y las normas que como persona, díada o familia tengamos—. En segundo lugar, hay esperanza. Si somos conscientes de esta información, podremos vernos a nosotros mismos con más compasión, porque estamos haciendo lo que podemos con el sistema nervioso que tenemos. De hecho, doble esperanza, como veremos más adelante: si somos capaces de reparar nuestros errores, conseguiremos reparar la rotura en el vínculo, y eso implica que una experiencia potencialmente traumática terminará siendo una oportunidad de conexión.

Para mí, y a falta de encontrar una definición más ajustada, resulta conmovedoramente esperanzador.

UNA PAUSA PARA RECUPERAR EL ALIENTO

Cierra los ojos.
Pon una mano en el pecho y otra en tu abdomen.
Respira profundamente e intenta ser consciente del aire en ambas manos.
Quizá este ejercicio sea difícil para ti, no olvides cuidarte al ponerlo en marcha, o incluso al no hacerlo si no es tu momento.
Piensa en las situaciones que han sido más complejas de resolver esta semana o mes con tus hijos, con tu pareja, seres queridos o alumnado.
¿Tienen más que ver con situaciones en las que estaban explorando el mundo?
¿O con aquellos momentos en los que necesitaban que acompañaras sus emociones?
Si te apetece, apúntalas en tu cuaderno.
Si te sientes seguro con estas preguntas, podemos dar un paso más, ¿encuentras alguna relación con estas situaciones en tu propia infancia?
Ojalá te puedas cuidar haciendo este ejercicio.

CÓMO UN NERVIO MUY VAGO PUEDE SER MUY DILIGENTE Y PRECISO EN LA CRIANZA

Hace unos años, como parte de mi formación de guía Montessori, me formé en la Catequesis del Buen Pastor, que es la manera en que los niños y las niñas eligieron llamar a esta forma de acercarse a la fe desde el punto de vista Montessori: como un pastor que ama a todas sus ovejas incondicionalmente. Mis padres no me educaron en ninguna religión, no estoy siquiera bautizada, pero me conmueve y me llena de curiosidad acercarme, con el máximo respeto posible, a las sagradas creencias de los demás.

Cuando regresé de las clases, comenté con mi marido todo lo aprendido y le conté una anécdota que nos había explicado el padre Matteo sobre un niño y sus reflexiones sobre el amor incondicional: «Y entonces el niño dijo: "Pues cuando el buen pastor encuentra la oveja perdida, la abraza; pero mi madre me pegó dos cachetes cuando me perdí en el súper"».

Y de repente, se oyó desde la otra punta de la casa un...

—Pero ¿cómo puede ser que una madre haga eso?

—Pensé que no estabas... Cometió un error, cariño. Se asustó tanto al perder a su hijo que no pudo gestionar sus emociones, porque todavía no había aprendido a calmar su sistema nervioso.

— Cuando te pierdes necesitas un abrazo...

—Lo sé, cariño. Esa madre, en ese momento, no podía pensar en su hijo; se activó su sistema nervioso simpático, el que te conté que tenemos en común con los demás animales y nos permite luchar o huir. Ella se vio amenazada y, seguramente, cuando era pequeña, era la forma en que la trataban. Por eso reaccionó así.

—Pero tú sí has aprendido, mami.

—Sí, he tenido la suerte de aprender, pero me sigue pasando. ¿Te acuerdas cuando se escapó Lola? Yo estaba muy nerviosa y acabé paralizada, pero papá mantuvo la calma. Y tú, que estabas conmigo, acabaste nerviosa también. Cuando me di cuenta, pude calmar mi sistema nervioso y tú te sentiste mejor, ¿te acuerdas?

—Sí, porque me espejé. El simpático ese debería llamarse sistema borde.

—Ja, ja, ja. Piensa que lo que hace es cuidarnos. Y lo de quedarse paralizada es del sistema parasimpático, que tiene dos ramas: la de congelarse y la de conectar con los demás. Cuando conectas, puedes salir de ahí.

—¿Y cómo se hace eso? ¿Es lo de «gacelear»?

—Pues cada persona tiene su manera, yo ese día, al verte asustada, me acordé de que yo soy ahora la mamá y que podía poner en pausa lo que estaba sintiendo para poneros a salvo. Y una vez que estuvimos seguras, hicimos el juego de temblar, «gacelear» como tú lo llamas.

—Pues esto se lo podríamos contar a la gente cuando veamos algo así.

—No nos iban a poder escuchar, porque su cerebro no está receptivo para ello en ese momento. Lo que te quiero decir es que esa mamá hizo daño a su hijo, sí, y a la vez estaba haciendo lo que podía. Solo quería asegurarse de que no lo hiciera más, pero en el camino puso en peligro su vínculo.

—Vaya, pobres los dos.

Como dije antes, reconocer el mal trato sin enjuiciar no es nada fácil. Por eso me gusta mucho recurrir a la teoría polivagal. Podemos explicarles que existe un nervio en nuestro cuerpo que regula los latidos del corazón y comunica un montón de zonas vitales. Y que tiene dos ramas: la que favorece la conexión y la que provoca la respuesta de quedarse paralizado. Y, sobre todo, que es así como funciona nuestro sistema nervioso autónomo y que, aunque tenemos margen de maniobra a base de entrenamiento, su funcionamiento es biológico.

El adjetivo «vagal» viene de «impreciso», no de «holgazán» —esto les hizo mucha gracia a mis chicas—, porque es una de las partes de nuestro cuerpo que más utilizamos a lo largo del día. Saber dónde está y para qué sirve este nervio probablemente sea igual de importante (o incluso más) que saber dónde se encuentra el bíceps o el cuádriceps.

No es necesario dar complejas clases de anatomía a la infancia, pero sí proporcionar explicaciones ajustadas a lo que necesiten en el momento en que estén. Podemos hacer planteamientos sencillos (aunque imprecisos, como ya hemos visto), como el cerebro en la palma de la mano, o podemos, simplemente, validar, para empezar. Decir «Pienso que este niño se ha debido de sentir muy confuso cuando su mamá le ha pegado, pegar duele mucho, y cuando es tu mamá quien lo hace, quizá te hace sentir inseguro...» puede ser suficiente para condenar la violencia, sin entrar en juicios tipo: «Me gusta, no me gusta», «Es malo, es bueno» o «Está bien, está mal». Otra opción es usar preguntas: «¿Estás asustado? ¿Estás confusa por lo que acabas de ver? ¿Tú piensas que las mamás/papás/personas adultas no pegan?» o simplemente reflejar con ellos y ellas.

Enjuiciar la violencia cuando hay peques es un arma de doble filo. Por un lado, resulta muy necesario que sepan lo que es el buen trato, para que puedan protegerse de los abusos. Y, a la vez, tenemos que hacerlo con cuidado, porque quizá, en algún momento, ellos también peguen, y tal vez después se hundan en la culpa. Por ello es importante reconocer qué representa la responsabilidad adulta: nuestra tarea es protegerlos, impedir la agresión, supervisar... , y no hablar de qué está bien o mal. Algo más como «Veo que has pegado una patada, creo que estás muy enfadado», acompañado muy claramente de un límite firme y amable que diga «Es lícito estar enfadado y querer pegar a la gente», a la vez que se afirma «Yo no te dejo hacerlo porque soy la persona encargada de cuidar».

Validar una emoción, como por ejemplo la ira en el caso de la mamá anterior, es compatible con impedir la expresión, como la agresión. Y, como me enseñó la psicóloga Beatriz Cazurro una vez, podemos adaptar todo esto a su edad y capacidades con un «Qué listas son tus piernas».

La teoría polivagal está muy relacionada con el estrés percibido por las personas. Es muy interesante, porque nos ayuda a comprender cómo funciona nuestro sistema nervioso autónomo, cómo nos afectan nuestras experiencias vividas y la importancia del nervio vago en la regulación de los latidos del corazón y en la integración de los sistemas del cuerpo. Es como un puente que regula a la vez todos los sistemas de nuestro cuerpo.

La teoría polivagal, en definitiva, nos explica cómo funciona nuestro sistema nervioso autónomo, ni más ni menos. ¿Y esto qué quiere decir? Pues que gracias al sistema nervioso autónomo se está construyendo nuestra, en términos de Adler, lógica privada, el mapa mental, la forma de interpretar el mundo. Esto es, el punto biológico desde el que parten nuestras experiencias vividas.

Ya hemos dicho que, a través de los sentidos, percibimos cosas; después las interpretamos y tenemos pensamientos basados en esas interpretaciones. De acuerdo con estos pensamientos, construimos creencias o se forman emociones, y conforme a emociones vamos a tomar unas decisiones u otras. Y nos habían contado que esto lo hacemos desde el punto de vista de la razón o de la mente, pero a partir de la teoría constructivista de la emoción afirman que no es así.

También la teoría polivagal tiene esta visión holística de cómo funciona el cuerpo humano. Desde un punto de vista teórico, tiene tres principios organizativos. Uno de ellos es la jerarquía, otro la neurocepción y, el tercero, la corregulación.

Antes de profundizar en esto, me gustaría volver sobre las partes del sistema nervioso autónomo, esta vez para profundizar en el sistema nervioso autónomo parasimpático. Como hemos visto, el simpático se encarga de la respuesta de lucha o huida. Ahora, vamos con el parasimpático. Dentro de él, hay dos partes.

Una es el sistema nervioso autónomo parasimpático vagal dorsal, encargado de la inmovilización: quedarme paralizado, desaparecer, disociarme o fingir que estoy muerto para que no me coman. La palabra dorsal hace referencia a la espalda; me gusta imaginarme un bicho bola cuando se siente amenazado, cuya estrategia defensiva es hacerse, precisamente, una bolita con su espalda. Y es aquí donde está la respuesta de quedarse paralizado, donde se produce el sistema de inmovilización. En el fondo, es una medida que tiene nuestro sistema corporal, y de otras especies, por supuesto, para protegernos. ¿Cómo? Ya sea haciendo que parezca que estás muerto o liberando una serie de opiáceos que te permitan, ante una situación límite, disociarte.

La otra es el sistema nervioso autónomo parasimpático vagal ventral, donde está todo lo relacionado con la seguridad, con la conexión, con el apego, con la vinculación, en definitiva, aquí es donde nos sentimos cómodos, seguros, felices, donde podemos crecer, ser creativos. Nos mantenemos, en definitiva, con salud física y emocional. Si te ayuda a asimilarlo mejor, la palabra «ventral» se refiere al vientre, la tripa, que, como es el lugar donde están nuestros órganos y no está protegido por huesos, es la parte más vulnerable de nuestro cuerpo. Y es esto lo que nos distingue como especie, porque a través del sistema nervioso parasimpático vagal ventral construiremos las relaciones afectivas con las personas que nos tienen que cuidar. Y es aquí donde cobran tanta importancia los cuidados que ya hemos mencionado y, por lo que yo, como *Homo sapiens* que quiero o tengo que relacionarme con otros, vivo en comunidad, en tribu, tengo una larga infancia o neotenia, necesito que me cuiden y que me quieran.

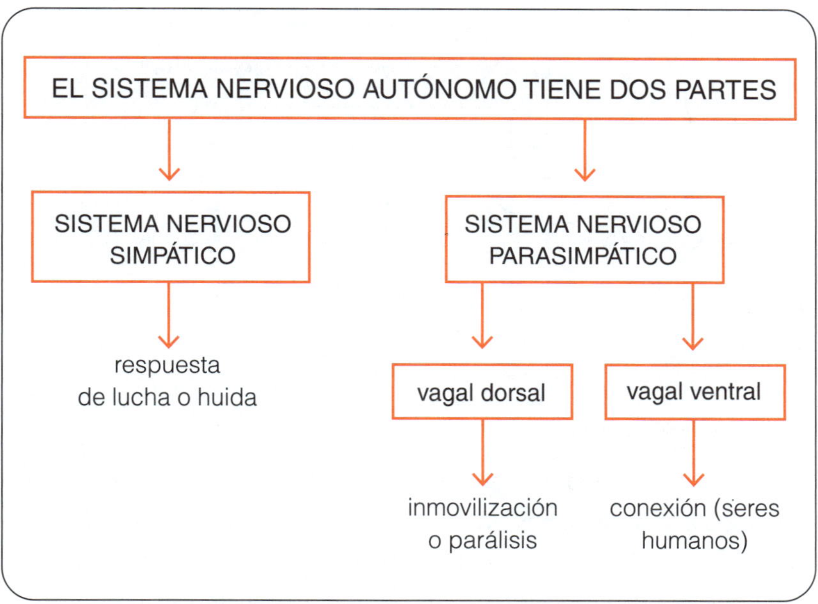

Volvamos de nuevo a la teoría polivagal y a sus tres principios organizativos: neurocepción, jerarquía y corregulación.

La neurocepción

Empezando por el primero, la neurocepción es algo que todos llevamos dentro, ya hablamos anteriormente de la interocepción, que es una parte de la neurocepción y que está instalada en nuestro *hardware* como *Homo sapiens*. En el fondo es como un sistema de vigilancia interna que siempre está alerta, observando, escuchando y monitorizando lo que pasa dentro de nosotros, pero también fuera, ya sea en nuestra relación con los demás o entre el resto de las personas, incluso, si me apuras, el resto del universo. De lo que se encarga la neurocepción es de mantenernos a salvo. Está juzgando todo el tiempo si estamos o no ante una amenaza, ante una señal de peligro en la que nuestra supervivencia o nuestra pertenencia pueda verse comprometida.

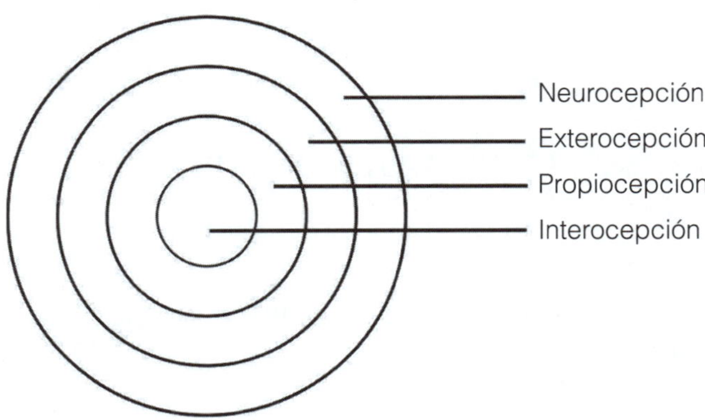

La jerarquía

Según Deb Dana, una de las máximas referentes de la teoría polivagal orientada a la terapia, hay una especie de escalera cuyos «escalones» están relacionados con las tres respuestas que ya hemos visto: conexión, lucha-huida y parálisis.

Como hemos comentado, las rutas cerebrales pueden tener dos direcciones: de arriba abajo (a nivel de estructuras cerebrales, no de capas) o de abajo arriba. Cuando somos personas muy pequeñas, la primera respuesta cuando estamos asustadas o muy enfadadas será refugiarnos en las personas que sean vínculo seguro para nosotras, no liarnos a patadas con el posible peligro, sino llorar para que nos salven. Si esto no funciona, si no hay adultos disponibles, si no conseguimos volver a la homeostasis —el equilibrio del sistema nervioso— con un abrazo o un acompañamiento desde la escucha, por ejemplo, llevaremos a cabo cualquier reacción de lucha-huida —reacciones que nos han mantenido a salvo como especie durante años y por las que podemos sentir agradecimiento—. Si esta respuesta no es suficiente, entraremos en el modo parálisis del que hemos hablado hace un rato y que no siempre tiene que ver con meter la cabeza bajo el suelo. En medio de la naturaleza salvaje, mi cuerpo va a prepararse para morir. Segregará una serie de hormonas, opiáceos, para que, si me tiene que comer un león, por lo menos no me duela. Posiblemente, en algún momento de tu vida, tú has vuelto al estado de parálisis, no por miedo a un león, sino por una situación que fue demasiado.

Si eres aficionado a los documentales de *National Geographic* más allá de para echarte una siesta, seguramente hayas visto alguna vez un león que intenta comerse una gacela. Las gacelas vienen equipadas con un sistema mediante el que, si un león las ataca, pueden «hacerse las muertas». Gracias a esto, puede pasar que, si el león piensa que ya está muerta, no se la coma, porque no es un animal carroñero, sino cazador. Es posible que el león busque otra presa. No significa que la gacela tenga una gran habilidad cognitiva y muchas dotes de actriz; su sistema nervioso posee este mecanismo tan efectivo para que, además de sufrir menos ante los colmillos del felino, quizá consiga salvar la vida.

Si hay una situación de mucha violencia, probablemente lo que haga nuestro sistema nervioso parasimpático vagal dorsal sea provocar una disociación, una paralización y todo lo necesario para sobrevivir a esa experiencia con el menor impacto emocional posible. Y si no voy a sobrevivir de ninguna de las maneras, me ayudará a sufrir lo mínimo posible en el transcurso del trauma.

¿Cómo se ve esto en la infancia? En su comportamiento. Su comportamiento es una expresión de necesidad.

- Respuesta de lucha: cuando están enfadados, irritables, se quejan, insultan, pegan, agreden, rompen cosas, son inflexibles o retan.
- Respuestas de huida: cuando tienen dificultades para prestar atención, sienten ansiedad, se mueven mucho, escapan, se muestran hiperactivos o asustadizos.
- Respuestas de congelación: cuando están ausentes, ensimismados, aburridos, dicen mucho «no sé», complacen constantemente, están callados, se muestran inseguros, apáticos, tristes o incluso depresivos.

Es importante ver estos listados como un indicio para estar más atentos y observar más, no como un diagnóstico. Los cambios de un humor son habituales en todas las personas, también en los niños, y suele ocurrir que se muevan mucho o que las personas adultas nos sintamos retadas cuando simplemente necesitamos ponernos las gafas de bucear y empezar a nadar a ver qué encontramos bajo el iceberg (pronto volveremos sobre esta idea de que solo vemos una pequeña parte de algo, la punta del iceberg, mientras que una gran masa permanece oculta). Si su comportamiento no es el de siempre y de pronto tiende hacia algo que no es lo habitual, igual hace falta que miremos con más cuidado.

La corregulación

Tras analizar estos escalones de los que nos habló Dana, queda el último principio de la teoría, que es el de la corregulación. Al final, el *Homo sapiens*, como hemos dicho ya otras veces, necesita vincularse, necesita de otras criaturas similares para poder sobrevivir. Estamos biológicamente preparados para esa conexión —para pertenecer y contribuir, si nos lo llevamos a palabras de Alder, hacia ese *Gemeinschaftsgefühl*—. Si yo no soy vista como cría, no voy a sobrevivir. Y el impulso que tienen todas las criaturas, sean como sean, de todos los reinos, es sobrevivir. Es decir, voy a hacer lo que sea necesario para no morir, ya sea una cría de gacela o un virus. En nuestro caso, como *Homo sapiens*, la tendencia no es invadir otro cuerpo, sino conectar. Para mí, sobrevivir es lo mismo que conectar. ¿Cómo hacíamos esto de pequeños? La respuesta está muy relacionada, también, con el estrés.

A una de mis hijas le encantan las piedras y las orillas de los arroyos. Con dos o tres años solía explorar y, cuando se estaba acercando a la orilla para recoger piedras, sabía, con mi lenguaje corporal y mi forma de mirarla y acompañarla, si era o no peligroso hacerlo. Ante unas piedras que tienen más o menos una altura normal y que puede trepar sin problema, le diré con mi mirada o incluso con el lenguaje «Sí, cariño, tú puedes». Ante unas rocas resbaladizas, al lado de un río con mucha pendiente en el que se puede ahogar, mi mirada dirá «No vayas por ahí, no sigas», o incluso, me voy a levantar, la voy a retirar del lugar y le daré una alternativa. Porque las personas adultas, las figuras de referencia o parentales somos quienes cuidamos e informamos, y reparamos siempre que sea necesario.

Normalmente esto es así, aunque puede suceder, en determinadas situaciones, que, en vez de estar viviendo el momento presente, estemos conectándonos con experiencias vividas del pasado o colocándonos en posibles escenarios futuros. Esto nos dificultará la conexión con las necesidades de, en este caso, mi hija que está en la orilla y necesita de mi supervisión. Cuando no estamos del todo presentes en el momento, el sistema de corregulación no funciona de la forma que ella necesita. En este caso, hablamos de escalar cerca de un río, pero puede ser una situación mucho más sutil la que me desregule si mis emociones no fueron bien acompañadas —algo que, por desgracia, es bastante frecuente en las personas de nuestra generación y la anterior—. Cuando las figuras de referencia no pueden acompañar la expresión de una emoción en concreto, un niño puede ver su pertenencia condicionada y esto tal vez provoque que, a la larga, esa emoción se reprima y no exprese lo que siente. La infancia prioriza la pertenencia, y esto equivale a la supervivencia, es decir, condicionará todo su sistema nervioso autónomo.

¿POR QUÉ ESTO ES TAN IMPORTANTE PARA LA CRIANZA?

Porque para criar desde el apego seguro vamos a necesitar tener nuestro sistema nervioso en modo conexión, ni más ni menos. Y el hecho de conocer qué situaciones son capaces de activar nuestro sistema simpático de lucha-huida puede marcar la diferencia. A las situaciones que nos activan las llamamos *triggers* (disparadores). Por suerte, también hay una serie de *glimmers* (destellos), atisbos de conexión que podemos usar para regular nuestro sistema nervioso.

UNA PAUSA PARA RECUPERAR EL ALIENTO

Cierra los ojos.
Pon una mano en el pecho y otra en tu abdomen.
Respira profundamente e intenta ser consciente del aire en ambas manos.
Quizá este ejercicio sea difícil para ti, no olvides cuidarte al ponerlo en marcha, o incluso al no hacerlo si no es tu momento.
Piensa en todas esas situaciones o *inputs* a nivel sensorial que hacen que tu sistema se desregule (algunos ejemplos: los gritos, las peleas entre hermanos, los ruidos muy fuertes, etcétera).
Reflexiona sobre cada una de esas situaciones y dales las gracias. Quizá puedas pensar que, de algún modo, te están cuidando, te están protegiendo.
Y ahora analiza esas cosas que pueden ayudarte a lidiar con estas situaciones (tocar suavemente tus manos, girar un anillo o rozar un collar, beber con consciencia un vaso de agua o una infusión..., ponerse unos tapones o auriculares canceladores de ruido).
Con esta información vamos a hacer dos listados: *triggers* y *glimmers*.
Tal vez te apetezca compartir esto con tu pareja de crianza o educativa y hablar sobre los suyos también.
O incluso hacer un listado con todos los *glimmers* para tenerlos bien visibles.
No olvides cuidarte bonito.

CUIDAR LA INTELIGENCIA EMOCIONAL DE TUS HIJOS E HIJAS (Y LA TUYA PROPIA) EN PEQUEÑOS PASOS: LAS CUATRO DIMENSIONES DE LA INTELIGENCIA EMOCIONAL

LO MÁS IMPORTANTE PARA PODER CONSTRUIR UNA VERDADERA Y EFICIENTE INTELIGENCIA EMOCIONAL

En los capítulos anteriores te contaba que nuestras respuestas están muy influenciadas por nuestras experiencias anteriores. La experiencia impacta y construye la interpretación, y es esta interpretación de lo que hacemos o de lo que nos pasa la que puede cambiarlo todo.

Es en esa interpretación donde podemos ejercer influencia, no en lo que hacen o dejan de hacer el resto de las personas. Esta interpretación que hacemos es, junto con la reparación, una de las tareas parentales más significativas. Pero ¿cómo interpretar de forma diferente? En el capítulo anterior te puse el ejemplo de la niña que arrastraba a su hermana. Como su madre era guía Montessori, estaba entrenada en la observación. La observación es clave en Montessori, y permite distinguir entre lo que efectivamente está sucediendo (como si alguien lo grabara todo con una cámara oculta) y los juicios o interpretaciones que le estamos añadiendo a lo que ocurre. La cámara de grabación registraría algo así: «Veo a dos niñas de dos y cuatro años en el rellano de un domicilio. La niña mayor arrastra de los brazos a la niña más pequeña por el suelo durante cinco segundos. Avanza un metro y para. La pequeña emite sonidos, cierra los ojos y abre la boca. Dice «*¡Ayuya, ayuya!*» en un tono de voz agudo y elevado».

La interpretación de la figura parental podría haber sido:

- «Se están peleando».
- «Necesitan mi ayuda».
- «Están cansadas».
- «No estaba vigilando».
- «Soy una mala madre».
- «Mi hija mayor es una agresora».
- «Mi hija pequeña no sabe defenderse».
- «Qué harta estoy de sus peleas».
- «Se van a enterar».
- «Pues ya no me da la gana bajar a la calle».
- «Toda la culpa es de su padre».

Todas y cada una de estas cosas son legítimas, conforman nuestra verdad, nuestra vivencia. Lo que no son es certezas, sino hipótesis.

Si nos hallamos en un estado de activación muy alto, vamos a tener clarísimo que son certezas, y me parece importante que nos cale la idea de que, cuanto más clara tengamos una certeza, más importante es reflexionar sobre cuánto de cierto hay en ella. Cuánto de cierto hay en lo que «sabemos». Y lo entrecomillo porque, generalmente, no lo sabemos. Por eso me gusta dar la idea de que, **cuando creemos que sabemos algo, perdemos la curiosidad**. Y sin ella, la crianza y la vida pueden verse muy afectadas.

En el capítulo anterior decía que el afecto (*affect*) es una sensación que tenemos todas las personas y que podría definirse como una percepción personal de lo que está ocurriendo según nuestro estado anímico. Es decir, si mi estado anímico es de enfado, estaré harta de sus peleas; si es más bien tranquilo, pensaré que necesitan mi ayuda; si estoy activada y asustada, veré a la niña mayor como una agresora; si estoy hastiada y saturada de la crianza, será más bien un «Qué harta estoy», y solo podré pensar en que dejen ya de pelearse. Este *affect* (afecto) es clave, y es la estrategia que ha encontrado nuestro cerebro para calcular nuestro presupuesto corporal. Porque, si te acuerdas, te conté que me imaginaba al cerebro como a una figura parental manteniendo el equilibrio entre las necesidades de toda la familia. Necesita un presupuesto, improvisar está bien, pero un presupuesto garantiza mejor la supervivencia, y esto es lo que hemos heredado de nuestros ancestros. Sin sistemas corporales con buenos ajustes en los presupuestos vitales te mueres más fácilmente antes de transmitir tus genes.

El cerebro controla este presupuesto corporal y lo hace sin que te des cuenta, de forma totalmente inconsciente, porque sabe que tenemos cosas mucho más importantes que hacer, como gestionar hijas en el rellano del ascensor.

Pero, como ya sabrás si gestionas una familia, el presupuesto se hace también un poco a ojo de buen cubero (que es una expresión que utilizaba mi abuela para decir «estimación»). Esto es, nuestro cerebro hace una estimación de cómo vamos de oxígeno, de glucosa y de las distintas hormonas, y lo traduce en acciones. A veces acierta de lleno; por ejemplo, yo ahora empiezo a notar que tengo hambre y sed y necesito tomarme un descanso y comer algo: mi cerebro lanza una emoción determinada para hacer que me levante de la silla. Como soy consciente de este presupuesto, y tras años y años de entrenamiento, soy capaz de decirle a mi cerebro que puedo terminar de escribir este capítulo antes de cenar. Lo de años de entrenamiento es un decir, básicamente me estoy creando mi propio *affect* (afecto) (soy optimista un 80 por ciento del tiempo), porque si estoy muy enfrascada en mi trabajo pongo a mi sistema interoceptivo en pausa (el interoceptivo, como ya vimos, es el que se encarga de aportar la información necesaria para verificar cómo va el presupuesto).

Esto, a veces, me genera problemas, como cuando empiezo a estar muy enfadada y, realmente, lo que necesito es comer. De hecho, la famosa analogía del autocuidado en el avión (por la que si se despresuriza la cabina es importante que te pongas la mascarilla tú primero antes que a tu peque para no desmayarte antes de atenderle) en mi caso se aplica si tengo hambre. En esta ocasión, puedo terminar el capítulo, como cuando sabes que te es posible ajustar un poquito el presupuesto de fin de mes porque mañana te ingresan la nómina, pero, por si acaso, me he puesto una alarma para recordarme que tengo que comer.

Hoy acierta bien, pero otras veces no tanto. Imagina que, en vez de mi ilusión por terminar el capítulo, estuviera presenciando la escena de las niñas. Con hambre y cansancio, mi cerebro habría creado la emoción de la rabia para poner un límite muy firme y rápido, porque necesito comer y no enredarme en una conversación larguísima sobre quién empezó o siguió, practicar la escucha activa, validar, hacer una lluvia de ideas para enfocarnos en soluciones, enseñar habilidades socioemocionales para su futuro con mi ejemplo y crear recuerdos de por vida entre hermanas. No. Si tengo hambre no puedo hacer todo eso. Su padre sí, pero yo no. Y ellas saben cuáles son las fortalezas y las debilidades de cada uno «como si las hubiéramos parido».

Aquí viene la segunda parte del asunto, lo que los científicos llaman el realismo afectivo. Aquel día, la mamá era yo, y las dos niñas mis hijas mayores. Como estaba bien alimentada, cansada pero no exhausta y con un estado de ánimo agradable y un nivel de activación neutro tirando a calmado, hice una elección que quizá no hubiera podido hacer en otro momento.

Abracé a la pequeña y la consolé.

Miré a la mayor, sonreí comprensivamente, y le pregunté qué había pasado.

Y ella me dijo:

—He intentado razonar con ella y no ha funcionado.

Yo respiré.

—¿Cómo?

—Mientras cogías la mochila, ha venido el ascensor y se ha metido dentro gateando, y tú siempre dices que es peligroso montar solas, así que le he dicho que saliera y, como no me hacía caso, la he sacado yo. Y se ha puesto a gritar y me duelen los oídos.

—Vaya, ha debido de ser molesto para ti. Siento no haber estado pendiente yo, gracias por ayudarla a salir.

Culpa, alegría, admiración, comprensión... Mi cerebro construyó todas esas emociones, y decidí quedarme con la ternura.

No había ninguna agresión, era una escena de salvamento.

No eran celos, sino amor.

No eran niñas portándose mal, sí una adulta que no estaba supervisando.

No es en lo que ocurre, sino en lo que interpretamos que ocurre donde tenemos más influencia. Quizá en una situación similar tú tuviste una respuesta distinta. Y la diferencia eran mi estado de ánimo y mi presupuesto corporal.

Lo tercero mejor que podemos hacer por nuestros hijos e hijas es ser conscientes de ambas cosas, para poder descubrir las necesidades que no tenemos cubiertas. Resulta fundamental priorizarlas para poder cubrirlas y hacer una pausa para respirar siempre que podamos.

La interpretación de la punta del iceberg nos lleva a construir certezas (que quizá no lo sean) y la observación nos permite crear hipótesis que atiendan también la parte del iceberg que no se ve.

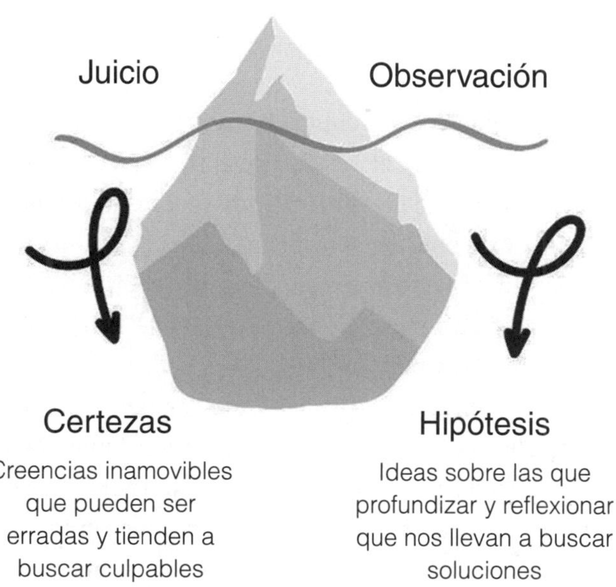

Es tristemente célebre la frase «Un cachete a tiempo...». Hace muchos muchos años, yo tenía la certeza de que era verdad. Certeza absoluta.

Todavía poseía pensamientos tipo:

- El hombre es un lobo para el hombre.
- El arbolito desde chiquitito...
- La silla de pensar es lo mejor.
- El colecho es permisividad.
- El dogma de los deberes y los exámenes y de que quien no sirviera para estudiar se fuera a (inserte cualquier trabajo de los que llaman de baja cualificación).
- Lo mejor que te puede pasar en la vida es ser funcionario, que los autónomos defraudan a Hacienda, que nadie se hace rico siendo honrado y que alquilar un piso es tirar el dinero.

Todito.

Un conjunto de creencias introyectadas de mi familia de origen que he podido actualizar.

Todos tenemos un pasado y el objetivo de la adolescencia es desarraigarse de esas creencias o introyectos que nos tragamos. Ahora bien, esto es terriblemente costoso.

Quizá has oído hablar de un libro que se llama *Pensar rápido, pensar despacio*, en el que su autor, el premio nobel Daniel Kahneman, describe nuestra vida mental con la metáfora de dos agentes a los que llama Sistema 1 y Sistema 2 de pensamiento. Sistema 1 es el rápido (el comportamiento inconsciente, lo que haces sin pensar) y el Sistema 2 es el lento (cuando piensas más despacio, de forma más consciente, sobre aquello que en su día pensaste rápido).

El sistema 1 es rápido en el día a día, muy eficiente, y, precisamente por eso, por su eficiencia, comete errores. Las emociones son justo esas hipótesis, con mucha probabilidad de acertar, pero no al cien por cien. Sin embargo, en el Sistema 2, la reflexión más consciente y el cuestionamiento de todas tus creencias es costoso pero más efectivo. Por ejemplo, antes de ser madre juzgaba a mis cuñados porque colechaban con su bebé. No se lo decía, pero lo pensaba. En mi cabeza, eso, simplemente, no podía suceder. Se tenía que acostumbrar. Y punto. La vida es dura, «Haber nacido obispo», que es una frase hecha que dice mi padre y que yo absorbí.

Vivir de forma más consciente nuestras emociones significa poder reflexionar sobre ambos sistemas y cómo se interrelacionan. Las figuras parentales no podemos cuestionarnos todo, ni hoy ni solas, pero hay determinadas cosas que sí podemos ir conquistando pasito a pasito. Por ejemplo, cuando llega a mis labios esta frase, «Haber nacido obispo», es un indicio, para mí, de que estoy en el modo uno de pensamiento, que es mi sistema de creencias quien habla y que es necesaria una pausa para escuchar cuál es realmente mi propia voz dentro del coro de creencias que tengo en la cabeza. Hacer una pausa cuando me veo a mí misma repitiendo una de estas frases es una estrategia que aprendí en la adolescencia y a la que, años después, he podido poner nombre y evidencia: estoy parando el *affect* para poder pensar despacio, como diría Kahneman.

Esto no se puede hacer todo el tiempo; sería imposible ir por la vida repensando todas y cada una de las microdecisiones que tomamos. Imagina cada diez segundos pensar: ¿le digo a los pulmones que respiren o me enfrento a una muerte instantánea? ¿Pestañeo o me espero a que el ojo se quede totalmente seco? ¿Será un buen momento para decirle a mi corazón que bombee más rápido que quiero coger el autobús? Bromas aparte, es más fácil seguir la corriente que abrir la posibilidad de que tus creencias generacionales estuvieran erradas. Y, a la vez, para avanzar, romper con esas cadenas generacionales y construir las nuestras propias es necesario.

Cuando mi madre era pequeña (en los sesenta), mi abuela le enseñó una frase para que pudiera poner ella misma un límite cuando le decían «Dame un beso». Así que ella contestaba «No los tengo hechos». Mi abuela no rompió con todos sus patrones generacionales, pero sí con este.

Mi madre me compró un mini-Scalextric en los ochenta y, siendo yo una niña y no un niño, no era algo que estuviera bien visto, pero le dio igual. No rompió con todos sus patrones generacionales, pero sí con este. Y, siendo abuela, ha podido romper otros cuantos. En muchas cosas no está de acuerdo con nuestra forma de actuar, pero en otras está descubriendo una forma diferente de relacionarse con las emociones de la infancia y la adolescencia. Y eso es sanador para ella, para mí, para mis hijas y para todo el sistema familiar.

No, no tenemos que romperlos todos. No tenemos que hacerlo ahora, ni tienes que romperlos todos tú. Y, a la vez, es importante darnos cuenta de cuándo estamos pensando algo demasiado deprisa para poder meditarlo despacito.

Porque la infancia se cuece a fuego lento. Y, a la vez, no puede esperar.

UNA PAUSA PARA RECUPERAR EL ALIENTO

Cierra los ojos.
Pon una mano en el pecho y otra en tu abdomen.
Respira profundamente e intenta ser consciente del aire en ambas manos.
Quizá este ejercicio sea difícil para ti, no olvides cuidarte al ponerlo en marcha, o incluso al no hacerlo si no es tu momento.
Piensa en una situación que tuvieras hace poco y fuera finalmente un malentendido. Puede ser desde una vez que caminabas por el campo y un palo parecía una víbora o un conflicto interpersonal o una situación con tus hijos e hijas.
Piensa qué estabas notando (las sensaciones o *affect*).
Qué pensamientos y emociones estabas teniendo.
Y qué decisiones tomaste.
Ahora realiza el mismo proceso si hubieras podido interpretar la situación de forma diferente, con una lectura más precisa de la realidad (es un trozo de rama o la otra persona solo intentaba ayudar).
A continuación dibuja en tu cuaderno un iceberg, con agua más o menos hasta el 80 por ciento de su superficie.
Primero imagina una situación que se repite a menudo con tu hijo e hija. Visualízala como la punta del iceberg y escribe el texto. Y ahora haz una lluvia de ideas de cuál puede ser la causa del malentendido que te puede llevar a interpretarlo así.
Prueba con varias situaciones si no obtienes respuestas o si quieres practicar más.

¿QUÉ ES LA INTELIGENCIA EMOCIONAL?	
QUÉ SÍ ES	• Identificar, expresar, «usar» y comprender una emoción. • Vivir la emoción en el grado de intensidad que sea útil para nuestro sistema nervioso. • Darse cuenta del «estado» de la emoción y saber cómo volver a la homeostasis (calma). • Corregular las emociones de los demás (empatizar, validar y aliviar la ansiedad del otro). • Saber reparar adecuadamente.
QUÉ NO ES	• Aprovechar la moda de que todas las emociones son positivas para no cuidar a los niños y las niñas. • Llegar a extremos de desregulación intensa y evadirse *a posteriori*. • Pensar que el enfado es una emoción negativa y querer neutralizar a través de «rincones de la calma». • Ser permisivo/autoritario en vez de validar y acompañar las emociones de nuestras criaturas. • Hacer reparaciones no adecuadas.

LA ESTACIÓN DE PARTIDA: LA DIMENSIÓN DE PERCEPCIÓN Y EXPRESIÓN EMOCIONAL

Existen muchísimas definiciones y modelos de inteligencia emocional. Yo he elegido, para este libro, hablar del modelo de habilidad de Mayer y Salovey porque es el que más resuena con mi forma de entender la inteligencia emocional, igual que me ocurre más con la teoría de la emoción construida que con la visión clásica, pero es importante que sepas que hay otros e interesantes modelos de inteligencia emocional.

En 1990 estos dos psicólogos, argumentando que los modelos de inteligencia tradicionales no eran suficientes para explicar todas las destrezas humanas, propusieron el concepto de inteligencia emocional: «Un tipo de inteligencia social que implica la habilidad para monitorizar las emociones de los demás y de uno mismo, para discriminar entre ellas y para utilizar la información con el fin de guiar el pensamiento y las acciones».

Unos años después, la definición quedó así: «La inteligencia emocional implica la capacidad de percibir con precisión, evaluar y expresar emociones; la capacidad de acceder y/o generar sentimientos cuando facilitan el pensamiento; la capacidad de comprender las emociones y el conocimiento emocional, y la capacidad de regular las emociones para promover el crecimiento emocional e intelectual».

Es decir, en su teoría de inteligencia emocional, establecen estas cuatro dimensiones:

- **LA PERCEPCIÓN Y LA EXPRESIÓN EMOCIONAL:** identificar y reconocer nuestras expresiones emocionales en nosotros, en las demás personas y en todo tipo de expresiones (lenguaje, arte, música...).

- **FACILITACIÓN O ASIMILACIÓN EMOCIONAL:** darse cuenta del impacto de las emociones sobre nuestro pensamiento y procesamiento de información (y beneficiarnos de ellas).

- **COMPRENSIÓN EMOCIONAL:** entender cómo funcionan nuestras emociones y cuáles son las necesidades subyacentes a estas, así como los pensamientos.

- **REGULACIÓN EMOCIONAL:** consiste en vivir nuestras emociones sin reprimirlas ni tampoco exagerarlas. Es la habilidad más compleja de todas.

Vamos a ir viendo cada una de ellas paso a paso, como si de un viaje en tren se tratara, sin prisa pero sin pausa. Si Ortega y Gasset decía que tú podías ser el escultor de tu propio cerebro, en este capítulo me gustaría que integraras que puedes ser el escultor, también, de tus emociones. Y puedes apoyar a tus hijos e hijas (y alumnado) a que adquieran el saludable hábito de darle al cincel y esculpir también las suyas. Este es el viaje que haremos en este capítulo.

Empezamos por la primera estación, el punto de partida, la rama de la percepción y la expresión emocional, seguiremos por la asimilación emocional (entender la utilidad de las emociones para facilitar nuestro pensamiento), la comprensión emocional (descubrir qué necesidades nos animan a cubrir las emociones) y terminaremos nuestro viaje en la regulación emocional, nuestra estación de destino con doble apeadero.

Vamos con la primera estación: la percepción emocional.

Para muchas personas la inteligencia emocional se circunscribe única y exclusivamente a entrenar a los niños y las niñas en la asociación de gestos faciales y etiquetas de emociones. Para mí, como ya estarás imaginando, es una simplificación muy pobre. La percepción de las emociones tiene una doble vertiente: por un lado, tiene que ver con expresar nuestras propias emociones y, por el otro, con reconocerlas en los demás.

Hace unas páginas te explicaba que existía una teoría más reciente sobre la comprensión de nuestras emociones, la teoría de la emoción construida, que afirma que estas expresiones emocionales no son tan universales como podría parecer, sino que están influenciadas por la cultura. Así que, centrarnos solo en las expresiones faciales, además de simple, puede presentar un problema. Por ejemplo, si yo te dijera que expresaras la emoción de la tristeza, construirías una imagen mental en tu cabeza de un rostro con las comisuras de los labios hacia abajo, y solo con ese gesto ya tendrías la tristeza. Si estuviéramos jugando a un juego como *Pictionary* (en el que hay que adivinar palabras solo usando tu creatividad para dibujar), solo con pintar las comisuras hacía abajo ya lo tendrías, ¿verdad? Pero, quizá, si te animo a conectarte con alguna experiencia o recuerdo triste, tus facciones tengan matices sutiles y mucho más ricos en detalles que la tradicional sonrisa hacia abajo.

Puede que estés pensando que, más o menos, la tristeza se expresa de un modo parecido en todos los rostros, y es verdad, aunque esto no es lo mismo que idéntico. Prometí hacer un libro práctico y no entrar en matices, ahora bien, si te dijera que representaras la emoción de *natsukashii*, ¿cómo lo harías? Seguramente, buscarías en Google qué significa esta palabra y encontrarías que es un vocablo japonés intraducible (o, mejor dicho, todavía no traducido) que se refiere a una emoción de nostalgia por el pasado con felicidad por el grato recuerdo, aunque tristeza de que ya no esté presente.

Quizá, de repente, un recuerdo ha venido, en forma de una persona que ya no está, y aunque ese amor es invisible, puede dejar en tu rostro trazos que forman un caminito de lágrimas y tus comisuras pueden cambiar, hacia abajo, o puede que hacia arriba, siguiendo tus ojos hacia el cielo.

La cultura modula las emociones y estas moldean la cultura. Y también las experiencias forman nuestras emociones y estas asimismo nuestra experiencia.

Es más, hay un fenómeno que el equipo de Lisa Feldman Barrett llamó granularidad emocional, y que consiste en saber distinguir, definir y nombrar con mayor precisión lo que sentimos en un determinado momento. Esto va mucho más allá de clasificar las emociones que algunos científicos denominan básicas (triste, contento, enfadado, asustado, asqueado y sorprendido, estas dos últimas además en entredicho) y está años luz del tan socorrido dúo bien-mal con el que responden muchas personas a la pregunta «¿Cómo estás?».

Cuanto más invirtamos en nuestra granularidad emocional, en aprender palabras nuevas que definan mejor nuestros estados emocionales, mejor podremos adaptarnos a las situaciones que nos plantee la vida. De ahí que esta primera dimensión sea tan importante. Es más, desde que yo descubrí esto estoy aprendiendo palabras intraducibles sobre emociones de otros idiomas. Ahora bien, no basta con enseñar listados de etiquetas emocionales y esperar que nuestros hijos e hijas se los aprendan como nuestros padres y abuelos memorizaban la lista de los reyes godos, como un conocimiento totalmente ajeno a su curiosidad y descontextualizado de sus vivencias. Enseñar o, mejor dicho, crear el ambiente necesario para que las infancias puedan practicar su potencialidad emocional va mucho más allá de esto.

Si muchas personas consideran que educación emocional es simplemente relacionar gestos con etiquetas emocionales, otras tantas creen que es algo represivo y adultocentrista, porque consiste en decir a los niños y las niñas lo que tienen que sentir. Para mí, es totalmente lo contrario.

Educar, siguiendo la raíz latina de la palabra (*ex ducere*, «guiar hacia fuera»), tiene más que ver con facilitar la tarea de llevar de dentro afuera que con rellenar lo de dentro desde fuera. Es decir, que educar, para mí, significa reconocer y valorar todo el potencial que tiene cada persona dentro (tenga la edad que tenga) y ser guía, asistente, pinche, en definitiva, estar al servicio de la necesidad del infante. No, para mí no tiene que ver con que ante un comportamiento determinado encaminemos a los niños a la calma, como si fuera la emoción más útil y las demás apenas sirvieran para nada; para mí, la educación emocional tiene que ver con que todo eso que ya está percibiendo el niño (lo llamaré notar, en el sentido de darse cuenta) tenga un espacio para expresarse, físico y emocional, por supuesto. Y que, en este proceso de dentro hacia fuera, pueda hacer conexiones, como que la mayoría de las personas que tienen las comisuras hacia abajo y lágrimas en sus ojos están expresando tristeza, pero también que hay tantas formas de expresar la tristeza como personas en el mundo. Para los adultos, añadiría que lo más importante es que podamos pararnos y estar presentes con estas emociones. Y eso tiene mucho que ver con notarlas en nuestro cuerpo; observar cómo se está preparando (con mis hijas me gusta decir «cociendo») la emoción en mi cuerpo antes, durante y después de que se haya expresado en forma de acciones. Cuando ayudamos a otras personas a enfocarse en la conciencia corporal, es decir, en cómo sienten las emociones en su cuerpo a través de preguntas tipo: «¿Dónde sientes la rabia?» o «¿Dónde encuentras la alegría?», pueden aprender a identificar en su propio cuerpo estas sensaciones previas a la emoción, y esto ayudará a su cerebro a hacer predicciones más afinadas.

Por suerte, los niños y las niñas, al menos los más pequeños, están más conectados con lo que sienten que las personas adultas. Si sienten rabia, la van a expresar, y les da igual que a ti no te venga bien que lo hagan —vehementemente— en la cola del supermercado. Si tienen miedo, por ejemplo, en esas fotos típicas con Papá Noel buscarán un lugar seguro, aunque tú como adulto quieras tener una foto de tu retoño. Si sienten asco, van a escupir la comida, y les dará igual que la abuela la haya cocinado con todo su amor. Si se aburren, se moverán sin tener en cuenta que las bibliotecas infantiles sean, en su mayoría, espacios poco preparados para hacerlo. Y si están tristes van a llorar, quizá como tú y como yo, pero no lo harán con un «siento estar llorando» tan de personas adultas. Saben cómo se sienten y qué sensaciones corporales están teniendo (salvo que haya dificultades con el sentido interoceptivo, por ejemplo), lo que desconocen es para qué les pasa y qué necesitan para satisfacer su necesidad. Ponerle nombre a la emoción regula, calma y normaliza. Igual que las primeras veces en que se les duerme una pierna y notan ese hormigueo tan desagradable y se asustan porque no pueden moverla. Si les decimos «Se te ha dormido una pierna, a veces pasa, tu cuerpo te está diciendo que necesita cambiar de postura, se irá enseguida, es normal estar asustado, resulta muy molesto, yo estoy contigo», podrán integrarlo como parte de sus vivencias. Y la mayoría de las personas lo hacemos de una forma bastante natural y espontánea, ¿verdad? Incluso con ternura. Ahora imagina que les dijéramos «No tengas esa pierna dormida». Absurdo, ¿no? Este es el equivalente a «No llores, no estés triste». Solo que además de absurdo, esto último manda otro mensaje: «No te acepto tal como eres. Y, si yo como figura parental no te acepto así, tú tampoco deberías hacerlo». Volveremos más adelante a este punto.

Por otro lado, una vez estaba en una clase online del máster en inteligencia emocional y una de mis hijas se encontraba conmigo (la conciliación es lo que tiene) y revisábamos que, según la teoría clásica, cada emoción se relacionaba con una serie de músculos faciales en una imagen de un rostro. Mi hija se acercó y me dijo al oído: «A tu profe se le ha olvidado poner esta línea de la barbilla», fue el siguiente y último músculo de la explicación de esa emoción. Yo no había caído en que faltaba uno, sin embargo, ella, con sus cinco años, estaba observando y absorbiendo cada gesto, y su objeto de estudio son las personas porque necesita comprenderlas para adaptarse a ellas y sobrevivir de la mejor forma posible. Es así en los humanos, del mismo modo que otros animales: necesitan desarrollar otras capacidades, como por ejemplo los narvales, que se comunican con sus colmillos, y así es como sobreviven mejor.

Bien, ¿qué crees que pasa si uno de nuestros hijos nos pregunta si estamos tristes y mentimos, sonreímos y decimos que no nos pasa nada? Seguramente, lo primero que haya es confusión, porque ellos tienen nuestro rostro estudiado y estamos ofreciendo una respuesta incoherente. Y aunque las últimas investigaciones apunten a que no todas las personas expresan igual todas emociones, las nuestras las tiene monitorizadas y notará esa falta de claridad. Segundo, el niño, con toda probabilidad, interpretará que la tristeza es una emoción que es mejor no sentir y que, cuando lo hagamos, es más apropiado sonreír. Y tercero, si pensamos en niños pequeños, en ese momento de sus vidas, las criaturas son egocéntricas y pueden pensar que el motivo por el que tú estás triste es algo relacionado con él o ella. Por su culpa. No queremos nada de eso, ¿verdad?

A veces, trabajo mientras mis hijas están jugando en casa y mi cara de concentración debe de parecerse mucho a la de estar enfadada, porque a veces entran y me preguntan si me pasa algo. (Este «pasa algo», con niños muy pequeños, suele significar si «ellos han hecho algo»). En ocasiones, aunque no estuviera enfadada, la interrupción me molestaba o me frustraba por perder el hilo o una idea, y entonces, claro, podían terminar confundidas, así que ahora tenemos un sistema por el que, si quieren preguntarme algo, se acercan a mí y, cuando yo hago contacto visual, me preguntan. Con mis hijas mayores no me pasa tanto, porque han aprendido que la cara de concentración tiene un contexto determinado (con un libro, un cuaderno, el ordenador, una mirada al infinito o directamente estar tan enfocada que no termino las frases). Si tecleo el ordenador despacito, suave con pausas, saben que estoy concentrada. Si aporreo el ordenador con fuerza y suspiro o resoplo, formulan la hipótesis de que estoy enfadada. Es decir, no es solo la expresión facial, sino todo el contexto lo que ayuda en esta dimensión de percepción y expresión emocional.

Nuestra tarea parental para esta dimensión emocional tiene más que ver con permitir la expresión emocional y ayudar, sin más, a ponerles nombre a estas emociones, digamos universales (sin olvidar que esto de la universalidad es impreciso y se parece mucho al gusto por el chocolate; dirías que al cien por cien de la población le gusta el chocolate, pero no, hay gente a la que no le gusta, igual que hay personas que no expresan las emociones como tú).

¿Y cómo ayudar en esta tarea? Pues, como dijimos anteriormente, desde la presencia. Estar presente ante una emoción, sin intentar evitarla, cortarla o minimizarla no es sencillo y, cuando entran en juego emociones que no fueron sostenidas en nuestra infancia, se vuelve dificilísimo. Y, a la vez, hacemos lo que podemos con las cartas que nos ha tocado jugar. Tenemos mucha tarea por delante, ojalá nos podamos enfocar en todas las veces que pudimos expresar y permitir la expresión emocional en lugar de en las que no. Y, sobre todo, cuando no podamos, siempre tenemos la oportunidad de reparar, por ejemplo: «Antes, cuando te pusiste a llorar en el supermercado porque querías chicles, no tenía que haberte gritado. Lo siento, nadie se merece que le griten por expresar una emoción. Todavía estoy aprendiendo a ser mayor y es difícil para mí, gracias a ti puedo practicar cada día. Ya estoy pensando en cómo hacer para que no vuelva a pasar». O acortando la frase lo que consideres necesario. Todo esto pertenece a la cuarta dimensión —para mí, es la más importante—, pero pasemos primero por la segunda y la tercera.

Esta primera rama también está presente en el arte, por eso haré referencia a películas, poemas, canciones y libros todo el rato. Espero que te ayuden a conectar las diferentes ideas.

UNA PAUSA PARA RECUPERAR EL ALIENTO

Cierra los ojos. Pon una mano en el pecho y otra en tu abdomen. Respira profundamente e intenta ser consciente del aire en ambas manos.
Quizá este ejercicio sea difícil para ti, no olvides cuidarte al ponerlo en marcha, o incluso al no hacerlo si no es tu momento.
Recuerda algunas situaciones que hayas vivido últimamente. Este trabajo tiene dos partes.
Primero, conecta con tus sensaciones corporales y trata de imaginar en qué partes de tu cuerpo notas la emoción (pecho, boca del estómago, garganta...). Puedes empezar un diario de emociones en el que ir registrando estas sensaciones corporales que te ayudará a ir conociendo mejor cómo se manifiestan en tu cuerpo. Puedes hacerlo también con tus hijos e hijas.
Segundo, piensa en qué emociones te gusta expresar y cuáles no tanto, haz un listado de ambas. Si tienes pareja de crianza, podéis hacer este trabajo juntos. Reflexiona sobre las de tu hijo e hija, y cuáles crees que expresa más o menos. Haz un listado por cada persona de la familia. ¿Ves alguna relación dentro del sistema familiar?
Termina el ejercicio recordando que todas las emociones son positivas porque nos traen un mensaje sobre lo que pasa dentro y fuera de nuestro cuerpo.

LA DIMENSIÓN DE FACILITACIÓN O ASIMILACIÓN EMOCIONAL

Cuando me siento un poco desalentada, desmotivada o asustada por algo, tiendo a procrastinar y mi cerebro pone el foco en ese otro sitio. Crea la emoción de la curiosidad hacia cualquier cosa (te sorprendería la cantidad de temas triviales que he decidido investigar en muchas de las ocasiones en que me he sentado a escribir este libro) para no enfrentarse a la incomodidad de hacer una tarea que, en el momento, me resulta muy compleja. En este caso, por ejemplo, me he dicho cosas como: «No sé si lo haré bien, es tan complejo escribir un libro; veamos mejor cuántos años vive un ornitorrinco o cuántas veces puede regenerar un miembro el ajolote». Me pasa desde pequeña, «se distrae con el vuelo de una mosca» era el diagnóstico familiar. En honor a la verdad, escribir el libro también me ha distraído de las funciones vitales más básicas (desde comer y beber agua hasta ir al baño. Incluso un día llegué a atragantarme porque se me olvidó tragar saliva). A este exceso de concentración lo llamamos hiperfoco.

Tengo un truco infalible para cuando me pasa esto, no lo de la saliva, sino lo de la falta de motivación o confianza. Me pongo un vídeo de YouTube de Beyoncé y Shakira. Uno solo. Dos para un extra de motivación si es algo muy complejo. Tres cuando implica salir a un escenario. O lo escucho si voy por la calle, y trato de bailar con la mente (pero lo acabo haciendo con el cuerpo, así que, si alguna vez me ves haciendo espasmos por la calle, mira si llevo cascos antes de llamar a urgencias). Bromas aparte, este truco mío está muy relacionado con la segunda rama o dimensión del modelo de inteligencia emocional de Mayer y Salovey: la facilitación o asimilación emocional.

Si te acuerdas de la anécdota de la pareja que discute en el ascensor hasta que entra un vecino y entonces paran para reanudar la discusión de nuevo cuando el vecino se baja, habrás comprendido que tenemos más poder sobre nuestras emociones de lo que pensaba Platón. Por ejemplo, hay una persona que me atrae y nos estamos conociendo, todo va bien y la ilusión me invade. Y, de repente, la veo con otra persona en una actitud muy cariñosa. Las personas adultas si nos sentimos celosas podemos enfocarlo de varias formas diferentes: a través de la ira, del miedo, de la tristeza o de la curiosidad. Utilizar una u otra emoción tendrá sus ventajas e inconvenientes. Si me enfado, estaré intentando castigar a otra persona o queriendo controlarla de una u otra manera o poniendo un límite... Si me asusto, de alguna forma estaré buscando mi propia protección. Y si me entristezco, mi propio consuelo y el espacio para pasar mi duelo. La curiosidad nos ayudará a comprender e incluso a interpretar mejor la situación, como si estuviéramos en una novela o película enredada: puede ser su primo o su hermana. Y quizá logremos llegar a esta conclusión usando cualquiera de nuestras emociones; para mí, lo importante es que, llegado el momento, podemos hacer una pausa y reflexionar sobre si esta emoción que estoy sintiendo va a ser la que mejor me ayudará con mi propósito.

A veces enfadarnos con alguien nos permite distraernos de la verdadera causa —con quien estamos realmente enfadados es con nosotros mismos—, y le hacemos el traspaso de objeto del enfado a la otra persona. A esto le llamamos proyectar. Por ejemplo, recuerdo una vez, en una sesión, que una madre me contaba lo enfadaba que se sentía porque su pareja no le estaba permitiendo satisfacer sus necesidades de cuidado y por eso acababa muy desregulada cuando acompañaba a sus gemelas. Después de un rato, se dio cuenta de que realmente estaba enfadada con ella misma por no estar sabiendo poner límites y lo proyectaba en su pareja, y, a la vez, la práctica de estos límites tampoco la quería poner en marcha porque le asustaba alejarse del constructo social de la «buena madre abnegada». Una vez fue consciente de ello, empezó a darse tiempo para ella, no fue fácil, se sintió culpable, dejó de hacerlo, volvió, tropezó varias veces con la misma piedra, regresó a la inercia, paró de poner límites, empezó a tratar a sus hijos como no quería y terminó por reflexionar de nuevo. Y pudo finalmente darse sus tiempos sin culpa, y todo esto tuvo efecto rebote en su familia: una madre más calmada a la hora de acompañar a sus hijos.

La parte de la asimilación que más me gusta es cuando tratamos ciertos temas que son dogmas. Por ejemplo, es muy habitual la consulta de «En esta casa no nos pegamos», y claro, obviamente ese peque de tres años que no tiene más herramientas no puede utilizar ninguna otra que no sea pegar (bueno, puede morder, patalear, empujar, gritar o pedir ayuda). Cuando decimos «En esta casa no nos pegamos», puede que esté interpretando «Pues si yo necesito pegar, no pertenezco a esta casa». Y no solo agravamos el problema, sino que, además, la emoción que ha provocado el comportamiento «errado» sigue sin ser validada. En definitiva, el niño no encuentra la ayuda que necesita.

Suelo hacer esta pregunta:

—¿Tú no pegas nunca?

—Claro que no —me dicen.

—Y si alguien intentara secuestrar a tu hijo, ¿qué harías?

—Claro, pero eso es una situación límite.

Desde nuestro punto de vista es una situación límite; quizá desde el de nuestro hijo el contexto en el que se produjo su comportamiento también lo era. Y, a la vez, esto puede ser difícil de sostener según nuestras experiencias pasadas.

Una vez, una de nuestras hijas se alejó de nuestro lado en un descuido. Estábamos en un bosque con un río, y mi marido estaba cero preocupado, fue al sitio en el que era más probable que estuviese (de vuelta con su abuela, seguramente, para pedir merienda) y la encontró. Yo, sin embargo, entré en pánico; me temí lo peor, empecé a correr y a gritar su nombre. Más o menos, fue un minuto, pero a mí me parecieron diez horas. Cada uno, desde sus experiencias vitales, reaccionó de una forma. Obviamente, la suya fue más útil, pero en otro contexto diferente, mi emoción de pánico hubiera sido mucho más efectiva que la suya de calma. Y ¿sabes qué? Conmigo estaba una de mis hijas y con él las otras dos. Y cada una, ante un mismo hecho, construyó emociones diferentes y recuerdos de esa tarde muy distintos. Incluso una misma persona en momentos vitales dispares tiene diferentes emociones ante un mismo hecho.

Hace unos años di una charla TED (una de esas en las que condensas en dieciocho minutos todo tu saber sobre un tema concreto) y estaba asustada y nerviosa. Básicamente, quería salir corriendo, pero también entró en escena la vergüenza y aplacó al miedo. Y, entonces, me enfadé por estar sintiéndome así, en vez de sentirme de otra manera, y lo achaqué a mi infancia. A continuación, sentí compasión (mi charla hablaba también de la compasión y de ver el error como oportunidad). Y luego me acordé de un mensaje que me había transmitido una de mis alumnas, muy emotivo para mí, sobre cómo su primer hijo falleció y cuánto agradecía mi trabajo ahora que estaba criando al segundo. Así que sentí mucha gratitud por tener una oportunidad así. Me sentía como una ruleta rusa emocional, intentaba activar la calma, pero no era fácil. Así que me concentré en respirar y hablar con mi cerebro (literalmente, en algún momento me preocupó salir en un tiktok viral y humillante) y, con esas, salí al escenario. Con más miedo que vergüenza al principio y más vergüenza que miedo hacia la mitad, conseguí irme de allí con la frente muy alta. Tengo un testimonio gráfico que muestra el antes y el después de mi cara, y parezco otra persona.

No, no es fácil la asimilación emocional, y, a la vez, darnos cuenta de que nuestras emociones las creamos basándonos en una suposición. Una interpretación que damos a algo que notamos en nuestro entorno puede marcar la diferencia, y esto podemos enseñarlo desde edades muy tempranas. ¿Cómo? Con nuestro ejemplo. Nos dan miles de oportunidades al año. Cuando ves las paredes pintadas y en vez de usar el enfado utilizas la alegría porque sabes que es más fácil dar un brochazo a una pared que a un corazón roto. O cuando pegas un grito y, al verlos dormir, en lugar de quedarte anclada en la culpa, aprovechas la curiosidad para reflexionar sobre qué en concreto te ha hecho saltar, con la certeza de que al día siguiente lo vas a reparar. O cuando ves cuánto han crecido durante el año y, en vez de la tristeza y la añoranza, piensas en la gratitud de haber compartido ese tiempo. O cuando, en vez de asustarte por esas nuevas experiencias que van a vivir, te fijas en su sonrisa confiada y te concentras en la idea de que siempre vas a ser CASA y sientes alegría.

No estoy diciendo que haya que reprimir el enfado, silenciar la culpa, acallar la tristeza o ignorar el enfado, nada de eso. Construimos esas emociones porque hay necesidades que satisfacer. Crecer, convertirse en adulto, significa hacerse cargo. Y responsabilizarse, a veces, implica poner en pausa la emoción, sobre todo cuando tenemos que acompañar a nuestros hijos e hijas. Y con esto estamos dando ejemplo, no de represión emocional, sino de cómo podemos usar las emociones en nuestro beneficio. Y podemos contárselo así: «Me enfadé muchísimo y escribí un correo muy firme y poco amable, pero antes de enviarlo, inspiré profundo, me levanté un momento y dije "Lo enviaré dentro de una hora". Al cabo de una hora ya no me parecía tan grave, así que mandé un correo mucho más asertivo, y la persona me contó que había sido desagradable porque estaba pasando un mal momento, así que tuvimos una conversación muy bonita».

Todas mis hijas me inspiran por unos u otros motivos, una de ellas me inspira porque, casi siempre, ve la bondad de las personas. Cuando quiero mandar ese correo incendiario, siempre me paro, respiro y pienso cómo actuaría ella. Y quizá, algún día dentro de muchos años, ella se pare, respire y piense qué haría su madre, cuando ya no pueda preguntarme. Y tal vez se acuerde de que era el momento de oler un aceite esencial, poner música y empezar a cantar y bailar. Porque, sí, hay determinadas acciones o gestos que pueden ayudarnos a cambiar de una emoción a otra. El olfato es una de ellas, es el sentido que tiene mayor capacidad de evocar recuerdos porque está directamente relacionado con el hipocampo. Nazareth Castellanos afirma que el olfato es el sentido más vinculado a la memoria, que ejerce de regulador de las emociones y que la forma en que respiramos tiene mucha influencia en este proceso, y que, si en la inspiración incluimos un olor (no tiene que ser un aceite esencial), esta asociación es mucho más fuerte, ya que la respiración se vuelve consciente y, con ello, las neuronas del hipocampo responderán con mayor intensidad.

O la música, por supuesto. Una banda sonora es clave en una película o documental. Te puede ayudar a permitir la tristeza que estabas bloqueando. O a que la alegría y la nostalgia te hagan dejar de lado el enfado. Personalmente, no puedo estar enfadada si está sonando una canción que me gusta mucho. Y cuando monto en bici por el campo, mientras canto a pleno pulmón, siento que la vida puede ser maravillosa (igual alguien me escucha hacerlo y piensa justo lo contrario, porque no soy lo que se dice una buena cantante). En la Revolución de los Claveles (que derrocó el Estado Nuevo fundado por Salazar en Portugal) fue una canción la señal para que el ejército, junto con el pueblo, se levantaran contra la dictadura en uno de los levantamientos con menos violencia que ha existido. La música es esperanza. Y el baile, muchas veces, nos ayuda a expresar con el cuerpo lo que no nos permitimos con las palabras.

Así es como funciona la asimilación o facilitación emocional: nos permite darnos cuenta de que, con un poco de ayuda, en un momento clave podemos elegir una u otra emoción. Y que, si elegimos una que no ha sido útil, siempre podemos reparar después, pero esa es la cuarta dimensión emocional, lo veremos enseguida.

La asimilación es, en definitiva, la capacidad que tenemos los seres humanos de usar y de aprovechar las emociones para facilitar nuestras actividades más cognitivas, y así poder resolver mejor las situaciones o problemas en los que nos hayamos inmerso. Cuando practicas esta habilidad, tal vez repares en qué emoción puede serte más útil para llevar a cabo una tarea determinada y que sea más fácil. Por ejemplo, para acompañar a alguien que ha perdido a un ser querido, la calma y la tristeza pueden serme útiles; por el contrario, estar alegre y proponer salir de fiesta igual no tanto, aunque un chiste en un momento puntual puede ser una forma de aliviar o regular la intensidad de una emoción. El objetivo del acompañamiento no es distraer, sino estar.

Si me encuentro activa (con energía alta) y la sensación que percibe mi sistema propioceptivo es agradable, podré tener ideas muy creativas y llegar a resultados más increíbles que con otra emoción diferente. O, por ejemplo, si tengo que tomar una decisión sola, en equipo, en familia, sé que las mejores emociones para una lluvia de ideas son las que tienen una energía alta, pero no demasiado, y una sensación agradable. Si la emoción es displacentera, la lluvia de ideas puede ser nefasta, y si es placentera, pero con energía baja, probablemente con una idea y media me dé por satisfecha. Aunque si tengo que salir de un aprieto muy grande, como si me metiera dentro de un *Cluedo* real, las emociones más desagradables y de energía alta serán las más adecuadas para decidir, por ejemplo, quién es el asesino o cómo salir vivo de un ataque de fieras salvajes. Todo esto desde el punto de vista, digamos, cognitivo; pero realmente va mucho más allá, porque ya sabemos que el cuerpo funciona como un sistema, como una gran red, y que lo que pasa en él se refleja, también, en nuestra forma de sentir y actuar.

Amy Cuddy en su libro *Presencia* habla sobre el lenguaje no verbal y cómo tiene impacto en nuestra forma de ser percibidos por los demás, y también en la nuestra propia. Cuando nos sentimos desalentados, nuestra postura corporal tiende a encogerse; cuando nos sentimos poderosos, suele expandirse. ¿Qué pasaría si pidiéramos a la gente que fingiera sentirse poderosa a través de una pose corporal? Pues que, efectivamente, estas personas, al fingirlo, realmente se sentirían así. Tendría impacto en sus emociones, pensamientos y decisiones. Lo mismo pasa cuando sonreímos frente al espejo, nos ayuda a sentirnos más felices. Por otro lado, en un artículo de Nazareth Castellanos descubrí que también hay estudios que confirman que el tipo de postura que usamos al consultar la información con nuestro dispositivo móvil, el ceño fruncido y la postura corporal arqueada, hacen que aumente el sesgo de negatividad y las emociones desagradables como la ira.

Esto tiene mucho sentido desde la perspectiva de la emoción construida, porque nuestro sistema interoceptivo está todo el rato registrando nuestro cuerpo y postura corporal, chequeando el presupuesto corporal y construyendo emociones que nos ayuden a mantenerlo. Pero, claro, el peligro que estás viendo en esa conversación en internet (donde una persona ha dado una opinión contraria a la tuya sobre algo) no está realmente afectando a tu supervivencia, aunque tu sistema lo interprete como tal. Por eso, a veces somos testigos (o incluso parte) de peleas sin sentido que no existirían si nos miráramos a los ojos.

Todo esto es aplicable a nuestra vida y a nuestras relaciones con las personas adultas, pero ¿y con la infancia? Pues es una reflexión importantísima, primero, porque vamos a ayudarlos a quitarse la culpa por experimentar emociones y a responsabilizarse (en la medida de su capacidad y desarrollo) de sus acciones. Después, les enseñaremos que comprender la utilidad de la emoción nos ayuda a tener pensamientos mejores, más alineados con nuestros valores y necesidades. Y tercero, podemos mostrarles estos trucos ante situaciones que puedan parecerles un reto, y esto, estarás conmigo, es un tesoro para toda la vida.

En casa solemos hablar de la postura de Superwoman, gritamos el lema de mi gimnasio: «Soy fuerte, soy capaz, somos *Lovas*», gruñimos como animales, «gaceleamos» (temblamos como hacen las gacelas después de salvarse de un ataque), nos expandimos y, por supuesto, cantamos como (más bien imitando a) Beyoncé y Shakira. Y con esto, estamos ayudando a nuestro cerebro a afinar las hipótesis de qué emoción va mejor en cada momento.

La segunda acción que podemos realizar es la reflexión sobre los patrones a partir de los que interpretamos la realidad y para qué, con qué propósito, desde qué intención positiva los estamos llevando a cabo. Qué queremos evitar o conseguir para, de forma inconsciente, tener determinado comportamiento. Esta reflexión puede hacerse de forma autónoma o en espacios terapéuticos, pero en todo caso, es absolutamente necesaria si queremos cultivar vínculos seguros con nuestros hijos e hijas.

Lo tercero que podemos hacer para ayudar a nuestro sistema nervioso es aprender tantas etiquetas emocionales (los nombres de las emociones) como podamos. Cuantas más emociones conozcamos, más podrá construir el cerebro y, gracias a ellas, afinará más las hipótesis de cuáles son las más apropiadas en cada situación.

Todos estos trucos nos pueden venir muy bien para ayudar a nuestro cerebro a construir la emoción que necesitamos, pero no funcionan a largo plazo si los empleamos desde un lugar no saludable, es decir, desde la represión emocional y no desde la conexión emocional. Por ejemplo, yo sé que, si me pongo música alegre, canto y bailo, me es muy difícil permanecer enfadada. Y en determinadas circunstancias lo uso como estrategia. Entre tú y yo, es una estrategia que usa también mi marido cuando me enfado con él por algo. También me sucede cuando me peinan el pelo con los dedos o me acarician la cara con pequeños y suaves toques. A veces, al cabo de un rato, vuelve el enfado y digo cosas como «Me has manipulado», pero la intensidad es ahora mucho menor y, probablemente, ha convertido un reto en una oportunidad de conexión.

Esto es lo que ocurre cuando les decimos a los niños y las niñas que respiren o miren un frasco de la calma para no estar enfadados o les hacemos cosquillas para que no se sientan tristes o los distraemos con la curiosidad cuando están asustados. Todo esto funciona. Ahora bien, hay un límite difuso entre la facilitación emocional y la distracción emocional.

La facilitación emocional no es evitar una emoción que nos resulta desagradable y usar, como no queremos estar con esa emoción, estrategias para salir de ella, desde las poco adaptativas (adicciones a sustancias, alcohol, móvil, trabajo...) a las —un poco— más adaptativas (ponernos una peli de risa cuando realmente necesitamos llorar un buen rato).

La emoción va a volver si no la has escuchado a la primera. Y lo hará con más intensidad porque alberga una información muy importante, tienes una necesidad sin cubrir. Y nace de la combinación de la información que le llega a tu cerebro desde dentro y fuera del cuerpo. No puedes escapar. Es como si me hubiera roto un hueso y tomara medicamentos para no sentir dolor, cuando lo que necesito es un tratamiento médico que me recoloque el codo. Si se hace sin escuchar las necesidades, en ese u otro momento, tiene efecto rebote. No beneficia a nuestro sistema, no nos ayuda a pensar mejor; al contrario, acabamos tomando peores decisiones, *ergo* no es facilitación emocional, sino represión. Al final, la clave radica en reflexionar para qué estás haciendo algo.

La dimensión de la facilitación es muy importante cuando tenemos que cuidar y acompañar a nuestras criaturas. Implica, a veces, poner en pausa la emoción que sentimos para hacernos cargo (responsabilizarnos).

Pausa, no *stop*. Pausa significa volver a retomarla en cuanto nos sea posible. Preferentemente cuando dejemos de ser las manos de nuestros hijos e hijas, y, más aún, cuando podamos tener otras que nos sostengan.

Cuando rechazamos una emoción, estamos rechazando una parte de nuestras necesidades y, por tanto, estamos apartando a la persona que somos. Facilitar nos ayuda a integrar, a vernos más, mejor y de una forma más eficiente, también más compasiva. Comprender nuestras emociones nos ayudará a darnos lo que necesitamos, sin esperar —como cuando éramos pequeñas y no teníamos otras alternativas— que sean otras personas las que se encarguen de nuestras necesidades. Lo veremos a continuación.

Darse cuenta de esto es difícil y doloroso. Y, a la vez, muy importante, porque dar lo que tú no has tenido se traduce en un ejercicio titánico. Concentrarte en lo que ya tienes en vez de en lo que todavía no has conquistado puede ayudarte en tu camino.

UNA PAUSA PARA RECUPERAR EL ALIENTO

Cierra los ojos.

Pon una mano en el pecho y otra en tu abdomen.

Respira profundamente e intenta ser consciente del aire en ambas manos.

Quizá este ejercicio sea difícil para ti, no olvides cuidarte al ponerlo en marcha, o incluso al no hacerlo si no es tu momento.

Piensa en una situación difícil para ti. Tal vez sea una de acompañamiento a tu peque de una emoción intensa, por ejemplo, un enfado o una conversación importante que necesitas tener, o una situación que requiere poner un límite a otro adulto.

Elige varias situaciones y ahora piensa qué emoción elegir y qué resultado tendría cada una de esas opciones. Prueba con varias situaciones y varias opciones.

Además, si te apetece, haz una *playlist* para cuando necesites cambiar de estado emocional y recuerda: el objetivo no es reprimir las emociones.

LA DIMENSIÓN DE COMPRENSIÓN EMOCIONAL

A veces acudo a colegios y doy talleres de inteligencia emocional tanto al claustro docente como al alumnado. Claramente, mis preferidos son los niños y las niñas, me encanta acercarme a su forma de entender la vida y, además, plantar la semilla de la inteligencia emocional en edades tan tiernas me parece la mejor inversión de futuro que podemos hacer como sociedad. Mi parte favorita son sus preguntas, aunque yo también hago las mías: «¿Creéis que hay emociones buenas y malas?». Suelen responder «sí», y me cuentan cuáles son las buenas y cuáles son las malas. También hay peques, que me gusta llamar «la resistencia», que dicen algo así como «No, todas son buenas». De hecho, algunos, con tres o cuatro años, cuando les pregunto por su preferida, contestan que la rabia, con sus ojitos brillantes, como si me estuvieran diciendo algo muy prohibido. Y es que, seamos sinceros, la rabia no tiene buena prensa. Y siempre me acuerdo de que hace un par de lustros era Navidad y mis hijas (tenían dos y cuatro años) estaban manteniendo una conversación mientras dibujaban la carta a Papá Noel:

—Pues yo me he portado muy muy muy bien.
—No, tú no te portas bien.
—Que sí, que me porto bien.
—Pero ¿tú sabes lo que es portarse bien?
—Claro, es gritar, llorar, patalear... Todo eso.
—No, no, eso es portarse mal, portarse bien es todo lo contrario.
—Ah, entonces no me quiero portar bien. Paso de los regalos esos.

Para ella, portarse bien era expresar sus emociones cuando lo necesitara. En algún momento de su vida, muchas criaturas, la mía también, acaban absorbiendo que es justo lo contrario, que hay emociones que están bien vistas y se pueden enseñar, y otras que es mejor no mostrarlas mucho. Años después, la misma niña, digamos ya-no-tan-rebelde, me dijo lo siguiente:

—He notado que cuando la gente está fuera del entorno se comporta de manera diferente.

—Ah, ¿sí?

—Sí, lo haces tú, papá, mis hermanas, amigas...

—¿Y para qué crees que lo hacemos?

—Para encajar, supongo. Yo también me di cuenta de que lo hacía.

—En algunas personas es tan habitual que tiene hasta nombre, *masking* o camuflaje, y pasa mucho con las personas neurodivergentes. Me parece un lujo que lo sepas con diez años, porque hay gente de cuarenta que aún no se ha enterado.

Lo que me contestó mi hija después de eso me lo guardo, pero me hizo morir de risa. Y es que su forma de ver el mundo es grandiosa. Con toda mi formación y un título de máster en Inteligencia Emocional, en lo que respecta a las emociones, cuando yo voy, ella vuelve.

Crecer es adaptarse al contexto en el que vives. Y eso implica conocer dónde puedes comportarte de una manera y dónde no va a ser aceptada. Parece que estamos hablando de algo muy evidente, y lo es. Pero me gustaría ir más allá. Las emociones son parte de nosotros, cuando en algunos espacios no se permiten (las emociones, no las acciones que provocan), en el fondo lo que nos están diciendo es que nosotros no estamos permitidos de forma auténtica. Y para poder pertenecer (de nuevo, lo necesitamos como respirar) tenemos que reprimir una parte de nosotros. Es decir, **cuando una de nuestras emociones no es aceptada, pensamos que no somos aceptados**. Y tenemos que construir una versión de nosotros que sí lo sea. Algunas veces, es la versión simpática; otras, la graciosilla; algunas, la traviesa, la niña buena, la pasota... Nos contamos que tenemos que ser así, y en una especie de autoefecto Pigmalión (la profecía autocumplida), acabamos siendo así.

Volviendo a mis peques en talleres, cuando están en primaria, incluso antes, ya tienen clarísimo que hay dos tipos de emociones: las buenas y las malas. Por las que nos premian y por las que nos castigan. Y claro, yo no voy a romper su pequeño mundo en pedacitos, así que suelo decirles que hay algunas que son más agradables que otras y que, si en vez de en buenas y malas, les gustaría clasificarlas en agradables y desagradables. La explicación les gusta y encaja con su mapa mental previo. Ponemos ejemplos y, cuando veo que ya está interiorizada la clasificación, doy un pasito más y los animo a pensar si todas las emociones nos dan el mismo tipo de energía. Dependiendo de muchos factores, algunas veces les presento el *mood meter*—que podría traducirse como termómetro emocional, y es una herramienta estupenda de la Universidad de Yale que enseguida voy a enseñarte—. Otras, nos quedamos en la reflexión de que no hay buenas y malas, porque todas nos traen un mensaje importante que es necesario escuchar. Quizá, en ese momento, sea una gota de agua en un mar de represión emocional. Solo los veo una hora en toda su vida, pero a mí me gusta pensar que las semillas que plantamos brotan en algún momento.

Además de clasificar en emociones agradables y desagradables, y de activación (o energía) alta o baja, podemos clasificar las emociones de otras maneras diferentes.

Pero antes de profundizar, me gustaría hacer una aclaración sobre la diferencia entre emoción y sentimiento. Ya hemos visto que la emoción es un cambio de implicación somática que conlleva movimiento. Ahora, un sentimiento, según la RAE, es el «hecho o efecto de sentir o sentirse», y sentir es «experimentar sensaciones producidas por causas externas o internas». «Sentimiento» viene del latín *sentire + miento*, es decir, es el resultado de escuchar o percibir con el cuerpo.

Para algunos autores —y así lo encontrarás en muchos libros—, la emoción es algo que se produce de forma inconsciente mientras que el sentimiento sucede una vez ha pasado por el pensamiento, y así me lo enseñaron en mis clases sobre inteligencia emocional. Muchos otros autores afirman que no hay distinción entre emoción y sentimiento y, personalmente, a mí también me cuesta comprenderla, así que, a efectos prácticos, usaré las palabras «emoción» y «sentimiento» como sinónimos, porque en ambos casos implican una respuesta que da el sistema nervioso ante una percepción que acarrea un cambio o movimiento.

Los debates sobre la diferencia emoción, pensamiento y sentimiento, aunque muy interesantes, ahora mismo tienen que ser pausados, y es que tenemos entre manos algo mucho más importante: «Me cuesta sostener mis propias emociones o sentimientos y, por tanto, las de mi hijo o mi hija». Y es que, poder sostener sus emociones es una papeleta adicional de garantía para una mejor salud mental en su vida adulta. Y sostener no tiene que ver con hacer de más; es, más bien, hacer de menos. Es hacer poco y ESTAR mucho. Y, sobre todo, en lo que respecta a las emociones, es estar (y mucho) con ellas. A veces, poner el foco en los demás es una forma de distraernos de lo que realmente es importante: nuestra propia necesidad.

Marshall Rosenberg describió, en su libro *Comunicación no violenta*, una serie de necesidades inherentes a la condición de ser humano. He recopilado algunas de ellas para relacionarlas con los principios que rigen nuestra metodología de educar en conexión:

- **Necesidad de pertenencia:** amor, conexión, todo lo que tiene que ver con sentirnos queridos, aceptados, amados, seguros.

- **Necesidad de importancia:** responsabilidad, capacidad, trascendencia, todo lo relacionado con sentirnos importantes, reconocidos, vistos.

- **Necesidad de seguridad, de tener una vinculación segura:** respeto mutuo, ser firme y amable al mismo tiempo; encontrar el equilibrio entre libertad y orden, que es distinto en cada persona, familia y contexto.

- **Necesidad de expresar nuestro poder personal:** libertad, autonomía, soberanía, como más nos plazca llamarlo.

- **Necesidad de amor incondicional:** conexión antes que corrección, es decir, pasemos por el cerebro emocional antes de querer llegar al racional.

- **Necesidad de paz:** los errores son oportunidades para aprender, siempre que tengamos el valor de reconocer nuestra imperfección.

- **Necesidad de justicia:** a través del enfoque en soluciones respetuosas, razonables, relacionadas y útiles podemos expresar nuestra subjetividad.

- **Necesidad de dignidad:** comprender que el comportamiento trata de satisfacer una necesidad y que, cuando lo hacemos, deja de existir ese comportamiento.

- **Necesidad de bienestar:** es decir, buscar acuerdos, modelar lo que te gustaría que aprendieran, y revisar tu comportamiento y tus creencias, conocer tus fortalezas y, desde ahí, pulir lo que necesites o necesiten. Además, entender que el autocuidado es la base de la paz mental.

- **Necesidad de confianza en uno mismo:** el aliento está enfocado a los resultados a largo plazo y permite a las personas encontrar la confianza dentro de ellas.

- **Necesidad de exploración:** nos enfocamos en el proceso, no en el resultado; hecho es mejor que perfecto, el juego y el sentido del humor son esenciales.

De hecho, desde la comunicación no violenta (CNV), se hace una distinción entre sentimientos y falsos sentimientos. Para esta forma de entender la comunicación es necesario comprender las necesidades y sentimientos de las personas, y por eso existe esta distinción entre:

- **Sentimientos auténticos:** son emociones genuinas que una persona experimenta en respuesta a una situación o estímulo. Ejemplos de sentimientos auténticos son la tristeza, la alegría, el enojo, la frustración, el miedo y la felicidad.

- **Falsos sentimientos:** Rosenberg utilizó el término «falsos sentimientos» para referirse a las evaluaciones y juicios que, a menudo, expresamos en lugar de nuestras emociones reales. Por ejemplo, en lugar de decir «Me siento herida» o «Me siento enfadada», las

> personas a menudo dicen cosas como «Me siento ignorada» o «Me siento agraviada». Con ello, el sentimiento que estamos expresando pone el foco en lo que hace o no la otra persona, en vez de hacernos cargo de nuestra propia respuesta emocional.

Esta distinción, a mi juicio, no se produce para invalidar lo que está sintiendo la otra persona, sino para poner el foco en nuestra propia necesidad. Al expresar nuestra necesidad, la otra persona puede comprendernos mejor y, con ello, conectar más y, en consecuencia, reducir la posibilidad de conflictos.

Algo que me encanta de la CNV es la clasificación de sentimientos que hace, con relación a las necesidades satisfechas e insatisfechas. Estas clasificaciones nos ayudan mucho a acercarnos a la tercera dimensión de la inteligencia emocional: la comprensión emocional, que nos regala la tarea de comprender para qué sirven y para qué usamos las emociones, y que es clave para llegar a cultivar nuestras habilidades de inteligencia emocional.

Para poder abordar estas conclusiones, el punto de partida es interiorizar que las emociones no son cosas que, sin más, nos pasan, o que nos vienen dadas por nuestro cerebro primitivo en una especie de destino fatal sin escapatoria. Nuestro cerebro predice que una emoción es la mejor posible en ese momento, pero podemos reflexionar y aprender para que, en otro momento, la predicción sea distinta. Y esta es, en definitiva, la magia de la dimensión de la comprensión emocional: nos hace reflexionar no solo sobre nuestra capacidad de elegir unas u otras, sino de descubrir qué necesidades no satisfechas está registrando nuestro sistema nervioso y decidir cuál priorizar cuando hay un conflicto entre necesidades (o, más bien, un conflicto entre las diferentes estrategias para cubrir las necesidades, que son universales).

UNA PAUSA PARA RECUPERAR EL ALIENTO

Cierra los ojos.
Pon una mano en el pecho y otra en tu abdomen.
Respira profundamente e intenta ser consciente del aire en ambas manos.
Quizá este ejercicio sea difícil para ti, no olvides cuidarte al ponerlo en marcha, o incluso al no hacerlo si no es tu momento.
Percibe, nota qué sensaciones sientes en este momento.
¿Estás lista/o para trabajar?
Reflexiona sobre cómo te has sentido últimamente (o a lo largo de tu vida) y clasifica en:

- **Necesidades cubiertas o no cubiertas.**
Toma lápiz y papel y elabora una lista de emociones y sentimientos clasificados en si las necesidades que los motivan están cubiertas o no.
- **Primarias y secundarias.**
Toma lápiz y papel y elabora una lista de emociones y sentimientos clasificados en si son emociones primarias (presentes desde el inicio de la vida) o secundarias (derivan de la interacción social).
- **Familias de emociones.**
Toma lápiz y papel, piensa en una emoción y describe a sus «familiares». Por ejemplo: rabia, ira, enfado, molestia, etcétera.

Extra: Todas estas actividades pueden ser juegos para hacer con un temporizador con el objeto de trabajar la inteligencia emocional de tus hijos e hijas o de tu alumnado.

LA DIMENSIÓN DE LA REGULACIÓN EMOCIONAL 1: AUTORREGULACIÓN Y CORREGULACIÓN

Una vez, una de mis hijas estaba con gripe y se pasó el día a mi lado, dormitando, leyendo y viendo la tele. Al final de la jornada, su hermana pequeña empezó a tener comportamientos «disruptivos». Al principio se me colaron pensamientos del tipo: «Otra vez», «Cuándo vamos a terminar con esto» o incluso «¿Estará mala ella también?». Por suerte, pude respirar, analizar el día y decir algo así como:

—¿Puede ser que lo que te pase hoy es que estás celosa?

—¿Qué es celosa? —dijo con los ojos muy abiertos, lo que interpreté como curiosidad.

—Bueno, sabes que las emociones son diferentes para cada persona. Muchas sienten celos cuando tienen miedo de que, quienes las quieren, ya no las quieran tanto.

—No. A mí lo que me pasa es que tengo ganas de matar a mi hermana. —Recordemos que algunas palabras no tienen el mismo significado con cuatro años que con cuarenta.

—Ya veo. Estás muy enfadada con tu hermana porque hoy ha estado mucho conmigo.

—Sí, y por eso la odio.

—Entiendo, puede ser que eches de menos estar conmigo tumbada también.

—Sí, eso es.

—¿Y te gustaría que estuviéramos un ratito juntas ahora que ha vuelto papá?

—Sí. —Y aquí observé que su cuerpo se destensaba.

Y así, estuvimos un rato leyendo cuentos y hablando de nuestras cosas. Cuando se calmó, insistí:

—Entonces ¿crees que estabas celosa?

—Yo tenía ganas de matar a mi hermana.

—¿Y ahora también?

—Ya no.

—Ah, la emoción ya no está en tu cuerpo.

—Ya no, porque ya he estado contigo.

—¿Y dónde estaba en tu cuerpo esa emoción?

—Aquí. —Se señaló el pecho.

—Y ahora, ¿qué sientes en tu cuerpo?

—Siento cosquillitas aquí. —Señaló sus mejillas.

—Ah.

—Estoy contenta.

—¿Y para qué crees que has tirado antes la ropa doblada? ¿Estabas también enfadada conmigo?

—No sé, solo quería que me cogieras.

Podríamos pensar que mi hija estaba en un estadio muy inmaduro del aprendizaje de inteligencia emocional, porque desconocía la emoción de los celos. O que, cuando su madre, consultora de inteligencia emocional pero también una madre pesada, le decía que tenía celos y ella, muy asertivamente, insistía en lo que pensaba y sentía, sin ponerle la etiqueta de celos, era porque no tenía conquistada la primera de las ramas del modelo de habilidad de la inteligencia emocional. Pero, entre tú y yo, en realidad lo único que desconocía era el nombre. Tenía clara la sensación, la notaba en su cuerpo, en sus pensamientos y, realmente, la utilizó para lograr encontrar su pertenencia. Muchos adultos no lo consiguen. Con sus comportamientos disruptivos yo me di cuenta de que había una necesidad no atendida. Ella advirtió que había una necesidad que precisaba cuidado en ella. Y lo expresó como supo.

Aparte del miedo a perder mi cariño y el de quedarse sola en la oscuridad, hay una tercera cosa que asusta a mi hija: las arañas, no todas, solo las de patas largas. Para regular su emoción de miedo tenemos tres opciones: la primera de ellas es animarla a decir «En el techo hay una araña de patas largas que no es venenosa ni peligrosa, no se acerca a mí y no va a hacerme nada»; la segunda, distraerla de la araña, decir algo como «Mira qué peluche más chulo tengo por aquí, ¿jugamos a los veterinarios y lo curamos?», y la tercera es animarla a mirar la araña y decir algo como «Veo una araña, tiene las patas largas y eso me asusta mucho, también me da mucha curiosidad y no puedo parar de mirarla». ¿Cuál crees que funcionaría mejor? En muchos casos, la estrategia que usaron cuando éramos pequeñitos fue la segunda: reprimir y distraer. Quizá, otros tuvimos la suerte de vivir la primera, no negaron la existencia, pero quitaron hierro al asunto (reevaluación cognitiva).

En un estudio de 2012, Kircanski y su equipo hicieron un experimento similar con arañas (no estas preciosas arañas de patas largas, sino una tarántula que me da miedo hasta a mí), y de las tres estrategias, la más efectiva fue la tercera, el etiquetado emocional (mejor dicho, etiquetado de los afectos, *affects*). Y es que regular las emociones tiene mucho que ver con verbalizarlas, ponerles nombre, validarlas y distinguir los matices entre unas y otras.

Volvemos, de nuevo, a la granularidad emocional de la que hemos hablado antes; es decir, saber distinguir, definir y nombrar con mayor precisión lo que sentimos en un determinado momento, y que va más allá de relacionar emojis y emociones, consiste en crear espacios seguros de expresión emocional y adultos de referencia que puedan ser ejemplo de lo que nos gustaría que la infancia aprendiera. Y esta es la parte en la que nos toca a las personas adultas.

Daniel Siegel tiene una metáfora que me encanta sobre lo que los científicos llaman la ventana de tolerancia. Imagina un dibujo de un volcán, en la parte superior está el cono por el que sale la lava y en la parte inferior la base. La parte de arriba sería el estado de hiperactivación y la de abajo el estado de hipoactivación. La parte central es nuestra ventana de tolerancia. Siegel nos dice que hemos aprendido que la única forma que tenemos de experimentar nuestras emociones es subiendo la ladera del volcán hasta explotar para después bajar la ladera contraria (durante el llamado periodo refractario). Lo que él propone es regular nuestras emociones de forma que podamos caminar por la ladera del volcán sin llegar al cono. Y, para lograr esto, es importante practicar, reflexionar y conseguir ampliar nuestra ventana de tolerancia.

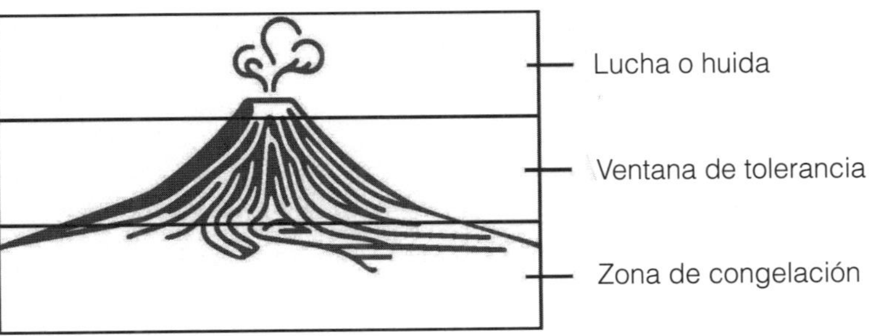

Cómo llevar a cabo este proceso es diferente para cada persona, tenemos muchas opciones, desde respirar hasta hacer terapia, donde leer libros hasta volver a conectar con el cuerpo. Y es que, si las emociones son percepciones de dentro y fuera del cuerpo, volver al cuerpo es una forma muy efectiva de regulación emocional.

Para Nazareth Castellanos, una de las formas más efectivas es la meditación, y es que la observación ecuánime de nuestros pensamientos y de nuestra respiración resulta un recurso muy efectivo para regular nuestro sistema nervioso y, además, un claro ejemplo de cómo la mente puede influir en la percepción y regulación de las emociones, y cómo estas pueden intervenir en los procesos mentales. El *mindfulness*, especialmente el programa de reducción de estrés (MBSR, por sus siglas en inglés), tiene una amplia y contrastada evidencia en tratar los trastornos de estrés y ansiedad.

Pero si meditar no es lo tuyo, hay otras formas de regular nuestro sistema nervioso, tantas como personas. En nuestra escuela online enumeramos ciento sesenta formas, y estamos seguras de que podríamos contar con muchas más. Respirar y meditar son muy efectivas, pero también lo son las que tienen que ver con bailar, cantar o balancearnos. En mi caso, escuchar música o ponerme mis tapones reductores y tumbarme bajo mi manta lastrada (una especial con un peso elevado para dar *inputs* sensoriales a mi sistema propioceptivo) es un buen recurso cuando estoy muy desregulada, pero lo que mejor me viene es hacer cosas muy creativas y no relacionadas con el trabajo, como pintar, *lettering*, tocar con mi grupo de batucada o cantar. Como ya he dicho, cantar y montar a la vez en bicicleta me ayuda muchísimo, pero como no siempre tengo ese espacio y tiempo, el ritual de prepararme una infusión (olerla, escuchar el sonido del agua hirviendo, sentir el calor en mis manos y saborearla) me devuelve de nuevo al propioceptivo. Si tengo tiempo, un baño con sales y aceites esenciales. Si estoy fuera de casa y quiero disimular, tengo unos anillos especiales que me ayudan a regularme, junto con mi pulsera de aceites esenciales. O incluso beber un vaso de agua.

Una de mis hijas adora los masajes con este fin y tiene varios juguetes de *fidgeting*, otra prefiere balancearse en el columpio que tenemos en el salón mientras lee en el más absoluto silencio, otra prefiere usar el columpio de tela para hacerse un ovillito y otra necesita hablar mucho de lo que le pasa, el más claro ejemplo de granularidad emocional que tenemos en casa. También le sirve tocar la batería como si no hubiera un mañana. Y la otra, necesita moverse mucho, especialmente en la naturaleza o, al menos, al aire libre.

Su papá necesita moverse mucho también y buscar soluciones rápidamente; si está menos activado, hacer tareas mecánicas como enfundar cartas, cocinar o fregar platos es un buen recurso para él para ampliar esa ventana, mientras que para mí es todo lo contrario. Hay gente que adora los puzles o resolver retos matemáticos, hacer deporte o escribir.

Como ves, no hay una forma única de regularse. Abrazar a nuestros gatos es algo que también nos ayuda, a los seis, tenemos todos estos recursos bien disponibles y visibles en el centro neurálgico de la casa. En algunos momentos los hemos dispuesto como ruedas de opciones, que es un recurso que nos regala la disciplina positiva, como un recordatorio visual de aquellas cosas que nos sientan bien en momentos de crisis. No desde el imperativo, sino desde la ayuda, porque lo más importante de la regulación emocional, sobre todo cuando estamos corregulando con una personita pequeña, es que alguien necesita nuestra ayuda, y nosotros, como adultos de referencia, estamos ahí para servirla.

Muchas de mis alumnas tienen unos imprimibles que regalamos en su baño, en su despacho o en un armario, bien a la vista, y lo llaman «mi espacio seguro» porque cuando tenemos claro que la persona que necesita regularse es la adulta, resulta estupendo tomarse un «tiempo dentro» en lugar de penalizar a la infancia por experimentar emociones.

Con los peques, lo más importante es que las figuras parentales recordemos aquellas cosas que pueden ser útiles en ese momento, sin olvidar que nuestro cuerpo, especialmente para los más pequeños, es el lugar seguro donde regularse de la forma más eficaz posible. Poco a poco, y siempre dentro de nuestra díada figura parental-criatura, es decir, dentro del espacio seguro que nosotros podemos proporcionarles, lograrán desarrollar sus propias estrategias de autorregulación, pero sabemos que es responsabilidad de la figura adulta que lo consigan.

Es interesante que descubran, sabiendo que estamos a su lado, qué les sienta bien, porque no siempre vamos a poder estar a su lado abrazándolos mientras miran las arañas de patas largas, pero esa sensación de seguridad, de experimentar el miedo en brazos de alguien que es CASA para ti, eso permanece como sensación en tu cuerpo.

¿Recuerdas la anécdota de mi hija y su corazón? Mi hija conectó con su cuerpo ese día y se dio cuenta de que, si estás muy enfadada, te late muy deprisa el corazón; poner en ese lugar la atención hizo que pudiera regularse (junto a su figura de apego), que es la cuarta de las dimensiones emocionales.

En teoría, cada dimensión se sustenta sobre la anterior; en la práctica, mi hija no tenía, en palabras, la información de para qué servía esa emoción o cuál era la necesidad que satisfacer, solo sentía curiosidad. Y ese es el gran potencial que tiene la infancia. Son los verdaderos expertos en inteligencia emocional. Quizá, la educación emocional tenga más que ver con reconocer y crear el ambiente preparado (físico y emocional) para desarrollar toda esta potencialidad que con querer domarla.

Ese día, mi hija pudo recordar que yo en ocasiones me siento a respirar y me pongo la mano en el pecho. También que, tanto su padre como yo, de forma instintiva, cuando era más pequeña, le poníamos la mano en la parte superior del pecho, en un intento de cuidar su respiración y, sin darnos cuenta, sin ser muy conscientes, la estábamos ayudando a poner el foco en la respiración. Pero nada de esto sirve si tenemos instalado en nuestra cabeza que la infancia necesita un cachete a tiempo. Esto no es solo una frase que escuchas en una tertulia o que dice tu cuñado en una fiesta, sino una que siguen diciendo profesionales de la psicología, incluso aquellos que están relacionados con el cuerpo judicial. Agredir a un menor es, obviamente, en cuanto que es una persona, un delito. La infancia no se merece ningún cachete ni ningún tipo de violencia, sino a una persona adulta que respire a tiempo. Y en esa respiración, en ese suspiro, en esa pausa, podemos darnos cuenta de que es posible cambiar nuestra forma de interpretar la realidad y, con ello, nuestra emoción (no para reprimirla, sino porque ahora somos conscientes de que la necesidad era otra) y verdaderamente acompañar, que es, básicamente, estar. Si tú no tuviste una figura parental que respirara a tiempo, esto va a ser un poco más difícil, así que recuerda que darte un extra de cuidado no significa que seas menos, y pedir la ayuda que necesitas no te hace una persona débil, sino poderosa, no en el sentido de fuerte, sino en el de capaz. Por eso te decía que no me gusta el término analfabetismo emocional, creo que las personas nacen llenas de sabiduría y que, si por el camino la han perdido, esta estigmatización y la culpabilización los victimiza. Nacemos llenos de potencialidad, pero a veces, el entorno y la cultura no permiten que la desarrollemos.

**Cada día, en pasos pequeños, puedes lograr que todo sea diferente.
Y recuerda, cuando no aciertas, aprendes (siempre y cuando puedas reparar, lo vamos a ver a continuación).
Y más importante aún, las primeras quinientas veces son las más difíciles.**

UNA PAUSA PARA RECUPERAR EL ALIENTO

Cierra los ojos.
Pon una mano en el pecho y otra en tu abdomen.
Respira profundamente e intenta ser consciente del aire en ambas manos.
Quizá este ejercicio sea difícil para ti, no olvides cuidarte al ponerlo en marcha, o incluso al no hacerlo si no es tu momento.
Piensa en la emoción que más te cuesta sostener. Intenta imaginarte cómo se refleja en tu cuerpo, en tu respiración, en tu cara...
Respírala, suave, lentamente, intenta escuchar lo que tiene que decirte.
Trata de conectar con la necesidad que viene a satisfacer.
Sin reprimirla, vamos a aliviar un poco su intensidad para que sea más fácil escucharla.
Haz una lista de todas aquellas cosas que te ayudarían: puedes revisar el listado de *glimmers* de los apartados anteriores, pueden ser acciones, objetos o pensamientos.
Tal vez sea una lista mental, o mejor todavía, una en papel.
Puedes dejarla en un lugar visible para los tuyos, y generar curiosidad e invitarlos a que hagan las suyas propias.
Si lo deseas, repítelo con varias emociones o haz una conjunta familiar.

Algunas familias deciden crear también un rincón o pared donde tener pósteres o algunos recursos, nosotros lo llamamos «Espacio Seguro», pero los peques pueden darle el nombre que prefieran. Puede ser colectivo o individual. Además, las personas adultas somos el mayor corregulador que existe, mucho mejor que cualquier objeto, por eso, no olvides que la respiración puede ayudarte, y mucho, a tomar consciencia corporal: poner la atención en la respiración es una forma muy sencilla de regular tus emociones. Si no es un recurso para ti, puedes encontrar algún otro y usarlo fuera de casa, como una pulsera o algo que te recuerde que ahora eres la persona adulta.

LA DIMENSIÓN DE LA REGULACIÓN EMOCIONAL 2: LA REPARACIÓN

Una vez grité a mis hijas. No fue la única y, seguramente y por desgracia (o quizá, también, por suerte, porque significa que seguimos vinculadas), no será la última. Pero la recuerdo bien por la violencia verbal que ejercí y porque fue un punto de inflexión. Podría contarte los motivos por los que grité (y no me refiero a la excusa, la gota que colmó el vaso, no por lo que habían hecho o no mis niñas, sino debido a mi estado de sobrecarga), pero no quiero justificarme. Quizá tú tengas motivos parecidos, la agenda de la semana que te desborda, el desorden de la casa, la carga mental, la falta de autocuidado, el jefe, la jefa, la pareja, las fechas de entrega... Un ruido ensordecedor que intentas amortiguar como puedes. Rabia, rabia que intentas contener en una cajita diminuta para poder ajustarte al modelo de «madre o padre ideal» que tienes en tu cabeza. Y mientras tratas de meter la rabia en una cajita, bien apretada y reprimida, la vida sigue y tu necesidad (de la que te está avisando la rabia) sigue sin ser atendida. En ese momento, una persona pequeñita (o quizá ya no tanto) te dice «Mamá», con una petición que en tu cabeza se transforma en otra exigencia más.

Y gritas.

Pero realmente no le estás gritando a él o a ella. Estás gritando a tu jefe o tu jefa, a la sociedad, a tu pareja, a la cultura, al patriarcado, a tu compañero, a tu cliente, a tu madre o a tu padre, por los introyectos que absorbiste, y no te puedes quejar para no ser desagradecida. No querías gritarle a tu hija, pero es lo que has hecho.

Y cuando ya has gritado todo, te das cuenta de que te estás gritando, en el fondo, a ti misma, porque acabas de dañar a quien tenías que estar protegiendo.

A veces, te dan una contestación (esa palabra que integraste en tu infancia pero que realmente no tiene sentido al abrigo de las relaciones horizontales que intentas cultivar con tu hijo) y eso te hace reafirmante, y gritas todavía más, porque encima «te desafía», y te dices cosas como «Qué se habrá creído este niño».

Nuestros hijos e hijas nos desafían todo el tiempo, solo que no de la forma que nos han contado y nos hemos creído; son un reto, una oportunidad para ser más conscientes de nuestras carencias y fortalezas y una invitación a estar más presentes. No nos retan, provocan o entran en luchas de poder para ver quién manda, lo que sucede es que notan que pierden la conexión y exploran formas nuevas de poder recuperarla. Una de estas estrategias es, precisamente, la que han aprendido de nosotros: aquí mando yo y tú me obedeces.

A veces, una lágrima o una cara de susto te hacen darte cuenta y paras. Y entonces, llega la culpa. Una emoción que tiene mala prensa, lógicamente. Primero, porque es muy desagradable, y segundo, porque fue una emoción estrella para nuestras figuras parentales, que la usaron junto con el miedo y la vergüenza para motivarnos, o quizá, para controlarnos, siempre desde el lugar que podían y sabían. Y en su ausencia, la usamos, como única forma que hemos encontrado de lograr coherencia en la vida. Para mí, la culpa realmente es una emoción poderosísima, porque nos ayuda a reflexionar sobre si nuestros valores y nuestras acciones están en consonancia. Volviendo a la situación del grito, lo que más me avergüenza es que yo no pude resolverla en ese momento. ¡Y ya me dedicaba a acompañar familias! Si todas las figuras parentales nos avergonzamos cuando tratamos así a nuestros hijos (o casi todas), imagina cuando, además, es tu trabajo y se supone que enseñas a otras familias a hacerlo mejor. No, en ese momento no pude.

La reparación llegó horas más tarde. Y, por supuesto, mis hijas la acogieron como solo pueden hacerlo los niños y las niñas. La reparación les pudo parecer tan solo una disculpa más, pero en mí se cristalizó como un verdadero compromiso con ellas y conmigo de que esto no iba a volver a pasar. Y así fue. No significa que no grite algunas veces, claro que lo hago, soy imperfecta y tengo un sistema nervioso que se desregula a menudo. No conozco a una sola figura parental que nunca haya gritado a sus hijos. Ninguna. Eso no significa que no existan, quizá no necesitan mi acompañamiento y por eso no los conozco. Ojalá cada día sean más.

Mis hijas y yo vemos a veces unos vídeos de un humorista, y algunos son muy divertidos, como uno en el que compara cómo se disculpan las madres en Estados Unidos (realmente, sería en las series y películas estadounidenses) y cómo nos disculpamos las madres en España. Por supuesto, es humor, y como tal lo vemos. Me encanta la idea de que las primeras lo hacen desde la reparación y las segundas desde el «Aquí no ha pasado nada», del tipo: «¿Te hago la cena?». Reparar no es esto, aunque obviamente estaba implícito en la intención de volver a conectar. Reparar tampoco hubiera sido decir «Siento lo de antes, te hago la cena», porque se habría quedado en excusa, cierra un tema en falso, cuando lo que se necesita después de una ruptura del vínculo es una larga conversación. Tampoco es «Siento haberte gritado, pero si hubieras recogido los juguetes no te habría tenido que gritar», porque cuando una excusa o justificación irrumpe en una disculpa, la disculpa se queda a medias. Y, por supuesto, tampoco hubiera sido un «No tenía que haberte gritado, en compensación puedes ver la tele todo el tiempo que quieras mientras yo recojo tus juguetes, te traigo helado y chuches para cenar y me como el brócoli».

No, nada de esto es reparar de forma efectiva. Reparar es darte cuenta de que tu acción ha provocado no solo daño en la otra u otras personas, sino que ha habido una ruptura que ha puesto en peligro la seguridad del vínculo y, en consecuencia, vas a hacerte cargo (te vas a responsabilizar) del daño que has infligido en el otro. Reparar tiene diferente melodía para cada persona, pero la rima podría ser algo así: «Me he quedado pensando en lo que pasó antes, me he dado cuenta de que te he herido, nadie se merece que (le griten) y yo lo he hecho. Debiste (asustarte, enfadarte, entristecerse) mucho. Lo siento. No es tu culpa, es mi responsabilidad y estoy pensando formas de que no vuelva a pasar. Estaré aquí si quieres contarme cómo te has sentido tú». Y da pie a que la otra persona pueda expresarse también y no diga, simplemente, algo como «Te perdono», sino que realmente pueda hablar del daño sufrido.

En disciplina positiva tenemos un acrónimo, REPESA, que quizá pueda ayudarte a encontrar tu propia melodía.

RE: de reconocer, es decir, nombrar el daño que hemos hecho y reconocer que es nuestra responsabilidad.
PE: de permitir, esto es, dar espacio para que la otra persona pueda nombrar sus emociones, sin justificarnos.
SA: de soluciones aceptables, o sea, la persona adulta buscará una solución para minimizar las posibilidades de que vuelva a ocurrir; podemos incluir a los niños en la búsqueda de soluciones, siempre y cuando no los hagamos responsables de las mismas.

¿Y QUÉ PASA SI NO REPARAMOS?

Lo más evidente es que, si queremos ser ejemplo de inteligencia emocional, lo estamos siendo a medias, pero para mí, esto no es lo más importante. Yo crecí en una casa en la que esto no sucedía, no se reparaba, no podían responsabilizarse de sus acciones porque tenían sus propias —y difíciles— batallas. Y te podría contar muchas cosas, pero seguramente las tuyas serán parecidas si creciste en una casa similar. Lo que sí puedo hacer es contarte qué pasó a raíz de que yo empezara a reparar con mi hija mayor, y es que mis padres empezaron a reparar conmigo. No cosas grandes del pasado, sino pequeñitas, del momento. Y, cada vez que sucede esta reparación pequeñita, una parte de nuestro vínculo sana un poco. Es decir, nunca es tarde. Y esto es superpotente. ¿Y cómo sería con las grandes cagadas y no solo con las pequeñitas? Es más, ¿cómo de potente podría ser que nuestros hijos e hijas pudieran tener esta oportunidad hoy mismo, sin esperar treinta años?

Volviendo a lo que pasó ese día en que yo no pude reparar con mis hijas hasta unas horas después, y reflexionando sobre cómo pudieron sentirse, llego a cinco reflexiones.

La primera es muy especial para mí y es que, una de ellas, me puso un límite: que no podía tratarlas así. En ese momento, esa frase, para mí, fue un *trigger* (disparador) para gritar todavía más. Ahora mismo, me emociono pensando en la fortaleza que tuvo para hacer algo que no le correspondía y en todas las cosas que sí hice bien (no ese día, sino el resto) para protegerla y que se sintiera merecedora de respeto incondicional. Cómo, día tras día, con nuestros cuidados, sembramos en ella la idea sagrada de que venimos al mundo siendo seres merecedores de respeto, y nadie, ni la madre que te parió, puede arrebatártelo.

Mi segunda reflexión es que, ante una situación difícil que debe sostener un niño solo, sin el necesario acompañamiento, sin tener manos que lo acojan o alguien a su lado que lo consuele, lo proteja y valide, organice sus sentimientos y lo ayude a crear una narrativa compasiva y coherente; él creará su propio discurso interno. Y, como todavía es pequeño y posee una mentalidad egocéntrica, se echará la culpa, porque la culpa, como cualquier emoción, es la respuesta a la hipótesis que hace nuestro cerebro ante la información que le llega de esa situación. Y ante algo así, lo mejor es culparte para evitar que vuelva a suceder, para motivarte y para seguir viendo el mundo como un lugar predecible. «Si tan solo yo hubiera hecho X, mi madre no habría tenido que hacer Y». Por ejemplo, en vez de pensar «Madre mía, a mi madre cómo se le va la olla, debe de estar premenstrual y estresada por el trabajo», su lógica privada formará esta creencia: «Mi mamá nos cuida y nos quiere, siempre nos trata bien. Si hoy nos ha gritado por no recoger los juguetes es porque hemos hecho algo horrible. Somos unas niñas malas y merecemos que nos trate así, debemos esforzarnos más con todo lo que ella hace por nosotras». Y esta voz, tú lo sabes y yo lo sé, cristalizará en ellos y volverán a contarse esta historia cada vez que cometan un error.

Este es el motivo por el que tantas personas adultas tenemos dificultades de autoaprecio, autovaloración, autoestima, autocuidado o autoescucha. Porque todo lo que hoy es *auto-*, en su día, alguien lo tuvo que hacer por nosotros y no lo hizo. Y, como no se hizo, tuvimos que compensar y construir nuestra propia realidad alternativa, como un mecanismo adaptativo ante la situación difícil que estábamos viviendo. En mi opinión, ese es el motivo por el que la maternidad —o paternidad— provoca tanta culpa, porque es un no parar de cometer errores que ya no podemos ver como aprendizaje. Si al rato de ese grito, yo, como madre, hubiera dicho algo así como «¿Os hago la cena?», como si no hubiera pasado nada o una de las anteriores disculpas poco asertivas, lo que hubieran interpretado, con alivio, es que se me ha pasado el enfado. Esto me convierte, como adulta, en alguien aún mejor, y a ellas, en peores niñas, si cabe. El enfado desaparece, pero ellas siguen sintiendo la culpa. La conexión no se recupera del todo, la ruptura del vínculo no se cierra.

Sin embargo, y aquí va mi tercera reflexión, si yo hago una reparación desde la seguridad —en el Círculo de Seguridad, la llamamos reparación grande, fuerte, sabia y bondadosa (GFSB)— y me hago cargo de mi responsabilidad, el niño o la niña se *des-culpa.* Ya no necesita la culpa para construir un discurso coherente con la realidad que ha vivido; pasa de «Soy una mala persona si mi madre/padre/profe me ha tratado así» a «La persona adulta se ha equivocado, yo no soy malo», y conserva su bondad y autenticidad en estado puro.

En cuarto lugar, aunque reparé varias horas después, solo el hecho de hacerlo ya está suficientemente bien. Y yo, que crecí en el imperativo de «Pídele perdón» aunque no estuviera lista o ni siquiera lo sintiera, esto lo he aprendido después: **para poder reparar con alguien tienes que estar lista o no es auténtico.** A veces, implica reparar antes con una misma, especialmente, si tiene que ver con nuestros hijos e hijas. Nunca es tarde, porque cuando reparamos, reconocemos lo que sí tenía que haber estado y no estuvo: una persona adulta grande, fuerte, sabía y bondadosa que siempre que es posible sigue la necesidad infantil y, cuando no es posible, se hace cargo en equilibrio.

Cuando reparamos, damos a la otra persona la oportunidad de que pueda construir un diálogo más compasivo y alentador consigo misma, alejado de la culpa. Y este recuerdo, que la va a acompañar toda su vida, puede ser total y absolutamente diferente solo por haber podido reparar. En mi caso, además, fue un punto de inflexión con los límites que tendrían que haberse puesto antes y no se pusieron, y no tenía nada que ver con el comportamiento de mis hijas. Límites que nos llevaron a nuevas decisiones, y gracias a estas conseguimos una vida lejos del bullicio, con más naturaleza, más calma, más conexión y menos prisa, que no digo que sea necesario para criar en conexión, pero sí está más alineado con lo que nuestra familia necesitaba. Todo esto fue posible por ese punto de inflexión que, ojalá, nunca hubiera ocurrido.

Mi quinta reflexión es que reparar mi comportamiento no tiene que ver con la permisividad, sino más bien con la justicia y la seguridad. Y no, al contrario de lo que puedan pensar algunas personas, tampoco digo que nuestros niños y niñas nunca se equivoquen, claro que se equivocan, estamos todos aprendiendo. Ahora estoy poniendo el foco en la asimetría de la responsabilidad. Estamos reflexionando sobre cómo reparar las rupturas en el vínculo, que es, en los primeros años de vida, nuestra completa responsabilidad. Si queremos que construyan habilidades nuevas, tendremos que darles ejemplo de cómo hacerlo y, al principio, hacerlo con ellos. Pero ese momento de enseñanza no es prioritario cuando la seguridad —del vínculo o de cualquier tipo— ha entrado en riesgo. Y una vez hemos reparado nuestra relación, es más probable que el peque pueda actuar de forma diferente, no desde la culpa, sino desde los primeros pasitos hacia la responsabilidad afectiva como forma de respetar a la otra persona.

Y esto que hacemos tiene impacto, no solo en nuestros vínculos, sino en los que nuestros hijos e hijas construyen con otras personas. En el futuro, con una salud mental mucho más fuerte, y en el presente, con más recursos de los que pueden disponer muchos adultos, porque cuando se normaliza la disculpa, se normaliza el error y, por tanto, equivocarse y reconocerlo deja de ser algo vergonzoso.

¿Recuerdas la anécdota del capítulo anterior, esa niña que tuvo comportamientos disruptivos por los que las personas adultas diagnosticamos celos? Al final del día, se acercó a su hermana, todavía con fiebre, la arropó mejor con la manta, haciendo visible lo invisible del amor a través de los cuidados, y dijo «¿Quieres que te cuente un chiste? ¿Qué le dice un zombi a otro zombi? ¿Quieres un gusanito?». Y, en esa risa conjunta, todo estaba bien. A su manera, había reparado el daño. Todavía no con las palabras, pero sí con la intención. De momento, con cuatro años y entre hermanas donde no hay asimetría en los cuidados, está bien así. Y es que, a veces, se nos olvida que, más que las palabras adecuadas, lo que necesitamos tener es la intención auténtica de querer reparar el daño que pudimos hacer. Porque, aunque es importante reparar para que los discursos de nuestros hijos consigo mismos sean compasivos y alentadores, resulta fundamental también hacerlo cuando nuestra emoción está regulada o incluso hemos cambiado a otra, porque más que palabrerías aprendidas lo que necesitan nuestros hijos e hijas es una reparación auténtica. Lo necesitan y se lo merecen. Igual que en su día lo necesitaste tú.

Ojalá puedas dártelo hoy.

UNA PAUSA PARA RECUPERAR EL ALIENTO

Cierra los ojos.
Pon una mano en el pecho y otra en tu abdomen.
Respira profundamente e intenta ser consciente del aire en ambas manos.
Quizá este ejercicio sea difícil para ti, no olvides cuidarte al ponerlo en marcha, o incluso al no hacerlo si no es tu momento.
Piensa en algún error que hayas cometido con tu peque o con una persona muy querida, te animamos a que la primera vez sea un error pequeñito.
Primero entra en contacto con las sensaciones agradables que te lleguen de tu cuerpo, te ayudarán a estar más tranquila o tranquilo para hacer el ejercicio.
Respira y conecta con todas aquellas partes que, digamos, están bien.
Ahora, escribe una carta de reparación.
Pero, por favor, antes repite estas dos afirmaciones:
Cometer un error no me hace ser un error, no me define lo que acabo de hacer (lo que hice) con mi hijo (u otra persona).
Mi comportamiento no define quién soy, puedo seguir siendo una madre (o padre o profe) lo suficientemente buena.
He producido un daño y mi responsabilidad es repararlo, la otra persona lo merece, y yo también: puedo reparar también conmigo misma.
Y ahora, RE PE SA.

Recuerda:

RE - Reconocer: nombra lo que ocurrió.
PE - Permitir: reconoce lo que tenías que haber hecho y no pudiste hacer.
SA - Soluciones aceptables: describe qué harás la próxima vez.

PARTE DOS

... a la práctica

COMPRENDER Y ATENDER LAS NECESIDADES DE TU HIJO ES (MÁS) FÁCIL SI SABES CÓMO

MÁS QUE RABIETAS, NECESIDADES POR SATISFACER

Hace muchos años, yo tenía dos bebés, una ni gateaba y la otra tenía dos años, pero la llamábamos «la mayor». Un día, fuimos a IKEA y, de repente, en ese momento no supe por qué, la mayor se enfadó por algo (totalmente legítimo) y yo no la supe comprender. Recuerdo verla en el suelo, girando sobre sí misma, como si fuera las manecillas del reloj, mientras un grupo de personas formaba una circunferencia alrededor, al igual que la esfera que acota el tiempo. Nos miraban a mí y a la niña de forma alternativa, emitiendo juicios sobre lo que había o no había que hacer y, ahora lo sé, proyectando sus experiencias no sanadas. Al cabo de un rato, a la niña se le pasó, podría decirse que yo lo había «hecho bien» porque no la había regañado, sermoneado, amenazado o castigado física o verbalmente. No hice nada de eso, pero tampoco estuve. Físicamente sí, claro, no me fui y la dejé sola, pero mi cuerpo congelado y mi mente disociada en otro lugar no pudieron dar a mi hija lo que ella necesitaba. La resaca me duró el resto de la tarde. Lo comenté con amigas, y me animaron diciendo que lo había hecho fenomenal por no gritar, pero yo, en mi fuero interno, sabía que tenía que haber actuado de otra manera.

Antes de tener hijos tenía clarísimo qué había que hacer ante un niño que tiene una rabieta: no ceder, ignorarlo, demostrarle quién manda y, sobre todo, no mostrar ni un ápice de debilidad. «No se negocia con terroristas», me decía en mi cabeza. Luego tuve a mi hija y empecé a cuestionarme muchas cosas. Y luego, mi hija tuvo su primera «rabieta» y, realmente, me di cuenta de que lo que yo pensaba que había que hacer no ayudaba en absoluto, más bien todo lo contrario. Pero tampoco entendía qué podía hacer.

En su día, yo también estuve perdida, los consejos que me daban no servían, no solo porque no tenían mucho fundamento científico, sino porque lo único que se puede hacer en estas situaciones es dar presencia, y eso justo era lo que más me costaba. Leí el libro *El cerebro del niño*, de Daniel J. Siegel y Tina Payne Bryson, que me proporcionó una perspectiva esclarecedora sobre el proceso que atraviesan los niños y niñas durante las explosiones emocionales. Este libro fue un punto de inflexión en mi comprensión de lo que estaba ocurriendo en el interior de mi hija y en cómo, yo, como madre, podía acompañarla de manera más efectiva. Me seguía costando la plena presencia, pero al poder comprenderla mejor, era más sencillo. Este cambio en mi enfoque me inspiró a compartir mi experiencia a través de mi blog y mis redes sociales, y ahora estás leyendo este libro porque, finalmente, se convirtió en mi trabajo. Gracias a ello, he tenido la oportunidad de conectar con otras figuras parentales y docentes que comparten conmigo sus propias luchas internas a la hora de construir una nueva forma de vincularnos con la infancia.

Poco a poco, dejé de usar la palabra «rabieta» para decir «enfado». Dejé de usar la expresión «montar un pollo» o «liarla parda». Empecé a usar un lenguaje cada vez más objetivo. Y, paulatinamente, esa imparcialidad del lenguaje pasó a formar parte de mí.

Así, también aprendí que cuando nos enfrentamos a las emociones intensas de nuestros hijos e hijas, necesitamos cuidar de nosotros mismos, antes, durante y después. Al igual que ellos, nosotros también experimentamos emociones intensas en momentos difíciles y tenemos diálogos poco constructivos y compasivos con nosotros mismos, con nosotras mismas.

Y, a la vez que dejaba de usar la palabra «rabieta» cuando quería decir «enfado», empecé a dejar de juzgarme por lo que la gente pensara sobre mí.

Mientras dejaba de usar estas expresiones, me di cuenta de cuál era mi responsabilidad, de qué estaba haciendo o no para mantener la conexión y reflexioné sobre mis propias necesidades, no solo para acompañar las suyas sino porque, como decía aquel anuncio, yo lo valgo.

Y, al tiempo que usaba un lenguaje cada vez más objetivo, comencé a tratarme con respeto y con cariño, y ya nunca más me dije que era la peor madre del mundo o que estaba traumatizando a mis hijas.

Sin banalizar el trauma, que ya sabemos que puede estar en las grandes cosas y también en las pequeñas, tengo claro que voy a dañar a mis hijas, porque relacionarte con otras personas es ser consciente de que hay una posibilidad de dañar. Y cada reflexión, cada disculpa, cada reparación, cada intento de estar presente, aunque sea difícil o doloroso para mí, es verdadera fortaleza y sabiduría.

Igual que mis figuras parentales no rompieron con todas sus creencias heredadas, yo tampoco quiero aspirar a hacerlo con las mías. Haré la poda de todas las que pueda, por su felicidad y bienestar, pero sobre todo por los míos. Y lo que quede ya será suyo, mi tarea ha sido normalizar la expresión emocional, el pensamiento crítico, la idea de que nuestra casa es un lugar seguro y que pedir ayuda no nos hace débiles sino sabios, y, sobre todo, que nuestra vulnerabilidad es nuestra mayor fortaleza.

Nada de esto es sencillo, ojalá puedas darte el reconocimiento que mereces, porque solo por reflexionar cada día e intentar mejorar al siguiente ya estás cambiando, con pasos pequeños, el mundo en el que vivimos. «Las primeras quinientas veces son las más difíciles» es uno de los lemas del Círculo de Seguridad Parental (después cambiaron el lema a mil veces). Y creo que, con cuatro hijas, debo de haber llegado a la vez número mil, porque, aunque no es algo que me resulte fácil y natural, acompañar su enfado (o su miedo, su curiosidad, su alegría, su culpa, su tristeza o cualquier emoción) desde la presencia ya es, casi siempre, una posibilidad. Así que hace un tiempo, movida por esta necesidad de transmitir a las personas que cuidamos infancia que llamar «rabieta» a la ira infantil es, no solo una falta de respeto, sino casi una omisión de nuestras tareas parentales, ideé un método que llamé el método «NECESITA» creando un acrónimo, un poco forzado, pero espero que útil, de las necesidades de la infancia, y también las nuestras, como figuras parentales y educadores.

Este método nace de la idea de que las criaturas, como todas las personas, tienen su propio manual de instrucciones; su comportamiento, su acción, expresa una necesidad. Nuestra tarea como figuras parentales es que, en última instancia, el peque se sienta querido de forma incondicional, visto, importante, valioso y seguro de que, pase lo que pase, sea lo que sea que esté haciendo, nuestra relación es indestructible. Por supuesto, prácticamente la totalidad de las figuras parentales sabemos que lo es y pensamos que no hace falta decirlo, pero el movimiento se demuestra andando y no solo hace falta verbalizarlo, sino actuar en coherencia, porque de lo contrario su mapa mental, su lógica privada (egocéntrica los primeros años), no va a entenderlo así.

¿Y cómo acompañar su desarrollo emocional enfocándonos en necesidades? Vamos letra a letra.

Tu peque N E C E S I T A:

- **N - SER NIÑO.** La «N» nos recuerda la importancia de permitir que los niños sean niños. Crecer es bonito y largo, las criaturas tienen cerebros inmaduros y hacen lo que necesitan para satisfacer su necesidad. No se «portan mal», hacen lo que pueden y lo que saben; por eso es importante no tomar como algo personal su comportamiento (esto no siempre va a ser posible para todas las personas, ojalá puedas recordarlo con compasión) e informar de los límites que sean necesarios (pocos y firmes). Es esencial comprender que los niños no ven ni experimentan el mundo de la misma manera que las personas adultas. Su cerebro está en desarrollo y su capacidad de comprensión es limitada. Como figuras parentales, educadores y cuidadores, nuestro papel principal es no apresurar su crecimiento ni forzarlos a actuar como adultos. Resulta importante brindarles el tiempo y el espacio para jugar, explorar y descubrir el mundo a su propio ritmo.

- **E - ESPACIO PARA CRECER.** La «E» se relaciona con la necesidad de espacio (que según la edad será cuerpo-contacto, ambiente preparado o volver a ese sitio seguro que sabes que es CASA). Los niños requieren un entorno seguro donde explorar y aprender de manera autónoma. Este espacio es tanto físico como emocional. Es decir, es importante proporcionarles la libertad de experimentar y aprender sin imponer restricciones excesivas, estableciendo unos pocos límites, coherentes y firmes, y mucha exploración, toda la que podamos sostener. La supervisión es esencial para garantizar su seguridad y también es importante reflexionar sobre cómo estamos propiciando la autonomía para que puedan desarrollar habilidades y confianza en sí mismos.

- **C - COMPRENSIÓN.** La letra «C» se refiere a la importancia de construir una conexión emocional sólida con los niños. Necesitan sentirse amados e importantes de manera incondicional. Esto implica validar sus emociones y estar presentes en sus vidas, tanto en los momentos felices como en los que resulten más complejos. Los niños necesitan sentir que son valorados y amados independientemente de su comportamiento: la empatía, la escucha activa y la validación emocional son tres grandes herramientas para lograrlo.

- **E - EXPLORACIÓN Y APRENDIZAJE.** Esta «E» se relaciona con la necesidad de explorar y aprender. Como *Homo sapiens* necesitamos autonomía y soberanía, y eso implica poder explorar. Descubrir territorios, pero también emociones y relaciones sociales. Nuestro rol es soltar —paso a paso, sin perder de vista su seguridad— y supervisar. Los niños y las niñas, especialmente en la etapa de cero a seis años, son curiosos por naturaleza y están constantemente absorbiendo información de su entorno, por lo que permitirles practicar y adquirir habilidades a su propio ritmo no es solo importante sino primordial. Esto significa proporcionarles oportunidades para experimentar, cometer errores y aprender de ellos.

- **S - SENTIRSE ACOMPAÑADOS**. La «S» se refiere a la necesidad de que los niños se sientan acompañados en su viaje de crecimiento. Necesitan saber que tienen a personas adultas de confianza a su lado que los respaldan y los apoyan emocionalmente. Este acompañamiento les brinda seguridad y confianza en sí mismos mientras enfrentan desafíos y exploran el mundo que los rodea. Me gusta la expresión «sentirse en casa» que, para mí, se resume en darles seguridad. Y esto tan fácil de redactar y tan difícil de hacer implica validar emociones, organizar sentimientos y disfrutar de su presencia por el mero hecho de existir, sin condicionarlos con ningún logro o comportamiento deseado.

- **I – INTENTAR.** La letra «I» destaca la importancia de fomentar que los errores son aprendizaje, que la interdependencia, la autonomía y la autenticidad en los niños nos ayudan a sentirnos capaces. Y esto implica repetición y práctica, pero sobre todo incondicionalidad, es decir, que le llegue con todo nuestro ser, además de con nuestras palabras, que el error es no solo parte del proceso de aprendizaje, sino de la vida. Y que lo importante no son los errores que cometemos, sino lo que hacemos con ellos. Desde que nacen, y cada vez más a medida que crecen, necesitan oportunidades de tomar decisiones, asumir responsabilidades y ser auténticos. Apoyarlos y alentarlos los ayuda a desarrollar habilidades vitales y a comprender su identidad única. Permitir e incentivar esa práctica, dar oportunidades a lo largo del día para que practiquen habilidades, es muy importante. Y para eso resulta útil un buen ambiente preparado —mejor dicho, suficientemente bueno—. Necesitamos cambiar la forma en la que organizamos nuestra vida para que quepa mucha risa y poca prisa.

- **T - TENER ÉXITO.** La letra «T» nos recuerda que es importante para nuestra propia construcción sentirnos capaces, y para eso, son necesarios el tiempo y la presencia de las figuras parentales, acompañando de la mejor forma posible. Y con tener éxito no nos referimos a dejarles ganar, sino a acciones cotidianas en las que el nivel de reto está ajustado, es lo suficientemente difícil para que sea interesante y no aburrido, y al tiempo sencillo para que no se desmotiven porque parece imposible de abarcar. Esta es una de las máximas Montessori, que se enfoca en que los niños y las niñas puedan construirse a sí mismos desde la idea de sentirse capaces. Por ejemplo, si quieren llenar su vaso de agua, pero la botella que tenemos es de dos litros, pesada y poco manejable, será demasiado reto para un peque de un año, pero si reservamos una jarrita de cincuenta centilitros y un vaso pequeño, y los dejamos en un espacio de la cocina al que puedan llegar, y les mostramos qué pueden hacer en caso de derrames, será algo asumible, y podrán verse a sí mismos como seres capaces y no tan necesitados de su entorno. Y también implica cambiar la mirada y comprender que por supuesto que podemos apoyarlos y ayudarlos, pero no hacerlo todo por ellos. Por ejemplo, cuando quieren vestirse solos y no les dejamos porque tardan mucho y tenemos prisa o porque no lo hacen de forma correcta y les decimos que ya los vestimos nosotros, el peque suele enfadarse porque quiere hacerlo solo y necesita nuestra ayuda, pero no que lo hagamos por él. Y a este enfado lo llamamos «rabieta», cuando lo único que está poniendo de manifiesto es nuestra propia incapacidad adulta. Tan sencillo como sujetarle la manguita para que pueda meter su mano, la ayuda justa y necesaria. Más apoyo, en palabras de la doctora Montessori, sería un obstáculo para el desarrollo.

- **A – ALIENTO.** La «A» se refiere a una frase de Dreikurs, un discípulo de Adler, que decía que las personas necesitan aliento como las plantas requieren agua. Muchas veces bromeo con que el aliento es pasar de hacer lo que se ha hecho toda la vida (premiar y decir «muy bien») a enfocarnos en las fortalezas independientemente del resultado, algo así como dejar de ser *cheerleaders* y comenzar a ser *leaders*. Bromas aparte, el aliento son las palabras mágicas de la motivación. Los niños requieren tiempo para aprender y crecer a su propio ritmo. Como adultos, debemos cultivar la paciencia y practicar comprensión al interactuar con ellos. El proceso de desarrollo puede incluir retos que sean grandes momentos de aprendizaje, y es fundamental que les brindemos el apoyo y la orientación necesarios a medida que avanzan en su camino hacia la madurez, ayudándolos a que se enfoquen en las fortalezas que ya han construido para llegar a las que todavía no. Va mucho más allá de dejar de decir «muy bien», esto es lo anecdótico; alentar implica apoyar a la persona a que pueda encontrar su propio coraje, su motivación intrínseca.

Cada una de estas letras representa un aspecto esencial del método «NECESITA» y resalta la importancia de satisfacer las necesidades fundamentales de los niños para fomentar su crecimiento y desarrollo de manera saludable. Todo lo que nos gustaría que conquistaran podemos ponérselo un poco más fácil si lo conquistamos nosotros primero. Así que quizá es una buena idea empezar aplicando este método a ti mismo. Lo demás puede esperar. Ojalá puedas ver que todo empieza en ti. Y entonces puedas darte lo que necesitas.

UNA PAUSA PARA RECUPERAR EL ALIENTO

Cierra los ojos.
Pon una mano en el pecho y otra en tu abdomen.
Respira profundamente e intenta ser consciente del aire en ambas manos.
Quizá este ejercicio sea difícil para ti, no olvides cuidarte al ponerlo en marcha, o incluso al no hacerlo si no es tu momento.
La pregunta de hoy es sencilla pero transcendente.
¿Qué necesita realmente tu peque para crecer feliz?
(Y con esto no me refiero a estar siempre alegre, sino con un desarrollo emocional lo más sano posible).
Puedes ayudarte de las letras del acróstico NECESITA.

¿CÓMO ACOMPAÑAR EMOCIONES?

Hace unos días me topé con un vídeo, uno de esos que no me gusta nada ver, pero que, como me dedico a divulgar sobre educación e infancia, el algoritmo de Instagram me muestra a menudo. Una niña lloraba mientras su madre la peinaba. Solo que no la estaba peinando, sino fingiendo que lo hacía. El objetivo del vídeo era demostrar que la niña era una dramática. Los comentarios sugerían cosas aún más terribles, manipuladora era una de las más suaves. La niña tendría como mucho dos años y un pelo muy rizado que debía ser difícil —y doloroso— de peinar. No quiero ni pensar si además tuviera dificultades de integración sensorial: conozco niños para los que algo tan sencillo como lavarse el pelo es tremendamente difícil.

Sin entrar en la huella digital que puede tener un vídeo viral así para esta niña, lo que demuestran este tipo de vídeos es la poca idea que tenemos sobre emociones en general e infancia en particular. Y quiero pensar que, en ellos, hay una intencionalidad positiva que no logro ver todavía (más cuando son compartidos, también, por psicólogos infantiles). El cerebro de esa niña creaba una hipótesis sobre la situación que estaba viviendo. Experiencias pasadas —y quizá un sentido propioceptivo todavía no muy desarrollado—, junto con la confianza sagrada de que puedes fiarte de tus padres pase lo que pase, hacen un caldo de cultivo muy concreto para que su cerebro construya emociones como el miedo, el dolor y la angustia ante lo que está viviendo, aunque no tuviera coherencia con lo que sentía físicamente. Esta personita no necesita que unos desconocidos la llamen dramática en internet, sino figuras parentales que la protejan, la consuelen, validen sus emociones y organicen sus sentimientos.

Por supuesto que podemos grabar estos vídeos para nuestra familia si queremos explicar algo determinado sobre cómo funcionan las emociones. Yo recuerdo uno muy gracioso que me hicieron en el que golpeo una avispa pensando que era una mosca y empiezo a gritar y me muero de miedo cuando ya está medio muerta en el césped. Cualquier recurso es bueno si se hace desde la conexión y el respeto, pero que sea para explicar cosas concretas y trabajar nuestro propio autoconocimiento. O para reflexionar sobre cómo el miedo puede ser un ancla que nos protege o que nos hunde irremediablemente en el fondo del mar. Y es que el miedo hace que puedas ahogarte en medio metro de agua en vez de levantarte.

Las plataformas de redes sociales están llenas de «bromas» similares (entrecomillo la palabra «broma» porque, para mí, esto implica que se rían las dos personas y no solo una, entonces es violencia). Bromas como la de un niño al que simulan haberle cortado una oreja en la peluquería. Tal vez pensemos, pero ¿cómo puede creerse que le han cortado una oreja solo por ver la sangre si no siente nada de dolor? Como hemos explicado anteriormente, la teoría de la emoción construida demuestra que el cerebro hace una estimación de cuál sería la emoción más adecuada en ese momento. Reflexionar sobre otras experiencias pasadas y si duele o no duele que te corten una oreja puede ser algo posterior para nuestro sistema nervioso, pero dentro de la rapidez exigida para la supervivencia, la estimación, aunque en este caso incorrecta, es el medio más eficiente para evaluar, proteger y cuidar nuestra supervivencia.

Hemos empezado hablando de miedo, pero la ira tiene componentes parecidos. Y es que, aunque lo más habitual en este tipo de vídeos que se están popularizando es que estén relacionados con el miedo, también los hay que intentan fomentar la rabia.

Acompañar es, en resumen, lo contrario a lo que se hace en estos vídeos. Y seguro que a ti, igual que a mí, y también a nuestros niños, te gusta que te digan lo que sí puedes hacer en vez de lo que no. Enseguida hablaremos de lo que sí es acompañar; básicamente, ser casa. Cuando somos casa para ellos, podemos proporcionar un entorno que aborde estas necesidades, que contribuya a relaciones sólidas y positivas entre adultos y niños, lo que es esencial para su bienestar y felicidad.

Volviendo al apartado anterior y mi método «NECESITA», ahora que sabemos lo que requieren los niños y las niñas, ¿cómo podemos acompañar emocionalmente cada una de estas necesidades? La inteligencia emocional está en todas y cada una de las partes del método:

- **«N» de niño:** hace referencia a conocer los procesos madurativos de las emociones de nuestros hijos e hijas. Decirles lo que sí pueden hacer en vez de poner foco en lo que no, o sea, establecer límites a sus acciones, sin tomarnos como algo personal sus emociones. Y también implica que las personas adultas podamos recordar y conectar con los niños que fuimos.

- **«E» de espacio:** que, en el terreno de la inteligencia emocional, somos nosotros; al principio nuestro cuerpo y nuestra presencia los ayuda a practicar la autorregulación a sorbitos, siempre dentro de una relación en la que una persona adulta se hace cargo. Esto es nuestro cuerpo, nuestros brazos, nuestra mirada incondicional y un espacio seguro en el que todas las emociones tienen cabida, es decir, una CASA con mayúsculas.

- **«C» de comprensión:** la tercera dimensión de la inteligencia emocional, porque ayudarlos a entender que sus acciones derivan de emociones, que son legítimas y que están relacionadas con necesidades pendientes de satisfacer es un regalo para toda la vida. Concretamente, tener recursos, cocreados con anterioridad, para ayudarlos en su regulación emocional, así como juegos y materiales para trabajar las otras tres dimensiones, es necesario.

- **«E» de explorar:** todo lo que tiene que ver con autonomía, lo relacionado con la parte superior del círculo del apego que nos regala el mapa del Círculo de Seguridad Parental, y sus necesidades específicas. Que supervisemos (estemos pendientes de ellos), que nos alegremos en ellos (por el mero hecho de existir), los ayudemos (cuando lo necesiten) y nos divirtamos con ellos. En definitiva, apoyar la exploración y la autonomía.

- **«S» de sentirse seguros:** todo lo relacionado con la parte de abajo del círculo y sus necesidades específicas: que los protejamos si tienen miedo, que los consolemos si están tristes, que nos alegremos en ellos (de nuevo, por el mero hecho de existir, haya pasado lo que haya pasado) y que organicemos sus sentimientos cuando se enfadan (validar el enfado y el resto de las emociones y construir una narrativa que los ayude a potenciar su inteligencia emocional).

- **«I» de intentar:** porque la inteligencia emocional no se va a conquistar en un día, sino que es un proceso que se construye a pico y pala desde que nacemos hasta que morimos. La reparación es, como ya dijimos, la estrategia parental más importante que podemos poner en práctica y conforma, junto con la autorregulación, el objetivo de la cuarta dimensión de la inteligencia emocional.

- **«T» de tener éxito:** porque tanto ellos como nosotras en calidad de figuras parentales necesitamos poder sentirnos capaces, encontrar otras manos que sostengan las nuestras es primordial, para que nos recuerden que, aunque no fue exactamente como esperábamos, sí hemos conseguido ese 30 por ciento de interacciones seguras.

- **«A» de aliento:** están y estamos llenos de fortalezas. Que ellos puedan verse depende, en parte, de que tú puedas verlos a ellos y también a ti misma. Puedes ser una figura parental que ofrezca seguridad a tus hijos e hijas y, para eso, es importante que apliques este método primero contigo misma.

El Círculo de Seguridad es un programa muy potente, especialmente en el caso de familias en riesgo y, sobre todo, es una forma muy gráfica y sencilla, a la vez que profunda y compasiva, de comprender cómo se crean los vínculos de apego con nuestros hijos e hijas. Y cómo se espejan en otras personas. Y entronca muy bien con la idea de la inteligencia emocional que estamos explorando en este libro. Por ejemplo, un bebé de un año empieza a caminar, está en ese momento precioso en el que el mundo se abre camino bajo sus pies y, tras cada caída, se levanta con determinación, porque todavía sabe que los errores son oportunidades de aprendizaje y no ha introyectado del entorno y la cultura lo contrario. Cuando el padre de mis hijas presenciaba esto, les decía en voz muy bajita (o a sí mismo) cuando se levantaban solas «Arriba, y así siempre». Por supuesto, si se hacían daño, lloraban o nos demandaban, acudíamos, pero, en mi experiencia, sobre todo si no se han adelantado etapas, si se ha respetado el desarrollo del movimiento libre y el niño tiene suficiente conciencia corporal, sus capacidades son más que aptas, y muchas veces lo único que necesitan es una mirada con la que conectar para saber que pueden seguir explorando, que seguimos ahí.

Sin embargo, también he podido observar a veces que, cuando se caen, hacen contacto visual con la persona adulta de referencia y perciben su cara desencajada, su susto o sus aspavientos, no continúan, se asustan y dejan de caminar, como si cualquier cosa pudiera pasarles. Y esto es todo lo contrario a que se caigan y tú reprimas su emoción con la idea de que se hagan fuertes. Sin juicios, desde la observación. Sus figuras de referencia lo han hecho de esta manera porque no lo han podido hacer de otra, todavía no lo han logrado. Y, obviamente, hay niños y niñas más sensibles ante la percepción del dolor. Lo que quiero transmitir es que las criaturas interpretan lo que sucede a partir de sus experiencias vividas, y, sobre todo cuando son muy pequeños y estas no son muy numerosas, también mediante el *feedback* que reciben de sus cuidadores principales. Esto es clave en la primera infancia (de cero a seis años) y determinante en los tres primeros años de vida.

¿QUÉ ES ENTONCES ACOMPAÑAR?

La RAE nos dice que es estar o ir en compañía, y una de las acepciones lo define como «participar en los sentimientos de alguien». Tanto «acompañar», como «compañía», como «compañero», vienen del latín. «Acompañar» deriva de *con* (globalmente) y *panis* (pan). Es decir, «acompañar» significa algo así como «compartir el pan», que es una forma muy bonita de decir que estás con la otra persona.

Acompañar es estar. Es resonar de forma empática con la persona que tienes delante. Es estar ahí. Aunque no coincidas con sus acciones o sus pensamientos, sí puedes conectar con las emociones que las provocan, sean universales o construidas. Lo que está claro es que todos sentimos emociones.

Si recuerdas la anécdota del ascensor de mis hijas, imagina que ese día no hubiera sido una escena de salvamento sino de lucha. Y mi hija mayor argumentara que había intentado razonar con ella, pero no había funcionado. Y por eso había utilizado sus manos cuando vio que sus palabras no estaban surtiendo efecto. Yo puedo o no estar de acuerdo con sus motivos y lo que sí puedo hacer es conectar con la necesidad que tenía y no estaba pudiendo satisfacer, con la emoción de frustración cuando no se sentía vista, oída y escuchada, y tal vez empatizar con su tristeza y culpa al darse cuenta de que ha podido hacer todo eso. Yo puedo ayudarla a expresar sus emociones (primera dimensión), reflexionar sobre la intención positiva de haber usado esa emoción (segunda dimensión), ayudarla a comprender las necesidades que la han motivado (tercera dimensión) y estar con ella en un proceso de corregulación —bajando la intensidad de la emoción—, mientras reparo yo —o estando con ella mientras repara— si es necesario. Todo esto es tarea de las figuras parentales. Que ningún niño o niña se quede solo con todos estos sentimientos.

Y, por supuesto, también es informar los límites. Puede ser con palabras o físicamente; es decir, puedo decir «No voy a dejar que os peguéis», «Voy a procurar que no os hagáis daño» o puedo interponer suave y firmemente mis brazos (o mi cuerpo entero) entre ambas. Sin tomármelo como algo personal, porque lo único que está sucediendo es que hay un niño, o dos, o más, que tienen un problema, y yo estoy aquí para servirles (en el sentido de asistir y no de ser esclava). Esa es mi tarea como madre o profe; como diría la doctora Montessori: «Dar un rayo de luz y seguir nuestro camino».

En el caso de la infancia, los límites no son algo que tengan que cumplir, sino que somos las figuras parentales las que vamos a velar por que se cumplan. Puede parecer contradictorio, pero a lo que me refiero es que la responsabilidad de que se cumpla el límite es de la persona adulta. Tendemos a quejarnos porque le hemos puesto un límite y no lo cumple, y la realidad es que garantizar la seguridad (eso son los límites) sin amenazas, sin chantajes, no pertenece a nadie más que a nosotras mismas, personas adultas. Y, por supuesto, validar el malestar que deriva de nuestro límite.

La palabra «validar» proviene del latín *validare*, que significa «hacer útil, firme y correcto». Este término se relaciona con la idea de ser fuerte y resistente, lo que nos lleva a cuestionarnos lo que realmente significa ser fuerte en el contexto de las emociones. La validación emocional no implica decir a alguien «No pasa nada» cuando está experimentando sentimientos intensos, sino más bien reconocer la legitimidad y el propósito de esas emociones. Y, por supuesto, no implica añadir «No te quejes» cuando está expresando malestar por un límite.

Tenemos la idea de que los límites asustan como los rayos en una tormenta, y al mismo tiempo también pueden ser como los rayos de sol, que nos acarician cada mañana para marcar el límite entre el descanso y la actividad, y para darnos una pauta de cómo vivir el día. Si hemos vivido los límites como rayos y truenos, va a ser difícil para nosotras informarlos. ¿Lo bonito? Que cada día, cada mañana, tenemos una oportunidad de ser más como los rayos del sol que como los de la tormenta.

UNA PAUSA PARA RECUPERAR EL ALIENTO

Cierra los ojos.

Pon una mano en el pecho y otra en tu abdomen.

Respira profundamente e intenta ser consciente del aire en ambas manos.

Quizá este ejercicio sea difícil para ti, no olvides cuidarte al ponerlo en marcha, o incluso al no hacerlo si no es tu momento.

Piensa en alguna situación en que hayas necesitado acompañamiento, las primeras veces es mejor que elijas un recuerdo que no sea muy difícil para ti.

Conecta con las sensaciones de tu cuerpo, con las emociones, con los pensamientos.

¿Cómo hubieras necesitado que te acompañaran?

Puedes anotarlo en tu cuaderno.

Incluso puedes ir más allá y hacer una visualización.

Imagina que puedes volver al pasado (sean semanas, años o décadas) y observa la escena como si fueras una espectadora.

Conecta con esa versión antigua de ti misma, puedes darle un abrazo o acariciarle el pelo o simplemente saludar.

Repite punto por punto lo que hubieras necesitado escuchar.

Chequea cómo está ahora tu corporalidad, tus emociones y pensamientos.

Seguramente te sientas más alentada.

Puedes repetir este ejercicio tantas veces como necesites.

Puede que en su día no tuvieras este acompañamiento.

Pero ahora estás aquí para ti.

¿CUÁNDO NO ACOMPAÑAMOS?	¿CUÁNDO SÍ ACOMPAÑAMOS?
• Cuando «acompañamos para» (para que deje de sentir esa emoción porque para nosotras como figuras parentales es difícil) = el infante se hace cargo (parentalización). • Cuando les IMPONEMOS la intención positiva de la emoción. • Cuando validamos y añadimos un «pero». • Cuando nos salta nuestra música de *Tiburón* al corregular su emoción. • Cuando ponemos límites de más o de menos para no acompañar. • Cuando no acompañamos bien el «después» (narrativa y mentalización). • Cuando no ajustamos adecuadamente las expectativas. • Cuando nos culpamos por las consecuencias de actuar desde nuestra música de *Tiburón* en vez de reflexionar y buscar soluciones.	• Cuando nos hacemos cargo sin tener la expectativa de que el infante vaya a dejar de expresar su emoción, solo porque es nuestra tarea parental: CUIDADOS. • Cuando los ayudamos a entender la intención positiva de la emoción. • Cuando validamos y proporcionamos escucha activa y reflejo. • Cuando observamos y reflexionamos para comprender de dónde nace su emoción. • Cuando informamos del límite y aceptamos las emociones resultantes de este. • Cuando construimos una narrativa de lo sucedido y realizamos un proceso de mentalización.

LÍMITES Y EMOCIONES

Justo antes de sentarme a escribir este apartado, escuchaba a mis hijas discutir por algo, no parecía grave y además lo estaban resolviendo solas, pero me quedé a escuchar por si el asunto escalaba. No lo hizo, signo de que se hacen mayores y me van necesitando menos, y en un momento dado escuché: «Si no quieres darle un trozo de melocotón, díselo y punto, ponle un límite», seguido de un «No quiero darte mi fruta, te estoy poniendo un límite», tras lo que se oyó un «Vaaale», y ruido del frigorífico abriéndose. Un minuto después, había risas de nuevo.

Obviamente, esto no sucede todos los días, intervenimos varias veces al día para acompañar conflictos entre hermanas, y en las familias que acompaño las peleas entre hermanos son un *trigger* tan potente que hasta tenemos un curso específico para poder tratarlo. No, no son fáciles las peleas entre hermanos. Te traigo este ejemplo porque en este epígrafe vamos a explorar la relación —que suele parecer compleja— entre límites, autonomía y emociones.

En la educación en conexión, los límites no son simplemente restricciones impuestas por los adultos; van mucho más allá. Desde esta perspectiva, los límites se conciben como un marco que protege, guía y fomenta el desarrollo de los niños. Los límites se erigen no solo para mantener la seguridad física de los niños, sino también para garantizar su bienestar emocional y su crecimiento saludable.

Un límite es una forma de informar de algo que necesitas; al expresarlo te estás diciendo que eres importante y se lo estás haciendo saber a los demás. Que tú pongas un límite no significa que tengas que enfadarte. En este caso, el cerebro de mi hija formuló la hipótesis de que la mejor emoción que podía usar para que su hermana dejara de pedirle melocotón era el enfado, pero en un grado leve, digamos, más bien como una molestia. Mi otra hija dedujo que la mejor emoción que podía usar para esta misma situación era resignarse y movilizar su cuerpo hacia la cocina y pelar su propio melocotón. Sus sistemas nerviosos estaban tranquilos, se hallaban conectadas con su sistema propioceptivo y, en ese momento, el ambiente en casa era distendido y agradable. Las emociones cumplieron su función, vinieron y se fueron como las olas del mar. Nadie se toma nada como personal porque comprendemos que todas las personas necesitan cosas diferentes.

Imagina esta misma situación con un final diferente. Por ejemplo, en el que una de ellas le dice que no, pero la otra insiste y, como no hay ninguna figura parental (a la vista, como en mi caso, o directamente, que no haya ninguna disponible por otros motivos) y no quiere escuchar la insistencia de su hermana (previendo que va a acabar explotando y esa emoción no es agradable para ella), reprime su enfado y comparte la fruta. Sin embargo, realmente esto lo percibe como una injusticia y empieza a haber una lucha entre necesidades, la de justicia y la de calma. Por experiencia propia y ajena sé que suele ganar la de justicia, y el enfado reprimido se expande, como si hubiéramos hecho un dique en el mar y la fuerza de las olas acabara rompiéndolo junto con todo lo que se encuentra a su paso.

Y ahora hay todavía más necesidades sin satisfacer que se manifiestan como emociones: el enfado por la sensación de injusticia, la frustración por no haber respondido como le hubiera gustado, la culpa por haber gritado. A veces es tan tan incómodo que acabamos proyectando todo esto sobre el otro, y decimos cosas como «Yo no soy así, tú me has hecho enfadar», sin darnos cuenta de que, una parte de la responsabilidad la tuvimos las personas adultas, ya que no pusimos el límite estando molestas, sino cuando ya nos sentíamos iracundas.

Los límites nos cuidan, informar los límites cuida las relaciones y cuidar los límites que ponemos cuida nuestras emociones.

Quizá, si hemos vivido relaciones muy autoritarias, hemos terminado por relacionar los límites con algo negativo, pero, para mí, un límite es algo bastante neutro. La RAE lo define como una «línea real o imaginaria que separa dos terrenos, dos países, dos territorios». La palabra «límite» viene del latín *limes*, y originalmente se refería a un sendero, una linde que separaba dos propiedades. Es decir, el límite es un terreno neutral que no pertenece a nadie, saltarse o pasar un límite significa entrar en el territorio ajeno. Y eso aplica también a las personas, porque en el fondo somos como territorios, podemos convivir muy bien si las necesidades de todos están cubiertas o no tanto si empieza a haber escasez. Es decir, el límite, *per se*, no es algo negativo sino neutro, es una herramienta que nos puede facilitar una convivencia más segura y satisfactoria, en la que cada uno conoce cuál es su terreno y puede estar tranquilo sabiendo que no van a invadir su espacio.

A algunas personas les ayuda distinguir entre límites y normas. Los límites son como los pilares cimentados de una casa, no se pueden tocar y tienen que ver con la integridad física y emocional de las personas que vivimos allí, son como las normas básicas de seguridad y nosotros los agentes de prevención de riesgos laborales. Las normas o pautas son más flexibles, y esto no significa que hoy, que estoy de buen humor, sean unas y mañana, que estoy enfadada, otras. No, flexible significa que pueden cocrearse en familia. Hay familias a las que les encanta tener la casa sin puertas y con pocas paredes (concepto abierto) y hay otras a las que eso las horroriza y les encanta que la cocina sea cocina y el salón, salón, y que estén separados para no mezclar olores o estilos. Y ambas cosas están bien. Mi objetivo en este capítulo no es decirte qué límites y normas poner, sino que puedas reflexionar sobre lo que necesitáis tú y tu familia. Y, sobre todo, diferenciar el momento de informar los límites con el del acompañamiento emocional. Ambos son importantes y merecen espacios diferenciados, aunque lo hagamos dentro de la misma conversación.

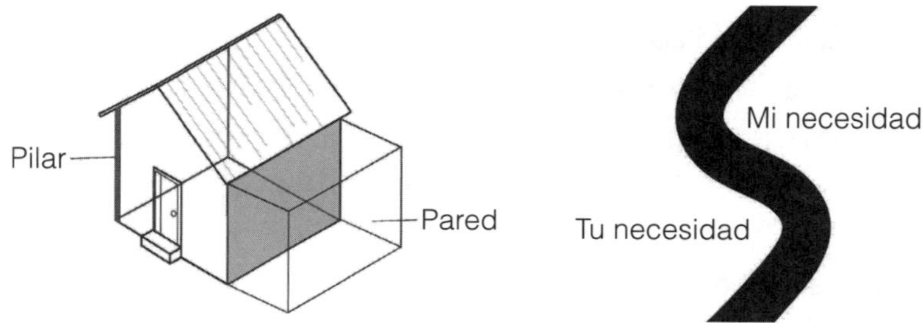

Muchos de nosotros crecimos educados en sistemas adultocentristas en los que las relaciones eran verticales, esto es, las personas adultas mandan y los niños y las niñas obedecen. Y en este caso, el término límite no es neutral, porque era algo que nos imponían, pero que, como niños, no podíamos poner; si acaso, como dice el refrán: «Cuando seas padre, comerás huevos»; es decir, que ser infante significaba vivir subordinado a las personas adultas. Y no, si queremos que nuestros hijos se presten a hablar de sus emociones y pensamientos, no podemos mantener el sistema de educación vertical. Sin embargo, a veces hay una confusión en este sentido, y es que las personas confunden las relaciones horizontales, en las que todas las partes merecen el mismo respeto, dignidad y derecho a formar parte de las decisiones según sus capacidades, con una mal entendida asimetría en los cuidados.

En nuestra forma de entender la educación, todos somos válidos y nadie está por encima de nadie, pero el reparto de funciones no es igual para todos, es decir, las figuras parentales cuidan y la infancia es cuidada, somos las personas adultas las que nos hacemos cargo. Como dice el lema del Círculo de Seguridad, las personas adultas somos más grandes y fuertes, y al mismo tiempo más sabias y bondadosas; es decir, es importante que encontremos el equilibrio entre la amabilidad —libertad y autonomía— y la firmeza —orden y estructura—. Podemos informar los límites sin tomarnos como algo personal que nos los recuerden, que se los salten o que los discutan, porque ser figura parental significa que siempre que sea posible vamos a seguir las necesidades de los niños y las niñas y cuando sea necesario vamos a hacernos cargo, es decir, a responsabilizarnos. Así, la figura parental tiene que:

Siempre ser: más grande fuerte, sabia y bondadosa.
Cuando sea posible: seguir las necesidades del niño.
Cuando sea necesario: hacerse cargo.

Por supuesto que los límites son necesarios en las relaciones. Que no existan implica, tarde o temprano, violencia. El límite es un puente que permite que, como adulta, me cuide y me respete a mí misma al tiempo que te quiero y te cuido a ti. La cuestión no son los límites, sino cómo, de qué manera y desde qué lugar los informamos. Si pensamos que los límites son pautas para acercarnos al respeto mutuo, es importante limitar las acciones, nunca las emociones. Y hacerlo sin el manido «pero», que solo implica que el primer enunciado es papel mojado. Veamos cómo sería cambiar este «pero».

De «Es normal que estés enfadado, pero no puedes pegar a tu hermano» pasaremos a poner una mano firmemente entre ambos peques y decir «Estás enfadado» o «No te ha gustado que te tire la torre», y ofrecer nuestra plena presencia, quizá un abrazo, cercanía o respirar. Cuando baje un poco la intensidad, añadimos algo como «Tus brazos tenían muchas ganas de dar golpes», «Es difícil para ti», «La próxima vez puedes avisarme antes para que os ayude». Y cuando baje del todo: «Ya sabes que mi tarea es cuidaros, no puedo permitir que os hagáis daño, es lo que hacemos las mamás/los papás/los profes. Puedes contarme lo que te pasa siempre que quieras».

Y recordaremos nuestras estrategias para buscar soluciones, lluvia de ideas, reuniones familiares, de aula, etcétera. Lo primero es más rápido, y en algunas situaciones puede ser necesario. Desde luego, ayuda más que esas frases terribles con las que nuestros padres hacían lo que podían. Y, a la vez, si la infancia se cuece a fuego lento, la inteligencia emocional necesita horas extra de cocción.

Por supuesto, es importante también que los límites sean bidireccionales, que ellos también los pongan. Una vez estaba terriblemente enfadada, tanto que rompí una especie de marco en el que vamos acumulando cartas y tareas. No me siento orgullosa, ni me parece un comportamiento deseable, pero, a la vez, fue lo que elegí hacer. Cuando, al rato, mis hijas volvieron a casa y vieron el marco roto, preguntaron qué había pasado; les dije que lo había roto porque estaba muy enfadada, que lo sentía mucho y añadí un «Tampoco me gustaba». Una de mis hijas me abrazó y noté como si quisiera decirme algo, pero se fue a jugar. Al día siguiente, se acercó a mí en un momento tranquilo y me dijo «Quiero hablar contigo, mami». Cuando pensaba que iba a contarme algo de un cuento, algún dibujo, un juego u otra cosa de ese día, tuvimos esta conversación:

—Quiero hablar contigo, porque si rompemos las cosas de la casa, nos quedamos sin casa.

—Te refieres al marco de las cartas.

—Sí.

—No tenía que haberlo roto, tienes razón. Gracias por decírmelo.

—De nada.

—Ahora no tiene solución, pero ¿qué te parece si pensamos algo para poner en el hueco que ha dejado el marco? Quizá unos dibujos.

—Vale, mami, lo pensamos

Y se fue a jugar. Tenía cinco años y mucha más asertividad a la hora de poner los límites que muchos adultos. También tiene cinco años y, cuando está enfadada, lo expresa sin filtro. Cada día, un pasito más cerca de la regulación. Y esta conversación que ella tuvo conmigo la he tenido yo con ella otras veces. Recuerdo una vez en concreto que, en un gran enfado, lanzó una pesa y rompió un escalón.

Y esa misma niña, justo ayer, mientras yo escribía este libro a deshoras, me dijo que en casa teníamos la norma de no mirar pantallas por la noche y que apagara el ordenador y me fuera ya a la cama.

Que ella pueda sentirse legitimada para expresar un límite me parece un tesoro. Para muchas personas es justo al revés, porque hemos crecido con la idea de que los adultos mandan y los niños obedecen, pero en mi casa no es así.

Todos tenemos una voz, las decisiones se toman de forma consensuada y, cuando no es posible el consenso, hay un órgano colegiado (su padre y yo), que tiene más responsabilidad (y más años), que escucha y valida todas las opiniones, y, con ello, todas las emociones. Esto, para mí, es la verdadera definición de patria potestad: más responsabilidad y no un poder sin límites. Por eso, para comprender completamente los límites desde una perspectiva respetuosa, es importante alejarse de la idea de límites impuestos por los adultos para controlar el comportamiento de los niños. Los límites se conciben como un elemento fundamental de la estructura que les brinda seguridad y les permite explorar el mundo con confianza. Los límites en la crianza respetuosa son una parte esencial del vínculo entre adultos y niños, diseñados para proteger y promover el bienestar de ambas partes.

Es imprescindible recordar que sus cerebros se están desarrollando y su capacidad de autorregulación es limitada. No poseen la misma que los adultos para razonar, y comprender plenamente las consecuencias de las acciones es un elemento clave en la forma en que se aplican los límites de manera respetuosa. Los adultos necesitan ser conscientes de esta brecha en la percepción y ajustar sus expectativas y enfoques en consecuencia. Por ejemplo, el día que mi hija rompió el escalón decía que ella no había roto el escalón, que había sido la pesa. Cosa que, siguiendo su lógica infantil, es totalmente cierto. Ella no quería romper el escalón, no entiende nada sobre la gravedad, ni de física, ni de cómo la velocidad aumenta la fuerza de una masa pequeña. No sabe nada de eso. Las personas adultas sí. Por eso, porque sabemos más y tenemos más experiencia, cuidamos de las pautas y de los límites.

Y como sabemos más y tenemos más experiencia, lo hacemos de forma que la otra persona no se sienta avergonzada, culpable o asustada por lo que ha hecho. Cuando la intensidad del enfado baja y las estructuras del cerebro más capaces de reflexionar están más disponibles, hacemos este proceso más reflexivo de la mentalización, de construir una narrativa de lo que ha pasado, para que pueda ayudarlos a responsabilizarse, sin dejar en ningún momento de validar sus emociones.

Y es que otro aspecto fundamental es el derecho de los niños a expresar sus emociones y sentimientos cuando les informamos de un límite.

Educar en conexión implica permitir que manifiesten sus emociones de manera saludable, en lugar de reprimirlas o someterlas, porque sus emociones y sus comportamientos son la expresión de una necesidad física o emocional no satisfecha.

Es importante, pues, validar las emociones de los niños y brindar apoyo emocional cuando sea necesario, así como proporcionar un espacio seguro para expresar estas emociones, y poco a poco, ir construyendo juntos estrategias para su regulación y para que puedan desarrollar las necesarias habilidades emocionales y sociales.

Esto es especialmente visible durante los primeros seis años de vida, donde parece más evidente que los niños sienten una necesidad innata de explorar el mundo que los rodea. Esta etapa de desarrollo se centra en la adaptación y la comprensión del entorno. La exploración es su «trabajo», y resulta esencial para su crecimiento y desarrollo. En la etapa de los seis a doce años esta exploración sigue ahí, solo que su radio de acción es más amplio. Y, por supuesto, también en la adolescencia, solo que su exploración ya no nos será tan cercana y nos toca confiar en la conexión que hemos sembrado años antes.

En todos los casos, la función de las figuras parentales y los cuidadores en este proceso es apoyar y facilitar la exploración de las personas que están a su cargo. Esto implica crear un entorno seguro donde los niños puedan investigar y descubrir sin restricciones excesivas. Cuando exploran, están adquiriendo conocimientos, habilidades y comprensión del mundo que los rodea. Por lo tanto, en lugar de ver la exploración como un desafío o un comportamiento negativo, los adultos pueden alentarla y participar activamente en ella.

En Montessori decimos que el ambiente preparado es el tercer maestro; en las casas no tenemos maestros, aunque la ayuda de otra persona adulta más nos vendría realmente bien, ¿verdad? La solución *low cost* puede ser la creación de un ambiente preparado como un componente clave para lograr un equilibrio entre límites y libertad. Un ambiente preparado es un espacio diseñado y organizado de manera consciente para satisfacer las necesidades del niño. Este debe ser seguro y fomentar la independencia del niño, al tiempo que permite la exploración y el descubrimiento. Incluye elementos como mobiliario y juguetes adecuados para la edad, materiales para actividades educativas y de desarrollo, así como áreas de juego y descanso. La disposición y organización de este entorno se basa en la observación del niño y en la comprensión de sus necesidades y preferencias. Su objetivo es permitir que este tenga un papel activo en su entorno y promover la autonomía y la toma de decisiones.

Unido al ambiente preparado está la observación objetiva y consciente, en palabras de Maria Montessori, la observación científica. La observación se presenta como una herramienta fundamental para comprender las necesidades del niño y encontrar el equilibrio entre límites y libertad. Figuras parentales y cuidadores necesitan observar sin prejuicios, tanto al niño como a sí mismos. A través de la observación, se pueden identificar las necesidades y preferencias del niño, lo que facilita la toma de decisiones sobre los límites y la libertad de manera más efectiva. La observación constante y reflexiva es una práctica esencial en la crianza basada en la teoría de la emoción construida. Mediante la observación, los adultos pueden detectar patrones de comportamiento, señales emocionales y necesidades no satisfechas en el niño. Esta información permite tomar decisiones informadas sobre cómo establecer límites de manera respetuosa y adaptada a las necesidades individuales del niño.

Y volviendo al tema que nos ocupa, que son las emociones de nuestras criaturas, y citando de nuevo a la doctora Montessori, los dos grandes peligros del educador son «el orgullo y la cólera». Y efectivamente son dos grandes obstáculos a la hora de mantener un vínculo seguro con nuestros hijos e hijas. Por eso es tan importante que las personas adultas hagamos hincapié en que podamos cultivar nuestra propia inteligencia emocional, para mantener la calma y la perspectiva en situaciones emocionalmente desafiantes.

En resumen, podemos reflexionar sobre los límites en tres tiempos:

- **ANTES**
  - Revisar y ajustar el ambiente preparado.
  - Reflexionar desde qué lugar estoy poniendo el límite.
  - Promover el autocuidado para poder tener mi sistema nervioso más regulado.
  - Informar, idealmente con pautas cocreadas, de los límites del espacio.
  - Consensuar con el otro progenitor (si lo hay).

- **DURANTE**
  - Informar del límite y dar alternativas.
  - Reflexionar desde qué lugar estoy poniendo el límite.
  - Notar las sensaciones de mi cuerpo.
  - Recordar las normas cocreadas del espacio.
  - Acompañar y validar las emociones resultantes.

- **DESPUÉS**
  - Revisar el ambiente preparado.
  - Acoger las emociones que he podido experimentar.
  - Reflexionar sobre el propio límite conmigo misma y con la otra figura parental, si la hubiere.
  - Reflexionar en familia, en reunión familiar.
  - Reparar si es necesario.

UNA PAUSA PARA RECUPERAR EL ALIENTO

Cierra los ojos. Pon una mano en el pecho y otra en tu abdomen. Respira profundamente e intenta ser consciente del aire en ambas manos.

Quizá este ejercicio sea difícil para ti, no olvides cuidarte al ponerlo en marcha, o incluso al no hacerlo si no es tu momento.

Piensa en un límite que te está costando sostener últimamente. Imagina un iceberg, con el comportamiento arriba y la necesidad abajo.

¿Qué límites podrías poner para cuidar de su integridad? ¿Qué soluciones podrías encontrar para decirle lo que sí puede hacer para satisfacer su necesidad? En los más pequeños, será el ambiente preparado; en los más mayores, también acuerdos o pautas que consensuar.

Revisa también qué estás haciendo antes, durante y después y qué cosas te parecen útiles y respetuosas y qué otras diferentes te gustaría probar para cuidar de los límites al tiempo que atiendes sus emociones.

LÍMITES QUE CONTROLAN	LÍMITES QUE CUIDAN
• Cuando esperamos que tengan obediencia ciega (no nos hacemos cargo). • Cuando no reconocemos la necesidad de autonomía, pertenencia, soberanía y contribución, y las oprimimos en vez de redirigir/validar. • Cuando nos cuesta la exploración y ponemos límites que no tienen que ver con la seguridad. • Cuando nos resulta difícil proteger o acompañar emociones y ESTAR con su emoción (de enfado normalmente). • Cuando no reflexionamos sobre los límites, los ponemos porque sí y no los consensuamos cuando crecen, en reuniones familiares/personales. • Cuando es demasiado difícil (a causa de nuestra propia historia o lo que llamamos música de fondo o de *Tiburón*).	• Cuando nos hacemos cargo sin tener la expectativa de que el infante vaya a hacernos caso, solo porque es nuestra tarea parental: dar cuidados. • Cuando reconocemos la soberanía o poder personal que poseen todas las personas, tengan la edad que tengan. • Cuando validamos y acompañamos las emociones resultantes de este límite, sin acabar cediendo o abusando de nuestro poder. • Cuando redirigimos hacia lo que sí pueden hacer, garantizando que puedan pertenecer y contribuir según su edad y desarrollo. • Cuando los hacemos partícipes de las decisiones familiares en las que puedan opinar, tanto de las que tienen capacidad para decidir como de las que no.

EMOCIONES Y CONFLICTOS

Hace unos años en Madrid tuvimos un regalo precioso: una nevada histórica que llamamos Filomena y que nos dejó recuerdos de felicidad para siempre. En uno de esos días en los que los niños y las niñas tomaron las calles, una de mis hijas vino corriendo y me dijo que había tenido un conflicto con un niño que se quería colar en la pista de esquí improvisada que habían organizado. Yo pensé que me estaba pidiendo ayuda y le pregunté si quería que fuera, ella me dijo que no hacía falta, que le había puesto un límite y que, cuando había intentado saltárselo de nuevo, lo había mirado a los ojos y le había dicho que ella era como su madre, así que el niño, finalmente, no se coló.

—¿Como tu madre? —pregunté.
—Sí, de pelea.

Si me hubieran preguntado hace veinte años si yo era de pelea, habría pensado que no, un no rotundo.

Cuando estaba en la universidad, tuve una asignatura que se llamaba Psicología Social de la Negociación, y la profesora que la impartía nos dijo algo así como: «El conflicto es lo mejor que puede pasar en una organización». Dijo esto el primer día de clase. En ese momento, pensé que iba a ser una asignatura muy difícil porque no estaba nada de acuerdo. No lo fue, me encantó y, efectivamente, **el conflicto, cuando se resuelve de forma sana, es lo que permite avanzar. A las organizaciones y a las personas**.

Lo que yo absorbí de pequeña era que el conflicto suponía lo peor que te puede pasar, que lo mejor que puedes hacer es estar de acuerdo en todo y que, como buena niña criada en un patriarcado, la mejor solución en esta vida eran el ajo y el agua, acrónimos de dos perífrasis verbales —ajo de «a joderse» y agua de «aguantarse»— que forman una expresión que viene a significar que te fastidies; expresión que hice mía entre otros introyectos como «para presumir hay que sufrir» o «los que se pelean se desean».

Aprendí que ser una niña fácil era lo que garantizaba mi supervivencia. No siempre fui así. Recuerdo que, con tres años, en la escuela infantil (de la que guardo un pésimo recuerdo, al contrario que el padre de mis hijas, que recuerda con gran cariño el mismo lugar y momento temporales) me castigaban por no comerme las lentejas. Hoy sé que tengo selectividad alimentaria y que todas las personas, tengan la edad que tengan, merecen, como mínimo, respeto, pero en ese momento me creí que, si daba problemas con la comida, acabaría en apuros. Con cuatro años recuerdo que no me salían las letras y solía borrarlas con mi propia saliva para que no me regañaran. Un día borré tantas veces que hice un agujero en el papel. Recuerdo la sensación de miedo en mi cuerpo y de tener la certeza de que debía esforzarme más, porque nadie me iba a proteger de ese problema. Hoy sé que soy disléxica, que mi cerebro puede hacer cosas increíbles y que la ortografía no es lo suyo, pero de pequeña aprendí, me creí, que la dignidad está relacionada con la forma de rendir. Cuando tenía cinco años, castigaron a toda nuestra clase, de forma colectiva, con los brazos en alto; todavía puedo sentir la rabia. O cuando, en clases de natación, nos lanzaban sin saber nadar para que perdiéramos el miedo al agua; recuerdo gritar «¡Piedad, piedad!» para que no arrojaran a los compañeros que no sabían nadar aún. Mientras se reían de la expresión, que obviamente habría visto en una película, aprendí que lo mejor que puedes hacer con la rabia es tragártela, porque explotar no solo no sirve de nada, sino que te mete en problemas o puede hacer que se rían de ti y te humillen. Cuando empecé primaria, ya era la niña perfecta, quizá, no en el sentido de ser tranquila o callada, la verdad es que hablaba (y hablo) un montón, pero era agradable, educada, graciosa y sacaba buenas notas. Creé un montón de sistemas, muchos aún los conservo, para autorregularme en clase. En casa no era muy diferente, en ambos lugares tenía personas adultas con buenas intenciones, pero pocos recursos y, al final, estaba, como se suele decir, sola ante el peligro.

¿Cómo no íbamos a ver el conflicto como algo negativo? Si no teníamos ejemplos de discusiones pacíficas, si nuestros adultos de referencia no sabían regularse, si todo eran gritos, amenazas, castigos verbales o incluso físicos. Los conflictos sanos implican inteligencia emocional, expresar, reconocer, asimilar, comprender y regular emociones. Y eso ni en mi casa ni en mi colegio pasaba. Es difícil ver el conflicto como oportunidad; si las emociones están desbocadas, el daño es seguro.

No, el conflicto no me gustaba y lo evitaba siempre que podía. El problema es que me daba cuenta de que la sensación de aguantarme me quemaba por dentro. Así que mi cerebro construía la emoción de la rabia y yo no la dejaba salir, hasta que, al final, lo hacía, de la misma forma que les pasaba a nuestros adultos, sin filtro. Para poder amigarme con la rabia tuve que amigarme con el conflicto. Hasta tal punto que, a ojos de mi hija, soy «de pelea». Y, además, me desenvuelvo genial resolviendo conflictos, soy muy analítica y observadora, así que veo el detalle y el conjunto global a un tiempo. Conflictos ajenos. En los míos progreso adecuadamente y, a veces, ni eso.

Así que, antes de seguir, déjame decirte que, también para mí, la teoría es fácil. Y la práctica no tanto. Yo, igual que tú, sé que es difícil. Y también, ahora que soy adulta, sé que la vida es estar constantemente eligiendo entre dos caminos difíciles: es difícil enfrentarte al conflicto de forma asertiva y es difícil reprimirte y no resolver el malestar. Es complicado resolver de forma asertiva y compasiva los conflictos que puedas tener con tus hijos e hijas. Y también reparar las consecuencias de la desconexión a la que te va a llevar no hacerlo. Es difícil en ambos casos. Al menos para nuestra generación; la siguiente, con nuestro ejemplo, lo tendrá un poquito más sencillo.

La parte bonita es que de cada situación puedes construir una reflexión que te ayude a ir resolviendo las piezas de tu propio puzle emocional. La parte menos bonita es que, ahora que ya sabes el impacto que tiene todo esto en las emociones de tus hijos e hijas, quizá creas que necesitas ir más deprisa y reducir el número de errores, pero como ya sabes, la infancia se cuece a fuego lento. Con esto en mente, creé un método para resolver conflictos que, como ya habrás imaginado durante la lectura del libro, no pone el foco en lo que los demás tienen que hacer, sino en lo que nosotros, de forma individual, podemos hacer. Cuando integramos este enfoque, no solo resolvemos los conflictos de manera más armoniosa, sino que también cultivamos nuestra inteligencia emocional y mejoramos nuestras relaciones con los demás, y, por tanto, logramos vínculos más fuertes y seguros.

Fase 1: Parar

Nuestro método comienza con la fase de «parar». Este paso crucial implica detenernos en seco para ganar perspectiva. Al hacerlo, logramos escapar de la frenética rueda de hámster que a veces puede atraparnos. Este tiempo de pausa nos permite reflexionar sobre nuestra vida, conflictos y el discurso interno que nos rodea. Además, nos brinda la oportunidad de observar la forma en que nos relacionamos con los niños, tanto verbal como no verbalmente. Durante este proceso, nos conectamos con nuestras propias expectativas y necesidades, lo que es esencial para una comunicación efectiva con los más pequeños. Es la parte más importante del método, y también la más difícil, conectar con las sensaciones del cuerpo puede ayudarnos mucho.

Fase 2: Observar

La fase de «observar» es fundamental cuando tratamos de entender a nuestros niños y niñas o a cualquier persona. Observar implica prestar atención minuciosa a su comportamiento y sus reacciones, lo que nos ayuda a, en la segunda fase de interpretación de lo observado, identificar las causas subyacentes de los conflictos. A menudo nos sorprenderá descubrir que la observación detallada puede revelar motivaciones y preocupaciones que no habíamos notado previamente. Por supuesto, todo lo que queramos construir en relación con los demás lo tenemos que haber experimentado antes en primera persona, de ahí la importancia de la autoobservación.

Fase 3: Autoescucharnos

«Autoescucharnos» es un paso imprescindible en nuestro método. La etimología de la palabra «escuchar» nos lleva a la idea de inclinarse para aplicar la oreja, lo que implica estar dispuestos a escucharnos a nosotros mismos. Cuando nos enfrentamos a conflictos con nuestros hijos, debemos reflexionar sobre cómo estamos respondiendo emocionalmente. ¿Cómo manejamos la ira, la frustración o el estrés? Este proceso nos ayuda a comprender nuestras propias reacciones y a relacionarnos de manera más consciente con nuestros hijos.

Fase 4: Conectar

La fase de «conectar» se enfoca en garantizar que nuestros hijos se sientan valorados y escuchados. La conexión es esencial para su desarrollo emocional y su sentido de pertenencia. Cuando los niños no se sienten importantes o escuchados, pueden adoptar comportamientos para buscar esta atención. Al comprender la importancia de la conexión, podemos promover un ambiente en el que nuestros hijos se sientan apoyados y seguros.

Fase 5: Preparar el ambiente

Una parte clave de nuestro método es «preparar el ambiente». Esto implica estructurar el entorno de manera que satisfaga las necesidades de nuestros hijos. Reconocemos la importancia de respetar los periodos sensibles y las tendencias humanas en el desarrollo de los niños. Al adecuar el ambiente a estas necesidades, ayudamos a nuestros hijos a desarrollarse de manera saludable y a satisfacer sus intereses sociales de una forma segura.

Fase 6: Involucrar a los niños

En la fase de «involucrar a los niños», enfatizamos la importancia de permitir que los más pequeños participen en tareas diarias. Esto les proporciona un sentido de pertenencia y contribución a la vida cotidiana. Además, reconocemos que las desviaciones y los problemas de comportamiento pueden surgir cuando no se sienten incluidos. Al brindarles la oportunidad de participar de manera significativa, podemos mejorar su autoestima y empatía.

Fase 7: Establecer expectativas

La fase de «establecer expectativas» nos insta a ser conscientes de lo que es esperable en cada etapa del desarrollo de un niño. Al comprender las limitaciones y capacidades de nuestros hijos, podemos ajustar nuestras expectativas de manera realista. Esta comprensión alivia la presión tanto en los padres como en los niños y permite una relación más armoniosa y saludable.

Fase 8: Utilizar la intuición

En la fase de «utilizar la intuición» destacamos la importancia de escuchar nuestra intuición y nuestro «niño o niña interior» al abordar conflictos con nuestros hijos. A veces, nos atascamos en situaciones conflictivas y nuestra intuición puede proporcionarnos respuestas y soluciones valiosas. Al prestar atención a nuestra intuición, podemos encontrar caminos para superar los desafíos con mayor facilidad.

Fase 9: Actuar

Basándonos en esto que hemos observado, ahora vamos a tomar una decisión. ¿Y qué vamos a hacer? Pues buscar soluciones. No importa si no damos con la mejor, ni siquiera con una que funcione, porque empezar a pensar en soluciones ya es «actuar». Y estás actuando solo con reflexionar sobre cómo reaccionar de forma diferente.

Fase 10: Reflexionar compasivamente

Esta es la última fase, en la que vamos a preguntarnos: ¿qué vamos a hacer con todo esto que ha pasado? En cada situación que nos acontece, hay mucha información y, si reflexionamos un poco, vamos a poder encajar distintas piezas del puzle. Esto nos va a permitir conocernos un poco mejor y, sobre todo, mejorar la conexión con nuestros seres queridos.

Con este método podrás darte cuenta de dónde puedes poner el foco, cuál es tu fortaleza y, desde ahí, poco a poco, ir ampliando tu ventana de tolerancia y abarcar las fases con las que te sientas menos cómodo o cómoda, siempre desde tu fortaleza. Nos sirve desde dos lugares:

- Nos da más información (y con ello tenemos unas «gafas de bucear» de más calidad y más limpias, que nos permiten ver mejor).
- Baja el nivel del agua de nuestro iceberg al haber menos conflictos y tener más conexión (y esto hace que podamos ver el comportamiento como señal o petición de ayuda).

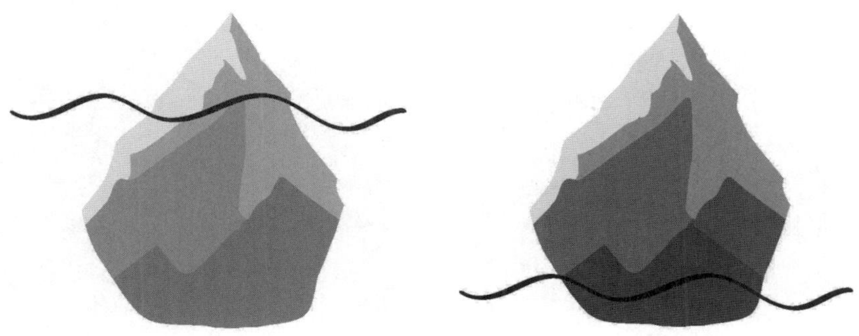

Para ayudarte a interiorizar lo abordado en este epígrafe, te comparto dos cuadros con ideas para cuando las criaturas no quieren seguir el límite, y para cuando a las figuras adultas nos cuesta sostenerlo. Podrás encontrar mucha más información al respecto en mi libro *Criar desde el corazón*. Las dificultades con los límites constituyen solo la punta del iceberg de la complejidad de las relaciones humanas. Esto son solo pinceladas, ideas, que no sustituyen en ningún caso un acompañamiento terapéutico.

CUANDO NO QUIEREN SEGUIR EL LÍMITE	CUANDO NOS CUESTA SOSTENER EL LÍMITE
• Recordar que tienen todo el derecho del mundo de no seguir el límite, es decir, no tomárnoslo como algo personal. • Hacernos cargo; responsabilizarnos es la parte adulta, no tienen que ponerlo fácil. • Validar emociones, escucha activa. • Revisar nuestra intención (cooperar versus controlar). • Reparar si es necesario y buscar soluciones (reuniones familiares). • Observar y revisar nuestras expectativas. • Adecuar mejor el ambiente preparado (CASA). • Hacerlo juntos. • Revisar posibles dificultades de conexión y comprender su lógica privada y creencias. • Descubrir la intención positiva (suya y tuya). • Buscar equilibrio entre ser firmes y amables. • Descubrir más sobre desarrollo humano (tendencias humanas y periodos sensibles según el método Montessori) y ampliar la mirada (cuestiones relacionadas con el neurodesarrollo o derivadas de dificultades de integración sensorial).	• Recordar que lo estamos haciendo lo mejor que podemos. • NO CULPARNOS. • Tener presente la importancia de hacernos cargo; responsabilizarnos es la parte adulta y no hay por qué hacerlo solos/as. • Pedir ayuda a otras manos. • Validar nuestras emociones, escucharnos, reflexionar sobre qué expectativas tenemos sobre nosotras mismas como personas adultas. • Reparar si es necesario y buscar soluciones (reuniones familiares). • Tomarnos un tiempo para regular nuestras propias emociones y poder actuar sin ser permisivos o autoritarios. • Hacerlo juntos. • Recordar tu intención positiva. • Descubrir más sobre ti y tu historia. • Practicar el AUTOCUIDADO.

UNA PAUSA PARA RECUPERAR EL ALIENTO

Cierra los ojos.
Pon una mano en el pecho y otra en tu abdomen.
Respira profundamente e intenta ser consciente del aire en ambas manos.
Quizá este ejercicio sea difícil para ti, no olvides cuidarte al ponerlo en marcha, o incluso al no hacerlo si no es tu momento.
Piensa en la última vez que hubo un conflicto en casa, en cómo lo resolviste. Conecta con esa sensación corporal.
Ahora haz un paseo imaginario al pasado y aplica el método de diez pasos que hemos mencionado antes.
Conecta con esa sensación corporal.
¿Notas la misma percepción en tu cuerpo?, ¿igual o diferente?

ACOGIENDO A TU NIÑA/NIÑO INTERIOR, CUIDANDO A LA PERSONA ADULTA QUE ERES

Hace un tiempo, estaba en un pico de estrés importante con mi examen de guía Montessori a la vuelta de la esquina, y una de mis chicas quiso quedarse a practicar conmigo. Yo cometí el error de decir que sí, aunque pensaba que era una mala idea, pero no quería sostener su emoción al negarme, aunque en ese momento no me di cuenta, como pasa tantas veces si estamos en piloto automático.

Al principio todo fue como la seda, pasamos un buen rato, nos divertimos... El problema llegó cuando ella se cansó de jugar al juego de «estudiar Montessori» y yo tenía que seguir estudiando. Mientras yo le pegaba una chapa infumable de por qué era importante para mí seguir estudiando, sin escuchar por qué para ella era importante jugar conmigo, cogió una barrita de perlas (un material que usamos en Montessori para aprender matemáticas) y la dobló. Y cuando yo grité que eso no se podía hacer y fui corriendo hacia ella para recordarle el límite, cogió todas las perlas de la caja y las lanzó por los aires. Me hubiera encantado que mi vida fuera como un libro de «Elige tu propia aventura» y que me dieran a elegir, porque al ver todas estas opciones, quizá, habría escogido otra. Solo tal vez.

- A: Validas la emoción de la niña y la rediriges a una actividad fuera de casa que implique movimiento y naturaleza para regular el sistema nervioso de ambas a un tiempo.
- B: Pones música y bailáis y, cuando hagas una pausa, recogéis las perlas.
- C: Pones la tele a la niña y te tumbas a respirar un poco.
- D: Llamas a tu pareja y pides ayuda.
- E: La encierras en el baño y le dices que se tiene que quedar ahí hasta que recojas las perlas.

Triste y sorprendentemente, en aquel momento no tuve mi «Elige tu propia aventura», y mi cerebro pensó que el enfado era la mejor emoción y que meterla en el baño parecía una buena idea.

En este punto yo ya estaba disociada, como en los dibujos, cuando sale un angelito y un demonio a cada lado de la cabeza diciéndote qué hacer: «Pero ¿qué estás haciendo?, se te va la olla», «No la podemos controlar y tenemos que recoger las perlas», «Eso puede esperar, ¿qué hace la niña sola en el baño?», «Que dé las gracias que no he apagado la luz», «Pero ¿cómo vas a apagar la luz, si esto lo hacía tu padre y te morías de miedo?».

Al escribir esto, siento mucho miedo a mostrar mi vulnerabilidad, y lo hago con el deseo de que sea revelador y esperanzador para ti. Fueron unos segundos, pero en el momento me pareció una eternidad; algo en mí me impedía recoger y dejarla sola, pero tampoco podía abrir la puerta. Y entonces, la niña, mi preciosa niña, dijo «Tengo miedo, no quiero estar sola». Y rompió el maleficio, abrí la puerta, me disculpé, lloré, la abracé y pasé de las perlas.

Ese día me hice cargo y escribí un correo para cancelar el examen. Todo fue comprensión y aliento; finalmente sí me examiné y aprobé; pero, para mí, lo importante es que estuve a punto de romper un vínculo con una niña que me necesitaba y que, por supuesto, no se estaba portando mal.

Unos días después, se lo conté a Arwen, mi mentora en el Círculo de Seguridad Parental, y me hizo ver dos cosas. La primera, que el límite que yo había puesto, la puerta, entre yo y la niña, jugaba un rol muy importante: protegerla a ella de esa parte de mí que no sabe hacerlo de otra manera. Lo que para mí había sido un error garrafal como madre, tenía, a la vez, cierta intención positiva.

En situaciones límite, vamos a actuar con la misma violencia que ejercieron hacia nosotros. Si recibiste castigos físicos, como yo los recibí, es una posibilidad tan real que a mí, personalmente, me asusta. Y, a la vez, es parte de mí. Dentro de la terrible situación, de algún modo, la madre que habita en mí se hizo cargo, como pudo, de cuidar a mi hija y de no hacerle más daño.

La segunda, que ella no fingió que no pasaba nada, ni que no estaba asustada, ni suplicó para que abriera la puerta, ni dijo que no lo volvería hacer. Me pidió que me hiciera cargo, me puso un límite y expresó su necesidad.

Dentro de la terrible situación, emitió una señal correcta: ese «tengo miedo» es exactamente el mensaje que emite un niño o una niña con apego seguro. Y esto, cuando vienes de un apego desorganizado, es un auténtico logro. No hay nada de lo que yo pueda estar más orgullosa que del trabajo que he podido hacer para vincularme de forma segura con mis hijas. Y es que es terriblemente difícil estar presente para tu hijo o tu hija cuando, por dentro, lidias tu propia batalla. Como yo me crie en entornos donde el miedo, la vergüenza y la culpa eran las mejores emociones para motivarnos, hubiera sido muy fácil quedarme ahí estancada. De hecho, lo primero que hice fue llamar a mi pareja y contarle lo que había pasado; él vino a casa corriendo, no tanto a recoger perlas, que también, sino a darme un abrazo, porque yo estaba realmente asustada de lo que había estado a punto de hacer. Además, me sentía muy culpable, que en el fondo es la forma en que las adultas nos castigamos a nosotras mismas, ahora que ya nadie nos puede castigar. Y te lo cuento francamente avergonzada, asustada por lo que puedas pensar de mí y por si el resto de las cosas que he contado en el libro perderán credibilidad por mi error. Pero también sé, o estoy aprendiendo, que errar no te hace perder valor y que lo importante no es no cometer nunca un error, sino lo que hacemos con él.

Acogí y acojo estas emociones, escucho lo que me tienen que decir y, a la vez, elijo cambiarlas por otras. La primera es la satisfacción, porque, aunque me hubiera gustado parar antes, puede hacerlo durante. Y esto es todo un logro. La segunda es la esperanza, porque espero que esto que te he contado pueda ayudarte también, sabiendo que somos muchas las personas que estamos en este camino, que no es todo perfecto y que, con ser suficientemente bueno, basta. La tercera es la gratitud: que una experiencia muy difícil pueda convertirse en algo que ayude a otras personas es, claramente, resiliencia.

Te he contado en los capítulos anteriores mis métodos para atender necesidades y para acompañar conflictos. Seguramente, la más difícil de todas las fases, después de la de parar a tiempo, sea la de conectar con ellos. Resulta complicado acompañar a alguien si tienes otra necesidad en ese momento, no es fácil acompañar a tu hijo en un estado de desregulación si lo que necesitas es descanso. Va a ser mucho esfuerzo pausar tu necesidad de descanso, por eso el cerebro, que como ya sabrás formula una hipótesis de la mejor emoción para una situación determinada, saca al enfado «a calentar», porque sabe que, si sale este, marca un gol (pone un límite) y se termina el partido y te puedes ir a descansar. O, incluso descansada, quizá la emoción que expresa tu hijo o hija es justo aquella que tú no te permites, seguramente porque en tu casa no era permitida. Esto pasa con la ira infantil, entre otras, y es realmente muy doloroso de sostener. Ya hemos visto que cómo fue sostenida en nuestra infancia tuvo mucho impacto, y es así con todas y cada una de las emociones.

Ser una figura parental significa que eres el garante de sus necesidades, pero también de las tuyas y, como vimos en el primer capítulo, a veces estas necesidades son contradictorias. **Ser una figura parental significa poner en pausa tu emoción (recuerda, en pausa, no en *stop*) y atender la de tu hijo siempre que sea posible.** Y, cuando no lo sea, hacerte cargo (es decir, poner el límite desde la asertividad, sin tener que recurrir al enfado).

No puedes acompañar si lo que quieres es que esa emoción pare de una vez. Y no solo por cansancio, en ocasiones, sostener las emociones de nuestros hijos e hijas no es solo agotador, sino una experiencia que puede activar muy fácilmente respuestas de lucha, huida o parálisis. Ya lo vimos en la primera parte del libro: es difícil estar.

Y ese día, no fue solo que yo no podía estar, es que me dije a mí misma que había sido una mala madre y una mala persona. Obviamente, mi comportamiento no me pareció ejemplar, ni de cerca, pero cometer un error no te convierte en uno. Durante muchos años yo me construí con la idea de que cometer un error te hace perder valor, que si fallas, tú te conviertes en un error. Me identifiqué con esta creencia y con muchas otras etiquetas, algunas de ellas no me pertenecían; varias las he cambiado por etiquetas más precisas, y otras tantas las he podido integrar como parte de quien soy.

¿Qué es una etiqueta?

La etimología de la palabra «etiqueta» no proviene del latín, como muchas de nuestras palabras, sino del francés *etiquette*, señal escrita en una estaca, y esta, probablemente, del gótico *stakka*, que significa «palo». Algo así como que etiquetar a un niño es como atarlo a un poste, la imagen mental es terrible, y me parece importante para reflexionar sobre algo fácil de hacer pero difícil de deshacer. Como si al quitar la etiqueta siempre quedara una marca, una cicatriz. Incluso en aquellas etiquetas que parecen positivas, como en mi caso lo fue la de ser inteligente, termina ejerciendo una presión al compararte constantemente con los demás. En mi caso, además, esta etiqueta coexistía con la de «no tan inteligente como mi hermano o mi madre». Lo que me llevaba, además, a cuestionar mi propio intelecto y a ocultar mi inteligencia en ciertos momentos. O, por ejemplo, en el caso de mi pareja, la etiqueta de no tomarse nada en serio marcó su vida de manera compleja. Por un lado, le provocaba dolor, pues le hacía sentir poco capaz y, por otro, le facilitaba la vida, al eliminar la presión de las expectativas. La vida adulta no perdona, y viró hacia el extremo de la hiperresponsabilidad. La etiqueta hoy es más precisa, TDAH, pero esto te lo contará él en el epílogo del libro.

Volviendo a las etiquetas infantiles, ahora se produce una gran paradoja, una de esas incoherencias a las que hacía referencia al principio del libro. A pesar de que estas etiquetas han influido en nuestras vidas, seguimos poniéndoselas a nuestros propios hijos. Bien es cierto que las etiquetas nos ayudan a categorizar y a pensar de forma más rápida, pero esto siempre implica una pérdida de información. Aunque nuestra intención es positiva y somos personas motivadas por el deseo de comprender y alentar a nuestros hijos e hijas de la mejor manera posible, estas etiquetas pueden afectar la percepción que tienen de sí mismos y moldear su identidad. A la vez, darnos cuenta de que esto sucede, pero también de que nuestra intención es siempre benevolente, puede ayudarnos a reflexionar sobre para qué lo hacemos y cómo podemos dejar de hacerlo, reducir su frecuencia. Como figuras parentales, lo estamos haciendo lo mejor que podemos, y esta conciencia es esencial.

Para mí, lo más importante es recordar que estas etiquetas no son certezas y, a la vez, ayudarlos a desidentificarse de aquellas que han absorbido, no solo desde casa, sino desde otros entornos. Tú no eres lo que haces, tú no eres la etiqueta que te han puesto. **Tú eres tú. Y has venido al mundo a ser quien eres, no quien piensan que eres.**

Como personas adultas nuestra función es proteger y preservar esa creencia en su propia valía. Los niños son valiosos sin importar las etiquetas que se les coloquen, nacen así y, cuando no se sienten de esa forma, nos lo van a hacer saber. No con palabras, sino con su comportamiento. Y es que los niños y las niñas son, digamos, autocorrectivos, es decir, los comportamientos que nos parecen disruptivos están indicando una necesidad. El problema es que las etiquetas pueden distorsionar nuestras percepciones y limitar nuestro entendimiento. De nuevo, la observación es una herramienta valiosa en este proceso de autocorrección, que implica describir y transcribir sin juicios.

Esta capacidad de reflexión es especialmente relevante en el contexto de la inteligencia emocional, ya que es necesario dar espacio para que todas las emociones puedan ser expresadas y estas etiquetas quizá influyan en la forma en que los niños gestionan sus emociones. Llorón, sensible, intensa, movido, mandona, listilla... Todo esto tiene impacto en su inteligencia emocional. Por ello, es fundamental acompañar, validar y sostener sus emociones, e incluso cuando ellos mismos se autoetiquetan, podemos ayudarlos a romper con ellas, a desidentificarse de ellas. Y si lo podemos hacer con las suyas, también con las nuestras.

Ahora, me gustaría romper contigo una etiqueta muy habitual que hemos introyectado las figuras parentales, especialmente las madres. «La buena madre es abnegada, sacrificada y siempre pone a los demás por delante de ella». Si piensas en las comidas festivas de Navidad, seguramente recuerdes a tu abuela o a tu madre liada en la cocina, mientras los demás se divertían. En cualquier otra ocasión, igual la ves comiéndose la comida fría, eligiendo el huevo frito roto, la fruta que empieza a ponerse mala o el filete más pequeño.

Hoy hemos avanzado un poquito más y decimos cosas como que hay que cuidarse para poder cuidar. Y me encantaría que el introyecto en nuestros hijos fuera «Quiero cuidarme porque me lo merezco», que llevado al terreno emocional sería algo como «Quiero cuidar mis emociones no solo para cuidar las de los demás, sino porque son parte de mí». Me encantaría que esta generación normalizara pedir ayuda e ir a terapia, escuchar las emociones en vez de reprimirlas y solucionar los conflictos en vez de ocultarlos. Y, para ello, es importante dejar de etiquetar sus acciones en buenas y malas: no hay buenos o malos comportamientos, no hay buenas o malas decisiones; hay acciones, comportamientos y decisiones que tomamos en un momento porque fue lo que consideramos que nos cuidaba más. **Cuando etiquetamos sus acciones en buenas o malas, de manera indirecta, los etiquetamos a ellos y a sus emociones, y esto puede hacer que se sientan juzgados o incomprendidos.** Al evitar etiquetar sus emociones, les damos espacio para explorar y expresar sus sentimientos de manera abierta y saludable. Esto es esencial para su desarrollo emocional y su capacidad para comprender y para regular sus emociones a medida que crecen. Y, a la vez, esto, tal como están configurados tanto nuestro pensamiento como nuestro sistema de creencias, va a ser difícil.

Del mismo modo, será complicado acompañar si lo que quieres es que pare la emoción, y al mismo tiempo puedes ser consciente de que no estás acompañando al cien por cien, lo que implica varias cosas. La primera, que *a posteriori* puedes reparar con tu hijo («Lo siento, antes no te acompañé como me hubiera gustado»); la segunda, que puedes reparar contigo («Lo he hecho como he podido, me acepto, me quiero y me cuido»), y la tercera, que puedes reflexionar sobre aquello que te activó tanto para que, la próxima vez, la sensación desagradable sea más suave o incluso puedas pensar mientras sucede.

Hecho es mejor que perfecto. Y reflexionar sobre lo que nos pasa es pluscuamperfecto.

UNA PAUSA PARA RECUPERAR EL ALIENTO

Cierra los ojos.
Pon una mano en el pecho y otra en tu abdomen.
Respira profundamente e intenta ser consciente del aire en ambas manos.
Quizá este ejercicio sea difícil para ti, no olvides cuidarte al ponerlo en marcha, o incluso al no hacerlo si no es tu momento.
Piensa en aquellas etiquetas que te pusieron en tu infancia, alístalas todas.
Apúntalas en un cuaderno y escribe a continuación cómo han impactado en ti, ¿te representan?, ¿te adheriste a ellas?, ¿te molestan? Si se las dicen a tus hijos o hijas, ¿qué efecto tienen en ti?, ¿podrías cambiar estos adjetivos por otros que te cuidaran más?
Si lo deseas, puedes crear alguna afirmación para tus etiquetas y para ti misma, para ti mismo.

DE LA TEORÍA A LA PRÁCTICA, ¿POR QUÉ ES TAN DIFÍCIL?

Hace años, una de mis hijas tuvo un trastorno del sueño, por hábitos incorrectos, o eso dijeron, pero realmente no creo que haya nada de incorrecto en dormir junto a las personas que quieres y te cuidan. El problema es que no conseguía enlazar fases de sueño y se despertaba cada veinte minutos. Ella y yo, porque tenía ocho meses y tomaba lactancia materna. Hicimos un gran peregrinaje por el desierto, que voy a ahorrarte, para centrarme en que, con la ayuda de un neuropediatra que estudió su caso con mucho cariño, hoy tengo una niña que duerme muy poco pero muy bien. Si estás ahí, hay esperanza.

Una vez que sabes el final feliz, quiero contar la intrahistoria, en la que la privación de sueño me hizo perder kilos y facultades cognitivas a una velocidad de vértigo. Y, claro, eso se reflejaba en mi relación con las niñas. Visto con perspectiva, estaba agotada, y yo, a la vez, me martirizaba por la forma que tenía de tratarlas, porque sí, yo también gritaba cada día y también me fustigaba luego en un bucle infinito de automartirio.

Me llegó la información de una web que proponía un desafío para dejar de gritar, algo así como el reto del rinoceronte naranja, que con muy buena intención motivaba a las figuras parentales a dejar de gritar a sus hijos e hijas. Cada vez que lo hacías, volvías a la casilla de salida y empezaba otra vez el juego, como si se tratara del de la oca macabra. Fue lo más desalentador que he hecho en mi vida, mejor dicho, yo lo viví como desalentador. La intención era estupenda, benevolente, solo que no era mi momento. Como si alguien me lanzara al mar y, en vez de enseñarme a nadar, me dijera cada vez que me medio ahogara «Tienes que volver a tirarte».

Visto con perspectiva, trataba de enfocarse solo en la parte superior del iceberg y obviar la otra, la invisible. Y es que, muchas veces, gritamos porque nos acabamos de conectar con experiencias difíciles, con algunas que pasamos solos y a las que no pudimos dar sentido, y nuestro sistema nervioso (que quiere cuidarnos) toma el mando. Y nos para. Es biología. Por eso aquí no caben retos de animales naranjas ni tampoco culpas. Si queremos volver a estar presentes (algunas personas lo llaman tomar de nuevo el control) es necesario calmarnos y entrar de nuevo en modo conexión.

¿Cómo? Cada persona lo hará distinto, es importante descubrir nuestros propios recursos internos, qué estrategias pueden ayudarnos a volver a la calma para poder ser más responsivos que reactivos. Algunos recursos para cuando hemos «perdido la cabeza» te los conté en el segundo capítulo, donde hablábamos de la regulación, y, por ejemplo, podrían ser los siguientes: intentar reconocer cómo nos sentimos física y mentalmente (latidos acelerados, pensamientos que sin parar rondan nuestra cabeza), ejercicios de relajación, respiración, intentar involucrar nuestras funciones ejecutivas con ejercicios de lógica matemática, operaciones sencillas, deletrear palabras... Y al mismo tiempo es importante que recuerdes que estos son los parches. Las soluciones pasan, muchas veces, por priorizar nuestro autocuidado.

Probablemente, la solución definitiva sea darle la bienvenida al enfado. Y esto no quiere decir que nuestra casa sea siempre un lío de gritos y cabreos. No me refiero a eso, sino a que escuchemos lo que nos viene a decir el enfado. Para mí, es motivarnos a tomar las decisiones que necesitamos para poder sobrevivir. Podemos observar nuestros pensamientos y sostenerlos desde un lugar seguro para nosotros y nuestros hijos. Y, una vez amigados con el enfado, empezar, cuando viene de visita, a decir lo que nos molesta y a abrir amablemente la puerta, en vez de aguantar como podamos y dejar que se convierta en ira y tire la puerta abajo, o peor, termine prendiendo fuego a la casa.

Puedes, quizá, empezar por ti, por aprender que el rinoceronte aquel naranja no es ningún reto que evitar, sino un animalito perdido al que darle la bienvenida, como un cachorro descubriendo el mundo a través del juego. Y, desde este lugar, quizá puedas empezar a encontrar tus propios recursos internos u otros nuevos, con responsabilidad, sin regodearnos en la culpa, con mucho respeto y también compasión.

Nazareth Castellanos, física teórica y neurocientífica y una de las divulgadoras a las que más admiro, decía en una entrevista reciente: «Lo más importante es que esa niña va a recibir lo que yo lleve dentro [...]. Si yo quiero que mi hija esté bien, tengo que estar yo bien». Y es que para esto hace falta mucho autocuidado y el autocuidado, como dice Nazareth, va de autorrespeto.

No existe Control + Z (el comando para deshacer la última modificación en un ordenador) en la vida. Pero si de las experiencias difíciles podemos sacar un aprendizaje, hay esperanza. Lo más parecido al Control + Z es la reparación, no podemos evitar siempre todos los males, ni siquiera, y por desgracia, los que provocamos nosotros. Por suerte, al reparar, podemos incluir el enfoque en soluciones y con ello estamos trabajando la prevención.

Y para prevenir, una de las cosas más efectivas que podemos hacer es cuidar de nuestro sistema nervioso y esto implica, entre otras muchas cosas, autocuidado y autoconocimiento. Vamos con ellos.

El autocuidado

El autocuidado no se limita a una tarea más en tu apretada agenda, sino que abarca todo lo que te simplifica la vida, fundamentalmente aprender a amarte y respetarte. No quiere decir separarnos de nuestros hijos o hacer grandes planes. Puede incluir una siesta placentera con un bebé que crece a cada segundo, observar a nuestros pequeños mientras juegan, jugar con ellos (reconectando con nuestros propios niños internos olvidados), realizar excursiones, compartir aficiones, ver una película.

No tiene tanto que ver con qué haces, sino con desde dónde lo haces. Y voy un poco más allá, **el autocuidado tiene mucho más que ver con cómo gestionas las cosas que te pasan que con lo que realmente te pasa**. Y es que el autocuidado nos libera del modo supervivencia, permitiéndonos experimentar tranquilidad y plenitud, no nos libera de los hechos que nos provocan estrés en el día a día.

En la práctica, el autocuidado implica tomar decisiones que nos simplifiquen la vida y nos hagan más felices, disfrutando del presente, en lugar de vivir atrapados en creencias limitantes. También significa aceptar que las cosas son como son, no necesariamente como las imaginamos, lo cual es una lección valiosa que la maternidad/paternidad suele ofrecernos. Más importante aún, implica aceptar que no somos la madre o el padre ideal que teníamos en mente, sino que somos seres que necesitan tiempo para cuidarse. La exigencia de ser perfectos y sobrepasar nuestras propias expectativas puede generar ansiedad y privarnos de la paz y la felicidad. Nuestros hijos van a absorber estas expectativas y las considerarán normales. Por lo tanto, si todavía no puedes hacerlo por ti, quizá encuentres la motivación en hacerlo por ellos: **un ejemplo imperfecto pero feliz es mucho más valioso que un ejemplo perfecto, agobiado y sobrepasado**.

El diálogo interno que construimos y la conciencia de que no somos nuestros pensamientos, sino nuestra esencia, y de que lo hacemos lo mejor que podemos es el verdadero autocuidado. Significa ser amable contigo mismo en la vida cotidiana: cómo te tratas, cómo te hablas, cómo escuchas tus necesidades. Este enfoque es más importante y efectivo que dedicar un tiempo para ti, aunque, por supuesto, esos momentos también son bienvenidos, ya que, al elegir invertir en nosotros mismos, nos estamos considerando importantes.

El autocuidado es una transformación de perspectiva. Se trata de la relación que mantenemos con nosotros mismos, de cómo nos amamos, valoramos y priorizamos, de cómo nos tratamos con gentileza, de cómo nos hablamos desde la compasión y nos aceptamos con amor incondicional. Y todo esto lo podemos lograr con nuestros hijos a nuestro lado. Si bien el autocuidado a veces puede ser utilizado para evadir situaciones abrumadoras (como escapar al baño en medio de una crisis), resulta esencial recordar que nuestro objetivo es enfrentar y superar esas situaciones. Cuando tenemos hijos, el autocuidado cambia, ya que albergamos a estos seres a nuestro cuidado, y merecen lo mejor de nosotros. Por lo tanto, el autocuidado implica vivir el presente y apreciar cada momento juntos como un privilegio en lugar de una mera obligación.

El autoconocimiento

A menudo, los sentimientos desagradables que no podemos atribuir al momento presente provienen de nuestras creencias arraigadas, es nuestra música de *Tiburón*. Por lo tanto, el desarrollo personal se convierte en otra vía hacia la serenidad, al revisar y transformar esas creencias y cuidar a nuestra «niña o niño interior».

Antes de seguir quiero hacerte una pregunta: ¿quién es la persona más importante en tu vida? Muchos responderán, de inmediato, «mis hijos». Porque los consideramos una gran responsabilidad, sobre todo cuando son pequeños y vulnerables y dependen de nosotros para sobrevivir. Pero aquí está la revelación: los individuos más cruciales en nuestras vidas somos nosotros mismos. Criar a nuestros hijos es un viaje que nos lleva a explorar tanto nuestras luces como nuestras sombras, a profundizar en la consciencia y el autoconocimiento, y a experimentar el amor incondicional.

En este viaje, podemos perdernos, y, a la vez, es importante encontrar un faro que nos ayude a no hacerlo, y esa luz la podemos hallar en nosotros mismos, para no olvidar cómo amar incondicionalmente a la persona que fuimos, somos y seremos. Nuestros hijos suelen ser la chispa que enciende el motor de nuestro viaje, inspirándonos a redescubrir nuestra esencia. Y al mismo tiempo considerarlos como lo más importante podría llevar a una percepción errónea de que son responsables de nuestro bienestar, cuando, en realidad, este depende enteramente de nosotros.

Si te resulta difícil colocarte como prioridad en tu vida, te invito a reflexionar sobre por qué sientes esto. ¿Es el miedo, la vergüenza o la culpa lo que te frena? Conocer esto, conocerte, te facilitará el camino. Por ejemplo, si la culpa es tu acompañante, déjame decirte que dedicarte tiempo no es egoísta, sino un acto de autoestima y, al mismo tiempo, de generosidad. Cuando te cuidas, te sientes pleno y esa plenitud se irradia a quienes te rodean. Si te sientes avergonzado, recibe mi abrazo virtual. Nuestra mayor fortaleza reside en nuestra vulnerabilidad. Eres suficiente tal como eres, y todas tus necesidades son justas y valiosas.

Si el temor a lo que podría ocurrir en tu ausencia es lo que te detiene (me refiero a un miedo irracional; en caso de un miedo real, busca ayuda, por favor), recuerda que todo estará bien en cualquier circunstancia (salvo situaciones excepcionales) que involucre a tus hijos; estarás allí para acompañarlos después. Quizá no te brindaron protección en el pasado, pero tus hijos sí están protegidos. Además, tanto tú como ellos podéis aprender de cada experiencia.

Para muchas personas, la falta de tiempo es una barrera a la hora de priorizarse. Siempre hay tiempo para el trabajo, el cuidado del hogar, las tareas y las responsabilidades, mientras que los momentos para nosotros se pierden en el fondo de la agenda. Esto se debe en parte al sistema que nos rodea, que nos exige constantemente y evalúa nuestro valor en función de nuestra productividad, y al mismo tiempo desde nuestra pequeña parcela de poder podemos hacer algunos cambios.

Empezar por agendar tus cuidados igual que lo haces con los de tu familia es una forma de honrar a tu niña o niño interior. Y es que, cuando desconectamos de ella o de él, nos alejamos de nuestros hijos, lo que suele ocurrir en una vida apresurada y exigente. Nuestra niña o niño interior, desatendida/o y desalentada/o, intenta comunicarse de diversas formas, a menudo sin obtener respuesta. No es un sabotaje, sino una estrategia de supervivencia aprendida. Sin embargo, tarde o temprano, este mecanismo pasará factura. Por lo tanto, pienso que un conjunto de herramientas para abordar conflictos o trabajar la inteligencia emocional no es suficiente; parece fundamental trabajar en nuestra propia consciencia, conocernos a un nivel profundo. En otras palabras, comprendernos mejor, y, gradualmente, deshacernos de las creencias limitantes que nos impiden creernos que ya estamos siendo nuestra versión mejor.

Para mí, educar en conexión significa mirar hacia dentro en lugar de buscar respuestas externas. Las respuestas están en tu interior, en la personita que fuiste y en los que tienes frente a ti, tus maestros. Al calmar la mente y abrir el corazón, encontrarás la mayoría de las respuestas. Sin embargo, es complicado cambiar patrones mentales cuando carecemos de ejemplos. De ahí nacen las propuestas que tendrás a continuación.

El autocuidado puede ser de cinco tipos:

TIPO DE AUTOCUIDADO	FÍSICO	EMOCIONAL	SOCIAL	RACIONAL	ESPIRITUA
Parche (remedio para el destape en ese momento)	• beber un vaso de agua • respirar • tumbarte • un minuto de silencio • caminar • correr • saltar • bailar • cantar • comer • tomar una infusión	• aceptación • benevolencia • compasión • permitir emociones • gritar (a nadie) • tratarse y hablarse bonito	• salir a la calle • quedar con una amiga • pedir ayuda a la familia • tiempo especial (con una misma)	• contar hasta diez • contar del revés • evocar un recuerdo feliz • mirarles las manos • recitar un mantra • reto matemático	• meditar • visualización • rezar • salir a la naturaleza
Solución (remedio a largo plazo)	• rutina deportiva • gimnasio • yoga • bici • bailar • cuidar la alimentación • priorizar el descanso	• terapia • reparar el vínculo • aprender estrategias para el estrés • reducciones de jornada	• planear citas con amigas/pareja/una misma • trabajo • aprender a poner límites • dejar las redes sociales	• leer • hobbies • cursos para el trabajo • cursos personales • organizar presupuesto financiero • delegar	• rutina de meditación o yoga • rutina de salid a la naturalez • escribir un dia • jugar • conectar con uno mismo

En resumen, el autocuidado es un cambio de perspectiva que nos lleva a ser amables con nosotros mismos en nuestra vida diaria. Al abrazar nuestra esencia y nuestras necesidades, y al vivir el presente, es más fácil encontrar la paz y la felicidad que anhelamos. Y para saber cómo tenemos que cuidarnos es importante un autoconocimiento que nos permita descubrir qué necesitamos.

UNA PAUSA PARA RECUPERAR EL ALIENTO

Cierra los ojos.

Pon una mano en el pecho y otra en tu abdomen.

Respira profundamente e intenta ser consciente del aire en ambas manos.

Quizá este ejercicio sea difícil para ti, no olvides cuidarte al ponerlo en marcha, o incluso al no hacerlo si no es tu momento.

Piensa en los cinco tipos de autocuidado que hemos enumerado antes. De los cinco, ¿cuál crees que es el que te está haciendo más falta? ¿Qué serían para ti soluciones rápidas o parches que te ayudaran a recobrar el aliento? ¿Y soluciones más complejas, a largo plazo, y también más sólidas, profundas y efectivas? Si lo crees conveniente, repite con cada uno de los tipos de autocuidado. Puedes escribirlo en un cuaderno y trazar un plan de acción para parches y remedios a largo plazo.

EMOCIONES: MANUAL DE CUIDADOS

LA EMOCIÓN DE QUE SEPAN QUE PUEDEN CONTAR CONTIGO

En mi vida laboral anterior, como agente de viajes y como funcionaria en servicios turísticos, presencié muchos momentos en los que las personas decían «Mi padre me va a matar» o «Mi madre me va a matar», en el sentido de que se iban a enfadar muchísimo cuando perdían un tren. Según la época de mi vida decía unas cosas u otras, pero cuando ya tenía a mi hija mayor les aclaraba que lo único que queremos los padres es que nuestros hijos lleguen a salvo a casa. Y tengo un recuerdo grabado, vendí unos billetes de avión a unos familiares, unos muy queridos. Y el día que iban a volar me saltó una notificación con un «no show» (habían perdido el vuelo) y una reserva de coche de alquiler. Cuando llamé para preguntar si estaban bien, me dijeron que sí y un «Por favor, no se lo digas a mi madre». Estaban más cerca de los cuarenta que de la adolescencia, si te lo estás preguntando. Y no querían que se enterara su madre. Y yo conozco a su madre, y sé que lo único que le importa es que sus hijos vuelvan sanos a casa. Sin ninguna duda. Y así se lo ha demostrado cientos de veces, incluso en situaciones muy límites. Pero también sé que usa el juicio, el sermón o la crítica como estrategias; y la culpa, la vergüenza y el miedo como emociones motivadoras para sus hijos e hijas. Como lo usaron con ella. Y sé que los quiere incondicionalmente, pero también sospecho que el amor no les llega con la misma intensidad que con la que los ama.

Desde ese día, yo me hice una promesa tipo «yo nunca», y hago todo lo posible por cultivar una relación con mis hijas en la que, si tienen cualquier problema que no puedan resolver, piensen «Voy a llamar a mamá y a papá» y no «Que no se entere mi madre». No para decirles qué hacer, sino para que sepan que, aunque se confundan, vamos a estar ahí, que la inmensa mayoría de los errores son reparables y que, pase lo que pase, pueden contar con nosotros (aunque sea para ofrecer escucha y no soluciones).

Y entre la expectativa y la realidad hay mucho que no depende de mí.

Y también sé que soy un ser humano y que cometo errores.

Y que cuando reparas el vínculo, puede hacerse más fuerte.

Y el otro se libera. Se *des-culpa*.

Por lo tanto, no es necesario que acompañes a tus hijos e hijas de forma perfecta, pero sí que sepan que estás ahí. Y estar ahí significa estar con sus emociones o, mejor dicho, que ellos no estén solos con sus emociones.

En este capítulo vamos a hablar de algunas emociones, no diré básicas, porque realmente es una terminología que no me acaba de gustar, pero sí las más frecuentes en mi trabajo con las familias y que considero primordiales. Pero antes de empezar quería hablar de esta emoción que podría definirse como «la confiada esperanza de que puedes contar con la gente que te quiere para no estar solo con lo que te pasa». Aún no le he encontrado nombre, ni siquiera en otros idiomas, quizá pueda ser «confianzaridad», lo que tengo clarísimo es que es la base del apego seguro y la conexión.

El miedo, la ira y la tristeza fueron las primeras que se me vinieron a la mente cuando empecé este capítulo. Desde el Círculo de Seguridad Parental nos animan a tener en cuenta, también, otras tres emociones: la curiosidad, la alegría y la vergüenza (no la de sentirnos tímidas, sino la que nos hace sentirnos avergonzadas o incluso culpables, como *shame* en inglés). Consciente de que los conflictos entre hermanos y hermanas son uno de los disparadores más grandes de las figuras parentales, también hablaré de celos y envidia, que realmente son bastante parecidos, y en el proceso surgieron algunas más. Como mencioné anteriormente, la capacidad de regular las emociones intensas en la infancia es fundamental para el crecimiento y desarrollo de nuestros hijos e hijas.

Me gusta ver las emociones como si fueran las olas del mar, y creo que en edades tempranas ayuda mucho esta analogía para entenderlas también; hay veces que el mar está en calma y son pequeñitas y juguetonas, a veces son enormes y dan mucho miedo. En ocasiones hacemos un dique para que no pasen, pero cuando rompen, la fuerza es arrolladora.

Con esto en mente, ideé un sistema de diez pasos. Lo creé, originalmente, para la emoción de la rabia, porque es la que suele ser más problemática para las familias, pero, después de revisarlo y adaptarlo, ahora es aplicable a todas las emociones. En ningún caso tiene el objetivo de ser una chuleta a la que recurrir constantemente, ni es obligatorio seguir todos los pasos, ni en el mismo orden; solo tiene el objetivo de guiar la reflexión. Acompañar es estar, sin más. Pero esto es complejo de entender para muchas personas. Espero que estos pasos, con ejemplos, puedan ayudaros.

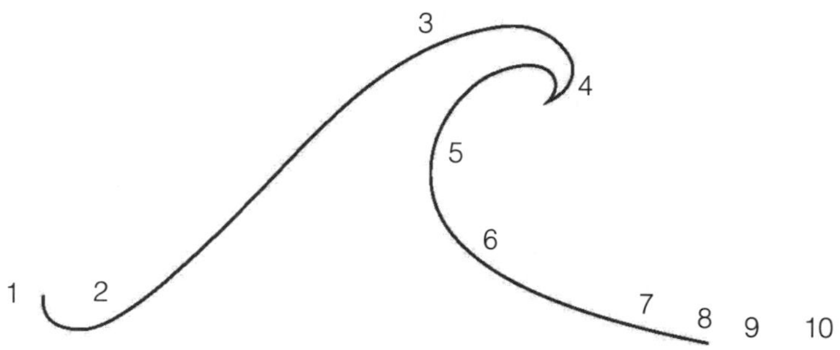

Fase 1. Cuando sea posible, PREVENIR

Aquí reflexionamos sobre todo lo que tiene que ver con revisar autonomía, los periodos sensibles (ventanas de oportunidad desde el punto de vista Montessori), ambiente preparado, cómo está nuestro autocuidado, la revisión de la expectativa adulta, cómo estamos llevando a cabo la observación, cómo se acompasan los ritmos, cuánto espacio tiene el juego...

Cuando estaba adaptando el decálogo, que, como ya te he dicho, originalmente estaba pensado para la emoción de la rabia, me encontré con una pequeña gran incoherencia. ¿Pondría la fase 1 de prevención si estuviera hablando de la alegría? ¿O de la curiosidad? Lo cierto es que me llamó la atención y estuve reflexionando un buen rato. Y descubrí dos cosas, la primera es que la prevención está, quizá, más pensada para las personas adultas que acompañan, y para mí, es igual de importante seguir al niño que a su familia; así que sí, la prevención de situaciones potencialmente difíciles es importante, aunque no siempre necesaria, sobre todo si las figuras parentales están en un buen momento. Y la segunda es que podemos extrapolar esta prevención a otras emociones, la clave está en la reflexión que hacemos *a posteriori*. Si esta prevención radica en el cuidado de nuestros peques, por ejemplo, si es un niño al que le afectan mucho los ruidos, quizá un parque de bolas no sea una buena opción si está muy cansado y lo podemos mover a otro momento, o si es una niña muy curiosa, sacar justo antes de dormir un libro sobre su objeto principal de estudio o, simplemente, algo que sea demasiado difícil para su estadio de desarrollo y frente a lo que no pueda contar con apoyo tampoco es la mejor de las ideas.

Sí, prevenir es importante. Y es muy diferente de evitar: la prevención cuida.

Fase 2. Cuando empieza, SOSTENER

Al principio de la ola, cuando la intensidad no es demasiado elevada, es el momento de bajar a su altura, mirarlos a los ojos y por supuesto escuchar lo que nos tienen que decir. Además de buscar alternativas, conectar y redirigir a aquello que sí es seguro, en vez de simplemente decirles lo que no pueden hacer. Recordemos que los niños y las niñas son observadores atentos. Aprenden de nuestro propio manejo de las emociones. Si modelamos una relación saludable con nuestras propias emociones, les estamos proporcionando un ejemplo que seguir. Mostrarles que todos tenemos emociones y que es normal expresarlas de manera apropiada resulta una lección potente.

La empatía es otra herramienta poderosa en la crianza de niños y niñas con emociones intensas. Significa ponernos en su lugar, tratando de comprender sus perspectivas y sentimientos. Al demostrar empatía, les enseñamos que estamos ahí para ellos, incluso cuando están experimentando emociones difíciles.

La empatía se manifiesta a través de frases como «Puedo ver que esto es muy frustrante para ti» o «Imagino que esto te hace sentir muy triste». Cuando reconocemos sus emociones y mostramos comprensión, fortalecemos el vínculo emocional y les brindamos apoyo. Además, la empatía es una oportunidad para enseñarles acerca de la inteligencia emocional. Podemos hablar sobre cómo se sienten, por qué están sintiendo esas emociones y cómo pueden aprender a manejarlas de manera saludable. Ayudar a los niños y niñas a comprender sus emociones es un regalo que les servirá a lo largo de sus vidas.

Fase 3. En el momento álgido, CUIDAR

En la cresta de la ola, podemos escuchar, reflejar, no hablar, proteger, empatizar. Solo si quiere, podemos ofrecer contacto, quizá solo necesite cercanía.

Cuando un niño o una niña se encuentra en medio de una explosión emocional, nuestra presencia es fundamental. El primer paso es brindarles un espacio seguro para que expresen sus emociones. Esto puede incluir permitirles llorar, gritar o expresar su ira de una manera que no les dañe a ellos ni a otros. Como figuras parentales o docentes, resulta esencial mantener la calma y evitar reaccionar con enojo o frustración, ya que esto puede intensificar la situación.

Fase 4. Cuando baja la intensidad, VALIDAR

Podemos nombrar la emoción, explicar, dar sentido a lo ocurrido, buscar/ofrecer soluciones.

En lugar de juzgar o minimizar las emociones de los niños y las niñas, podemos utilizar el arte de la validación emocional. Esto implica reconocer y aceptar sus sentimientos. Podemos decir algo como «Veo que estás muy enfadado/a» o «Entiendo que esto te hace sentir triste». La validación emocional los ayuda a sentirse comprendidos y aceptados, lo que a su vez puede disminuir la intensidad de sus emociones.

Fase 5. Cuando termina, SOLTAR

Quizá nos ayude sugerir un juego de expansión, alternativas de descarga, ofrecer una rueda de opciones, el contacto.

Al comprender que las explosiones emocionales son una parte normal del desarrollo infantil y aprender a acompañar a nuestros hijos e hijas a través de estas experiencias, estamos brindando un regalo valioso para su crecimiento emocional.

Fase 6. Concentrarnos en las sensaciones corporales agradables

Cuando hemos soltado el cuerpo, puede ser interesante ayudarlos a poner el foco de atención en las partes donde pueden notar sensaciones agradables con preguntas abiertas tipo: «¿Cómo notas ahora tu cuerpo?», «¿Igual o diferente?». Si son muy pequeños, podemos guiarlos un poco más: «¿Cómo están ahora tus piernas?», «¿Cómo notas tu mandíbula?».

Fase 7: Descubrir la intención positiva

Las explosiones emocionales pueden ser momentos confusos para los niños y las niñas. Es importante ayudarlos a dar sentido a lo que están experimentando. Esto implica explicarles qué emoción están sintiendo y por qué. Por ejemplo, podemos decir «Estás enfadado/a porque no puedes tener lo que quieres en este momento».

Explicar el porqué detrás de sus emociones les brinda claridad y les permite desarrollar una mayor conciencia emocional. También les muestra que sus sentimientos son válidos y comprensibles, lo que a su vez fomenta la aceptación de sus emociones.

Fase 8: Al final del día, REVISAR

Aquí entra en juego dar sentido a lo ocurrido, sensación-pensamiento-creencia-decisión, enfocarnos en fortalezas, recuerdos.

Una vez que la intensidad de la emoción ha disminuido y el niño está más receptivo, es el momento de buscar soluciones juntos. Invitarles a participar en la resolución de problemas les da una sensación de control y autonomía.

Podemos preguntar «¿Cómo podemos resolver este problema juntos?» o «¿Qué podemos hacer para que te sientas mejor?». Al involucrarlos en el proceso para encontrar soluciones, les enseñamos habilidades de resolución de conflictos y les mostramos que sus opiniones son importantes.

Fase 9: Personas adultas, APRENDIZAJE

Esto es aliento, reconocernos nuestra labor, soltar la emoción, abrazar a nuestro niño o niña interior y repetirnos alguna afirmación o mantra que sea significativo para nosotras. Por ejemplo: «Hemos sobrevivido, medallita», como si me condecorara cada día por lo que sí he podido hacer, en vez de fustigarme con todas las acciones que no he hecho como me hubiera gustado.

También es importante reflexionar sobre lo que está causando la explosión emocional. ¿Hay un desencadenante específico, como la frustración por no poder hacer algo o la incapacidad de expresar sus necesidades? Entender la raíz del problema nos permite abordarlo de manera más efectiva y ayudar a los niños y las niñas a desarrollar habilidades para manejar situaciones similares en el futuro.

La autorregulación emocional es una habilidad esencial que debemos incentivar como figuras parentales. Significa ser conscientes de nuestras propias emociones y aprender a manejarlas de manera efectiva. Cuando somos capaces de autorregular nuestras propias emociones, podemos ofrecer un mejor apoyo a nuestros hijos e hijas en momentos de crisis. Esto implica aprender a reconocer nuestras propias señales de advertencia cuando nos estamos estresando o perdiendo la paciencia. Podemos utilizar técnicas de respiración profunda, meditación o tiempo para nosotros mismos para calmarnos antes de responder a las explosiones emocionales de los niños y las niñas.

Fase 10: En todo momento, AMOR INCONDICIONAL

No es solo sentirlo, es que les llegue.

Expresar nuestro amor y apoyo, independientemente de lo que haya sucedido, les brinda seguridad y fortalece su autoestima.

Podemos decir «Te quiero mucho, independientemente de lo que ocurra». El amor incondicional les enseña que son amados por quienes son, no solo por su comportamiento.

Además, es importante recordar que el proceso de acompañar emociones intensas es un viaje continuo. La práctica constante y la paciencia son claves. El vínculo entre las figuras parentales y los niños y las niñas juega un papel crucial en cómo se manejan las emociones intensas. Una relación basada en la confianza, la empatía y la comunicación abierta sienta el fundamento para un manejo saludable de las emociones. Es esencial construir una relación en la que los niños y las niñas se sientan seguros para expresar sus emociones sin temor a juicios o castigos.

Finalmente, me gustaría añadir que podemos ver esta expresión emocional como un reto y vaya si lo es, pero también como una oportunidad de crecimiento y de conexión. Estamos allanando el camino para que se conviertan en adultos emocionalmente inteligentes y resilientes.

Por supuesto, aquí damos algunas pinceladas. Si las olas son demasiado fuertes y resulta necesario encontrar estrategias específicas para abordar las necesidades emocionales de los niños y las niñas, es fundamental buscar apoyo e incluso recursos adicionales.

ACOMPAÑARNOS A NOSOTROS MISMOS

Acompañar es todo un arte y para poder hacerlo, muchas veces, diría casi siempre, es importante practicar mucho. Dentro de este sistema de diez pasos, hay mucho de autorreflexión, pero queremos ir un poco más allá y que puedas practicar también contigo los pasos, serán parecidos y, a la vez, diferentes.

Fase 1. Cuando sea posible, PREVENIR

Es decir, todo lo que tiene que ver con el autocuidado, como hemos visto anteriormente.

Fase 2. Cuando empieza, SOSTENER

Puedes darle la bienvenida a tu emoción. A mí me gusta imaginarme que le abro la puerta como si fuera una amiga y pongo dos tazas de té en la mesa. Hay veces que implica volver al pasado y recordar otro momento en el que nos sentimos así; otras tiene más que ver con justo ese momento. Podemos unirlo con la fase 3.

Fase 3. En el momento álgido, CUIDAR

Conectar con la emoción desde la corporalidad y permitirnos expresar todo lo que nuestro cuerpo nos está transmitiendo, desde romper papelitos a gritar, pasando por pintar o crear con las manos, cada persona sabe lo que necesita. Cuidar la emoción con la respiración puede ser una opción que funcione bien para muchos, pero si no es un recurso para ti, conectar con las sensaciones corporales puede servir para regular tu emoción.

Fase 4. Cuando baja la intensidad, VALIDAR

Darte valor, reconocer que eres valiosa solo por existir, dar legitimidad a lo que sientes, a tus pensamientos y tus emociones, cuidar mucho tu diálogo interno, como si tu mejor amiga te contara una dificultad grande que tiene; máxima empatía y compasión, especialmente contigo.

Fase 5. Cuando termina, SOLTAR

Si recuerdas, las gacelas tiemblan después de una situación de mucho peligro para volver a recuperar el equilibrio. Mover el cuerpo puede ayudarte a destensar todos aquellos puntos con tensión. A mí me gusta dar saltos y agitar el cuerpo, mis hijas lo llaman «gelatinar» y también «gacelear».

Fase 6. Concentrarnos en las sensaciones corporales agradables

Puede ir de la mano de la fase anterior, concentrarnos en todas esas sensaciones que son agradables para nosotros, poner conciencia en cómo, ahora que hemos soltado, nuestra mandíbula se nota más suave, o acariciar nuestras manos en busca de la calma.

Fase 7. Descubrir la intención positiva

Ahora, una vez que hemos experimentado a través del cuerpo, llega el momento no solo de construir un diálogo interno compasivo, sino también de profundizar un poco más y revisar nuestros pensamientos, en el sentido de ajustar las interpretaciones que estamos haciendo de la realidad. ¿Para qué te sirve esta emoción? ¿Qué pasaría si no hubiera venido? Tendrás la tentación de decir que no sirve para nada o que no hubiera pasado nada; te animo a respirar un poco más y profundizar un poco más lento. La fase 7 y la fase 8 pueden ir unidas si tienes poco tiempo.

Fase 8. Al final del día, REVISAR

Es el momento de descubrir qué ha pasado, trata de conectar con algún recuerdo de tu infancia (si es demasiado doloroso, necesitarás hacerlo en compañía). En consultoría hacemos un trabajo muy bonito de conectar con un recuerdo de una edad determinada (al azar o eligiendo un momento de forma intencionada). Reflejamos todos los pensamientos y emociones que se nos vienen a la mente y, desde ahí, hacemos una interpretación del mapa mental o de la lógica privada de la persona.

Usando la metáfora de la personita interior, le decimos que ahora no está sola (hablar con nuestro yo de infancia puede ser difícil, en algunos casos, estas resistencias también nos cuidan, no olvides escuchar lo que necesitas). Conectamos con su miedo, con su forma de ver el mundo y la actualizamos con todo lo que ahora, años después, es fortaleza.

Ahora no estás sola o solo, puedes decirte las palabras que te hubiera gustado escuchar. Puedes darte ahora lo que necesitas.

Fase 9. Personas adultas, APRENDIZAJE

Nada de esto es sencillo, incluso hay momentos en los que te sientes avergonzado o ridículo, mi experiencia me dice que es un trabajo que puede ayudarnos mucho, aunque no siempre la persona puede hacerlo en soledad. Sea como sea, a medida que enfrentamos estas situaciones y trabajamos en nuestras propias habilidades emocionales, estamos construyendo relaciones más fuertes y saludables con nuestros hijos e hijas, sabiendo que no hay respuestas definitivas ni soluciones mágicas. Ya sabes que las emociones nos traen un mensaje, son una hipótesis de cómo cubrir la necesidad de la mejor forma posible. Reflexionar sobre lo que te falta, descubrir una necesidad y prevenir para la próxima vez constituyen la parte final de este trabajo.

Cada niño y niña es único/a, y cada madre o padre también, y lo que funciona para uno puede no servir para otro. La paciencia, la empatía y el amor son nuestros aliados más poderosos.

Fase 10. En todo momento, AMOR INCONDICIONAL

Esta es, probablemente, la parte más difícil de todas, a muchas personas les ayuda escribir afirmaciones en momentos difíciles, a mí me gusta decirme «Mi vulnerabilidad es mi mayor fortaleza» en tono profundo; y en otro jocoso «Si todos hemos sobrevivido, me puedo poner una medallita» (como las condecoraciones que se ponen a las personas que hacen salvamentos heroicos). Así que, como figuras parentales, podríamos concedernos una medalla de reconocimiento por estar en este viaje con nuestros hijos e hijas. En lugar de juzgar y criticarnos, podemos recordar que estamos creciendo junto a ellos, no somos expertos en esto y estamos aprendiendo de manera conjunta.

A veces tenemos la teoría en la cabeza de que una emoción no es un mal comportamiento, pero en la práctica resulta difícil de sostener e interpretamos la situación de una forma que no favorece la conexión. La expresión de emociones nunca es negativa (quizá las acciones puedan no respetar un límite y ahí es cuando resulta necesaria una intervención firme y amable). Estar presentes es clave y volver a la observación lo más objetiva posible parece necesario, ya que, de lo contrario, nuestros juicios sobre lo que es correcto o incorrecto pueden influir en cómo afrontamos estas situaciones. Por eso, hay veces que viene bien tener algún tipo de recordatorio o anclaje (una pulsera, un collar, un anillo o incluso un tatuaje) que nos ayude a concentrarnos en el momento presente y a recordar que, cuando un niño o una niña se enfrenta a una explosión emocional, no es una mala conducta intencionada. Más bien, es una expresión de lo que están experimentando internamente en ese momento. Por tanto, como figuras parentales o docentes, es fundamental estar presentes para ellos y ofrecer el apoyo necesario. Digo «fundamental» y lo pienso con la cabeza y con el corazón y, a la vez, sé que es difícil, sé que es complejo llevar a cabo todo esto.

Una de mis películas favoritas es *Interstellar*, de Christopher Nolan, y aunque es una epopeya espacial, para mí es una historia de amor de los padres a los hijos y de los hijos a los padres. Y una de las frases más lindas e inquietantes es cuando dice que «Somos los recuerdos de nuestros hijos». Acompañar las emociones es difícil y, a la vez, tenemos en nuestras manos la esperanza de que la balanza se incline hacia esas ocasiones en que se sintieron acompañados y no hacia aquellas en las que no. Cada vez que invertimos un momento en acompañar una emoción —no para que paren, sino para que sepan que puede ser expresada, que no están solos con lo que sienten—, estamos sembrando semillas de conexión.

Porque sí, estamos siendo los recuerdos de nuestros hijos e hijas. Tú puedes sembrar hoy un poquito de confianza y seguridad. Y con esto, igual que Matthew McConaughey, en *Interstellar*, estás siendo un héroe o heroína. Y es que no hay nada más heroico que no solo mantener con vida a las personas que cuidas sino, además, reconstruirte tú para ser el lugar más seguro que puedas ofrecerles.

Ojalá que solo por intentarlo te puedas poner una medallita.

UNA PAUSA PARA RECUPERAR EL ALIENTO

Cierra los ojos.
Pon una mano en el pecho y otra en tu abdomen.
Respira profundamente e intenta ser consciente del aire en ambas manos.
Quizá este ejercicio sea difícil para ti, no olvides cuidarte al ponerlo en marcha, o incluso al no hacerlo si no es tu momento.

Piensa en todas las frases que, cuando cometes un error a la hora de acompañar, construyen un diálogo interno que no te cuida.
Puedes escribirlas en un papel.
Cuando hayas terminado dóblalo muchas veces, quémalo, tíralo a la papelera o trocéalo.
Ahora te voy a pedir que hagas un dibujo grande de un círculo y escribas «acompañar emociones». A continuación, dibuja, como si fueran los rayos del sol, unas líneas rectas. Y en cada una escribe algo que sí estás haciendo para acompañar las emociones de tus hijos ¡y las tuyas!
Este ejercicio se podría llamar «Todas las veces que logro acompañar» y puedes compartirlo con cualquier otro fin, con algún hecho por el que tus hijos sientan desaliento.

- Fase 1. Cuando sea posible, PREVENIR.
- Fase 2. Cuando empieza, SOSTENER.
- Fase 3. En el momento álgido, CUIDAR.
- Fase 4. Cuando baja la intensidad, VALIDAR.
- Fase 5. Cuando termina, SOLTAR.
- Fase 6. Concentrarnos en las sensaciones corporales agradables.
- Fase 7. Descubrir la intención positiva.
- Fase 8. Al final del día, REVISAR.
- Fase 9. Personas adultas, APRENDIZAJE.
- Fase 10. En todo momento, AMOR INCONDICIONAL.

Y ahora vamos a desgranar algunas de las emociones más frecuentes

EL MIEDO

Los pintupi, una tribu del oeste de Australia, usan quince palabras diferentes para referirse a una amplia gama de sentimientos terroríficos; los haitianos distinguen entre dos tipos de miedo: el que te hace temer por tu vida, *riaria*, y el que deriva de la presencia de fantasmas y seres sobrenaturales, *mehameha*. A mí también me gusta distinguir entre dos tipos de miedo. Seguramente estás pensando en el miedo real, que deriva de situaciones reales, y el miedo que «solo» está en nuestra cabeza. Bien podría ser, pero no, porque el miedo siempre es real, lo que puede o no ser motivo de peligro es la situación que lo produce.

Me gusta hablar de otros dos tipos de miedo, que son las dos caras de la misma moneda. Hay uno que podríamos llamar el instinto de conservación maternal mientras que el otro miedo se correlaciona con lo que llamamos ansiedad de separación de nuestros bebés. Tendemos a ver el amor maternal/paternal como algo dulce y amoroso, y lo es, pero si has perdido de vista a tu hija en el centro en Navidad sabrás que es el miedo más salvaje que existe, aunque puedes, con los recursos que tienes porque ya eres una persona adulta, confiar en que va a estar bien y solo está perdida. Si en vez de ser minutos hubieran sido horas, tendrías un montón de personas a tu lado, dándote esperanza y corregulando tus emociones.

Sin embargo, cuando la otra cara de la moneda se aplica a nuestros bebés decimos cosas como:

«Tiene mamitis».
«Se tendrá que acostumbrar».
«Llorar ensancha los pulmones».
«Si es que ya lo has acostumbrado a tus brazos».

¿Te imaginas que con mi hija perdida alguien me dijera que tengo *hijitis* y que me tendré que acostumbrar? Quizá estéis pensando que no es lo mismo, porque yo no sé si mi hija está o no segura, pero es que el bebé de esta historia tampoco sabe dónde está su mamá, si está o no segura, y además, en ese momento vital, su única certeza es la cercanía; su mamá (u otra figura parental) es lo único que conoce, y de ella depende su supervivencia. Lo que llamamos tradicionalmente ansiedad de separación en los bebés e interpretamos como tristeza o nostalgia, para mí tiene mucho más que ver con el pánico que yo sentí el día que se perdió mi hija (te lo cuento enseguida) que con cualquier otra cosa.

La infancia merece que sus emociones sean tratadas todavía con más respeto y dignidad que el resto de las personas, porque aún no han desarrollado los recursos para poder acompañarse y regular sus emociones por sí mismos. Y esto implica etiquetarlas con cuidado, nunca minimizarlas, validarlas y ser un espacio de calma para ellos, y verbalizarlo, porque, aunque pensemos que no entienden nuestras palabras, lo hacen, traducen la corporalidad, la prosodia y, en definitiva, nos absorben.

«No sabes dónde está tu mamá/tu papá. Esto es difícil para ti». Y nuestra presencia plena para que sepa que no está solo.

Nacemos indefensos, pero no desvalidos, venimos con toda la potencialidad para entender el mundo y adaptarnos al entorno. Y, a veces, las personas adultas se confunden al etiquetar nuestras emociones. Y a la expresión de estas se denominan rabietas o caprichos.

Hace muchos muchos años, en un municipio muy muy lejano (del que vivo ahora), paseaba en el carro a mi hija de entonces dos años. En realidad, sería una definición más apropiada decir que corría para llevar a extraescolares a su hermana, un poco más mayor. La pequeña empezó a llorar, a gritar, a patalear, y yo no era capaz de entender lo que le pasaba. Al cabo de un rato caí en la cuenta de que habíamos ido por otro camino, en lugar de hacer el de siempre; estaban construyendo una rotonda y dimos una vuelta para llegar. Yo no expliqué nada a mi hija, que estaba en lo que en Montessori llamamos periodo sensible del orden (y es un momento de la vida en el que necesitas que las cosas permanezcan constantes). Lo que tenía claro (y no fue así con mi hija mayor, de la que agradecí e integré otros aprendizajes) es que no podíamos llamar a esta situación rabieta o pollo. Mi hija estaba sufriendo en ese momento y yo sí pude verlo, aun sin entender el porqué, ya que desde mi punto de vista adulto no había ningún peligro; pero ella se sentía abrumada (o asustada o confusa, es difícil saberlo) porque el mundo que estaba intentando conocer no permanecía constante.

Años después, otra de mis hijas, en plena pandemia, tuvo un episodio similar porque salí rápidamente del coche y cogí la mascarilla de su padre y no la mía. Esta vez tardamos segundos en darnos cuenta, nos la cambiamos enseguida y ella nos miró con alivio y con la confianza de que el mundo estaba como debía estar. El mundo en 2020 era un caos, pero cada uno llevaba su propia mascarilla y eso era lo único que ella necesitaba. La gente compraba papel higiénico para sentirse segura, ¿quién podría juzgarla?

O recuerdo otra vez, no relacionada con este periodo sensible del orden, que íbamos a hacer una ruta de senderismo que nos encanta y una de las niñas, cuando llegó al inicio, dijo que no quería hacerla; al recordarle que habíamos venido en familia —y desgraciadamente no escucharla e insistir— empezó a gritar y patalear y a negarse a hacerla. Por suerte, respiramos a tiempo, y durante bastante, todo sea dicho. Al rato, descubrimos que se había acordado de que, la última vez que habíamos hecho ese camino, yo me había caído y me había hecho una pequeña torcedura que no requirió de otra intervención más que del reposo, pero, para ella, fue aterrador porque el resto del sendero fue muy escarpado y tuve que ir apoyada en su padre. Los niños y las niñas son buenos percibiendo, no tan precisos interpretando, como ves. Quizá porque ni ella misma se había dado cuenta de que era eso lo que le ocurría, o porque su sistema nervioso había entrado en estado simpático, o porque la vulnerabilidad de sentirse asustada es más difícil de sobrellevar que la energía del enfado —emoción con la que se siente mucho más cómoda—, sea como fuera, tuvimos que traducir su comportamiento en una necesidad.

Como ves, todas estas situaciones son susceptibles de etiquetarse como rabietas, pero ¿lo son realmente? ¿No será que llevamos media vida diciendo que los niños y las niñas tienen rabietas, viendo con condescendencia solo la punta del iceberg desde el púlpito adultocentrista en el que nos hemos situado, sin querer bajar al barro y comprender la necesidad subyacente de dicho comportamiento? Yo tengo clara la respuesta. Y, a la vez, también sé que, si todavía no podemos hacerlo de otra manera es porque no hemos podido reflexionar lo suficiente. Volveremos más adelante a la rabia infantil, pero antes me gustaría dar unas pinceladas sobre la emoción del miedo.

Posee valencia negativa (es decir, es desagradable de sentir) para la mayoría de las personas (no para todas, prueba de ello es el género de terror en el cine) y puede llevarnos tanto a comportamientos de lucha y huida como a quedarnos paralizados. Para Anónima, nuestra heroína paleolítica, era una emoción increíblemente útil, sin embargo, el miedo se ha desvirtuado tanto en nuestros días que ahora ya no tememos al felino dientes de sable, como en el Paleolítico, ni que el cielo se nos caiga encima de la cabeza, como en los cómics de Astérix y Obélix, sino que educamos, como en las líneas que introducen este apartado, sin ser conscientes de ello, para que nuestras crías tengan miedo de nosotros. Y esto va a repercutir en el resto de su vida. Así que antes de continuar hablando sobre el miedo en la infancia, me parece importante parar un momento y hacernos cargo del impacto que tiene en nuestras relaciones con nuestros hijos.

Hace unos días, una de mis niñas tenía hipo y, para darle un susto y que se le pasara (nunca me ha funcionado, pero se ha instalado en mí como estrategia), hice ademán de darle una bofetada (sin dársela, por supuesto, sino como un susto). Y en su mirada llena de curiosidad y juego me di cuenta de que yo, con su edad, me hubiera girado para protegerme la cara. Ella no sabe lo que es eso, y a mí me llena de felicidad y ternura, y también me parte el corazoncito en pedazos. Este es el lugar del que vengo, uno donde el miedo no venía de fuera, sino de dentro. Y es un miedo del que no puedes huir, por eso es terrorífico.

Acompañar el miedo, sobre todo cuando tu propio miedo no fue bien acompañado, es difícil. Muchas veces, nos puede activar muchísimo ese niño o niña que expresa, no solo lo que a nosotros no nos fue permitido en su día, sino lo que tampoco nos estamos permitiendo plenamente en la actualidad. Así que, antes de reflexionar sobre cómo, por qué y para qué nos cuesta acompañar el miedo, te dejo algunas preguntas importantes para explorar cómo manejamos nuestras propias emociones en la infancia:

- ¿Cómo me relaciono con el miedo? ¿Es cómoda o incómoda esta emoción para mí?
- ¿Eran mis figuras parentales una fuente de miedo o de confianza, o quizá variaba según el día?
- ¿Qué ocurrió cuando éramos pequeños y sentíamos miedo?
- ¿Nuestros padres adoptaron un enfoque autoritario o se desconectaron emocionalmente cuando expresábamos miedo?
- ¿Fue esta emoción minimizada o reprimida? O, al contrario, ¿fue exagerada o incluso catártica?
- ¿Qué creencias sobre el miedo llevamos con nosotros desde nuestra infancia?
- A partir de todo esto, ¿qué suelo hacer cuando tengo miedo?
- ¿Qué me gustaría hacer cuando tengo miedo?
- ¿Qué necesitan mis hijos cuando tienen miedo?
- ¿Cuánto de lo que hay en el campo de la relación es mío y cuánto es de la situación en sí?

Cuando me estaba formando en Gestalt (uno de los años de más crecimiento personal de mi vida), hicimos un trabajo precioso en el que hablábamos de las emociones y las creencias introyectadas a nivel sistémico, es decir, no solo las mías, sino las que he absorbido —en Gestalt diríamos tragado sin masticar— de mi familia. En ese momento yo estaba muy peleada con emprender y, además, en plena pandemia, el futuro era muy incierto para mi tipo de emprendimiento y —quizá te suene demasiado espiritual o poco científico, y está bien— pude conectar con algunos miedos, digamos, heredados. Y cuando volvimos al grupo, les dije a mis compañeros que me había despedido del miedo a la miseria, di las gracias a todas las personas que habían sido parte de mi linaje hasta entonces y prometí que iba a estar bien con mi camino (por poneros en contexto de linaje familiar, por cumplir el mandato familiar de lo que se esperaba de mí, yo aprobé las oposiciones jovencísima, mientras la gente de mi edad salía de fiesta en fiesta).

Sigue sin gustarme emprender, las cosas como son, pero no siento ese desasosiego en el corazón. Una amiga mía, muy afectada de ansiedad con una vida idílica para ojos ajenos y con un historial muy largo de terapia, encontró su paz cuando descubrió un secreto de su familia que había sido ocultado. La violencia estaba presente, pero escondida, y al no haberle dado espacio, no podía tratarla. Una vez pudo descubrir esta información que no tenía, encajó todas las piezas de su puzle y le dieron el alta.

Esto no es un llamado a que nos preocupemos en exceso, más bien lo contrario; es recordatorio para darle al miedo la importancia que tiene, porque, aunque ya no existen dientes de sable, hay determinadas situaciones que nos asustan y es necesario validarlas. Como dice Dumbledore (el director del colegio al que acude Harry Potter): «Claro que esto sucede en tu cabeza, Harry, pero ¿por qué eso tiene que significar que no es real?».

El monstruo dentro del armario es real, porque pasa dentro de la cabeza de nuestros pequeñines; ojalá podamos darle la importancia que merece y necesita. Y estoy segura de que tú también tienes muchas historias de «fallos de percepción» de la emoción del miedo después de haber visto una película de terror.

Reflexionar sobre estas experiencias personales nos brinda una visión valiosa de cómo enfrentamos y gestionamos la emoción de miedo en nuestros hijos e hijas.

Más abajo, habrá una ficha sobre el miedo, el modelo lo tendrás listo para descargar e imprimir en los anexos (junto con otros extras en la página web) por si quieres una copia y trabajarla con tus hijos e hijas, ¡o contigo!

La primera sección de la ficha, la definición y el propósito, forma parte de un kit de tarjetas de emociones que creamos pensando en la infancia. Recuerdo que al realizarlo creímos que sería una tarea sencilla, pero en la práctica, describir emociones sin ser paternalista o directivo no fue nada fácil. Nos gusta introducir las expresiones «a muchas personas» o «suele» en vez de los típicos «tienes que» o «deberías», y es que creemos que no hay analfabetos emocionales, sino personas con mucha sabiduría haciendo un poco lo que pueden con las potencialidades que han conservado.

Algunos «trucos» que pueden ayudarnos con el miedo son crear amuletos (piedras especiales o un espray antimonstruos), sus propias afirmaciones (recuerdo este recurso especialmente útil cuando operaron a mi hija, estuvimos conectadas por el mismo mantra dentro y fuera del quirófano) o plasmarlo a través del arte, la pintura, la escritura, etcétera. Sin embargo, a mí lo que más útil me ha resultado siempre es darle la bienvenida a la emoción, y a mis hijas, hacer una adaptación que llamamos «el juego de la emoción» por el que seguimos este guion:

- Respiramos suave y lento.
- Conectamos con la emoción. A esto lo llamamos «dar la bienvenida».
- Le preguntamos su nombre (o si no tiene, le ponemos uno).
- Conectamos con su forma, su textura, su color.
- Le preguntamos qué viene a contarnos.
- Le preguntamos qué necesita.
- Le decimos qué necesitamos de ella.
- Hacemos un pequeño acuerdo (que puede incluir los trucos anteriores).
- Volvemos a notar las sensaciones corporales de la emoción (normalmente se hace más pequeña, más ligera, ya no tiene pinchos...).
- Ponemos las manos en el lugar donde se encuentra y conectamos de nuevo para darle las gracias y decirle que puede volver siempre que quiera, que es bienvenida.

Es una técnica muy sencilla y, a la vez, muy potente; precisamente por eso es importante hacerla en condiciones de seguridad y, ante cualquier signo de alerta, poder pedir ayuda terapéutica. Y, por supuesto, con las mismas precauciones puedes probarlo contigo. Ojalá que puedas ser tu lugar seguro.

Ojalá que también puedas ser casa para ellos.

DIARIO SOBRE EL MIEDO

¿Cuándo aparece?
Para muchas personas, el miedo suele venir cuando estamos en una situación en la que pensamos que podemos estar en peligro. A veces, el peligro es evidente (una serpiente) y hay otras en que todavía no sabemos por qué (la oscuridad) sentimos miedo, pero siempre es importante.
¿Para qué aparece?
El mensaje secreto del miedo es cuidarnos y protegernos. Y, también, que podamos pedir ayuda como hacían nuestros ancestros para sobrevivir.
Completa con tus pensamientos:

1. Para ti, ¿cuándo aparece?

____

____

2. Para ti, ¿para qué aparece?

____

____

3. Para ti, ¿cómo se siente?

a. En la cara lo siento...

____

____

b. En el cuerpo por fuera lo siento...

____

____

c. En el cuerpo por dentro lo siento...

4. Lluvia de ideas sobre el miedo:

a. ¿Qué puedo hacer cuando yo siento miedo?

b. ¿Qué puedo hacer cuando otra persona siente miedo?

5. Algo que aprendiste cuando sentiste miedo y que quieres agradecer:

LA IRA

Si la tribu australiana tenía quince formas de expresar el miedo, el mundo occidental va encaminado a construir su propio diccionario enciclopédico sobre la rabia, más que desde la verdadera comprensión, desde el «meme». Sí, como sociedad tenemos serias dificultades para regular nuestra ira y usarla de manera asertiva y alineada a nuestros valores.

Hace dos mil trescientos años nuestro querido Aristóteles en su *Ética a Nicómaco* afirmaba que «Cualquiera puede enfadarse, eso es algo muy sencillo. Pero enfadarse con la persona adecuada, en el grado exacto, en el momento oportuno, con el propósito justo y del modo correcto, eso, ciertamente, no resulta tan sencillo».

Dos mil trescientos años después seguimos expresando nuestra rabia con las personas inapropiadas, en grado superlativo (o disminuido), cuando no procede y de formas que no se alinean con nuestros propósitos vitales. Incluso el DSM-5 o Manual de Diagnóstico de la Asociación Americana de Psiquiatría (APA) informa así de un nuevo trastorno relacionado: el trastorno explosivo intermitente.

Algunos expertos empiezan a apuntar que el uso de las redes sociales y la forma que tenemos de utilizarlas desde luego tiene impacto. Aunque tienen muchos aspectos positivos, también conllevan riesgos, y uno de ellos es usarlas como distracción emocional. Al mismo tiempo, seguimos viviendo situaciones de injusticia global, pero a la vez, las pantallas (y los algoritmos de las plataformas que contribuyen al uso problemático de las mismas) nos tienen anestesiados.

Pero todo esto no va a la raíz del problema, y, por tanto, de la solución. Creo que, realmente, el origen está en la infancia. Y es que, si al pánico por la separación la llamamos mamitis, a la rabia legítima la denominamos berrinche o rabieta, en ambos casos nos estamos equivocando porque son manifestaciones de emociones complejas en un periodo particular de la vida, que necesitan de un extra de cuidado.

Para mí, la rabia es una expresión de la percepción de injusticia; y a las personas que luchan contra las injusticias las consideramos héroes y heroínas, sin embargo, a los niños y niñas, no. No vemos su injusticia, porque miramos desde arriba y no desde su altura. De hecho, cuando estas manifestaciones de ira, frustración y tristeza se presentan en una etapa posterior de la vida, tendemos a llamarlas de manera distinta: una persona adulta no tiene una rabieta, sino un desborde emocional o un secuestro amigdalar con un largo periodo refractario. Este tema se encuentra arraigado en el imaginario colectivo de la paternidad y la crianza, y frases como «Verás cuando cumpla dos años», «¡Esto es solo el comienzo de las rabietas!», «Ya vendrán los terribles dos años»... son expresiones comunes, en las que me cuesta encontrar intencionalidad positiva. Sin embargo, la ira en la infancia, la adolescencia o la edad adulta siempre es legítima.

Por eso, me entristece profundamente cuando se utiliza un lenguaje despectivo para describir esta fase de crecimiento. Al mismo tiempo, comprendo que estas etiquetas pueden surgir porque quizá todavía no hemos encontrado las herramientas adecuadas para manejar las intensas manifestaciones de esta emoción. Y es que, sin duda, la ira infantil suele ser un reto significativo para la mayoría de las figuras parentales y para muchos docentes. Que tenga su propia denominación ni siquiera lo hace más fácil, en mi opinión, solo le resta valor a su emoción. A ellos los culpabiliza por «no portarse bien» (pero expresar una emoción no es portarse mal), y a las figuras parentales nos desresponsabiliza. No digo que sea culpa nuestra que tengan rabia; al contrario, es una emoción más, legítima y necesaria, pero hay veces que, no solo no somos capaces de acompañarla, sino que ni siquiera podemos comprenderla. Cultivar la inteligencia emocional implica, ya lo hemos visto, comprender las emociones y, cuando esto se refiere a infancia, comprender el mundo de los niños y las niñas, que es diferente al nuestro.

Por ejemplo, una vez mis hijas quisieron hacerme una broma cuando volví a casa, se escondieron para darme un susto. Su hermana, entonces muy pequeña, me dijo que estaban escondidas. Las mayores se enfadaron; la menor por supuesto también: desde su punto de vista no había hecho nada incorrecto, así que les hablé del test de Sally Anne (una prueba psicológica, utilizada en la psicología del desarrollo que mide la capacidad cognitiva social de una persona para atribuir creencias falsas a los demás). Vimos un vídeo y quedaron impresionadas. Y se disculparon con su hermana, porque enseñar inteligencia emocional también es ayudar a interpretar de forma diferente para construir nuevas percepciones.

En una ocasión, otra de mis hijas, a la hora de repartir un zumo en dos vasos se enfadó de forma muy intensa porque uno tenía más que el otro; mis hijas, molestas, decían que tenía lo mismo, sin comprender que su hermana no entiende el principio de conservación (comprender que un objeto permanece invariable, aunque haya cambios en su forma, color o posición, según Piaget). ¿La solución? Dos vasos exactamente iguales (en lugar de uno ancho y corto, y otro estrecho y largo) con los que ella pudiera comprobar que, efectivamente, la cantidad de líquido era la misma. Otro ejemplo: una galleta rota o un plátano por la mitad no es lo mismo que un plátano entero o una galleta intacta. Numerosas personas adultas replicarán, «pero si no pasa nada», obviando el hecho de que los procesos de maduración cerebral van a su ritmo y, en este momento de la vida, todavía siguen sin entender, de nuevo, el principio de conservación. La escena se repite cada día en numerosos lugares del mundo. El niño que tiene hambre, la figura parental que toma la decisión (porque está distraída, por inercia, porque sabe que no se lo va a comer entero, porque prefiere que se lo tome en dos trozos...) y parte el plátano por la mitad y el niño se enfada de forma inconsolable.

Si tuviéramos un poco más de conciencia de lo que significa ser niño y cuáles son sus procesos de desarrollo esperables, dejaríamos de usar tan alegremente la palabra «rabieta» y empezaríamos a responsabilizarnos de lo que hacemos o no hacemos para acompañar su rabia legítima.

¿QUÉ HACEMOS ENTONCES CON LA RABIA?

Lo primero, para saber qué hacer, es comprenderla. Entonces ¿qué son realmente estas rabietas o emociones intensas en la infancia? Para comenzar, echemos un vistazo a la definición de «rabieta» en el diccionario. La RAE la define de manera coloquial como «impaciencia, enfado o enojo grande, especialmente cuando se toma por un motivo leve y dura poco».

Personalmente, encuentro esta definición muy insuficiente, ya que, en primer lugar, la duración puede variar bastante y, en muchas ocasiones, estas emociones intensas perduran mientras el niño necesite expresarlas. Además, considerarlo un motivo «leve» es una forma de minimizar lo que está ocurriendo en el interior del niño. La intensidad de sus emociones no debe subestimarse ni minimizarse.

Si indagamos en la etimología de la palabra «rabia», descubrimos que proviene del latín *rabies*, que se refiere a una enfermedad en perros y otros mamíferos, y también a la ira, violencia o furia en los seres humanos. Esta palabra se basa en una rara raíz indoeuropea que hace referencia a la impetuosidad y la violencia.

Como ya hemos visto, en el fondo, la idea de emociones positivas y negativas es relativa, no hay buenas o malas, su valencia puede ser positiva o negativa, es decir, pueden ser agradables o desagradables. Es más, si consideramos el propósito de las emociones, no son ni positivas ni negativas, simplemente son. El juicio sobre si son buenas o malas suele ser un añadido que nosotros, como figuras parentales o docentes, imponemos basado en nuestras experiencias pasadas. **Nuestras experiencias pasadas tienen mucho más impacto en la forma que tenemos de acompañar de lo que puede parecer a simple vista.**

En mi propia vida, he experimentado tanto la represión de la ira como la desconexión de ella, y he vivido con la creencia de que expresar la rabia era algo malo o que se trataba de una emoción negativa. Sin embargo, el problema no es la emoción en sí, sino cómo la abordamos. La rabia, como vimos antes, tiene un mensaje secreto precioso y es que nos ayuda a luchar contra lo que es justo e injusto. Cuando reprimimos la rabia de nuestros hijos e hijas les estamos mandando un mensaje tácito de sumisión.

Imagina los bautizos en los cuentos de hadas, esos en los que bautizan a la princesa e invitan a todo el mundo menos a la malvada bruja (que en algunas versiones es una invitación que se pierde y no una no invitación, lo que nos hace reflexionar sobre el poder de la interpretación). ¿Te imaginas a las tres hadas diciendo cosas como «Te deseo una vida de sumisión, represión y depresión»? Pues yo me imagino a Maléfica (en la versión de Angelina Jolie, que cambia un poco la historia) diciendo «¡No puede ser (añadiendo algunos tacos)!» y regalando a la princesa el poder de la ira. Y es que es una emoción tan poderosa y nos cuida tantísimo que cuesta ver lo denostada que está, ya no tanto en la sociedad, sino en la infancia.

Cuando yo era pequeña, los docentes (ya) no pegaban a los niños, pero nos castigaban con los brazos en alto; después llegó la silla de pensar y ahora hemos sustituido todo esto por los espacios de la calma o de la paz. Por favor, no me entiendas mal, son espacios maravillosos para la expresión emocional y la autorregulación —apoyada por la corregulación—. El problema no es el qué, sino el cómo. Son espacios para apagar la rabia en vez de para reducir el ruido externo y escuchar lo que tiene que decirnos, su mensaje tan potente.

Es verdad que cuando son muy pequeños, su rabia nos parece desbordada pero también absurda, esto es, de nuevo, porque se nos ha olvidado mirar el mundo como lo miran la infancia. Nos parece ridículo que quinceañeras se vistan como sus ídolos musicales y sientan rabia porque han cancelado un concierto; pero nos parece normalísimo que señores de cincuenta años se enfunden la camiseta de su equipo de fútbol e insulten al árbitro porque les está haciendo perder el partido (el «les» denota afinidad, porque no están en el campo, sino en el sofá de su casa). Y me encanta acompañar a mi padre al fútbol, recuerdo con cariño ir de pequeña al Vicente Calderón e intentar entender de qué iba el asunto, no porque me gustara el fútbol, que no es lo mío, sino porque me encantaba el ambiente y sobre todo me permitía observar, y por tanto entender, a las personas, en lugares donde se permitían expresar la rabia que no podían mostrar en su día a día.

Adonde quiero llegar es a que los comportamientos, que son propios de la infancia, son denostados, pero, realmente, con cerebros tan inmaduros, debería ser justo al revés.

Volviendo a la etapa cumbre de estas explosiones emocionales, los dos o tres años es un momento en la vida en el que empiezan a darse cuenta de que su madre o figura parental primaria es otra persona, que no es parte de él o ella. Cuando llega a la vida, un niño está cien por cien conectado en el útero de su madre. Cuando nacen, siguen conectados a través de la alimentación o de otras formas de cuidado. No pueden hacerlo solos, no pueden moverse por sí mismos. Con el tiempo, alrededor de los dos o tres años, comienzan a percatarse de que ya no son seres dependientes físicamente. Entonces se independizan de manera gradual, pero siguen necesitando el apoyo y el entendimiento de las figuras parentales. En este proceso de separación e individuación, a menudo se enfrentan a emociones abrumadoras. Nosotros podemos ser su cobijo.

Las estructuras cerebrales más especializadas en el razonamiento lógico y la autorregulación emocional aún no están completamente desarrolladas en un niño de dos o tres años. De hecho, las habilidades de regulación emocional y la teoría de la mente, la capacidad de entender las emociones de los demás, generalmente, comienzan a desarrollarse más plenamente alrededor de los seis años. Estos procesos varían según el niño y requieren tiempo, en concreto, tardarán en formarse estas estructuras unos veinticinco o treinta años. Para ponerlo en perspectiva, un niño de dos años está al comienzo de su camino de desarrollo, con un tiempo considerable para llegar a ser una persona con plena regulación de sus emociones. Es más, todo lo que un día será autorregulación, primero tiene que haber sido modelado por otra persona adulta. Si no, nos toca volver a construirlo en la adultez. La buena noticia es que no estás sola o solo y es posible.

¿QUÉ PODEMOS HACER CON LA RABIA INFANTIL?

Lo primero que me viene a la mente es admirarla. Y sé, por propia experiencia, que acompañar la rabia, sobre todo cuando la tuya propia no fue bien acompañada, es difícil. De nuevo, la expresión sin filtros de ese niño o niña que expresa su rabia sin reprimirla nos activa, nos remueve, nos conecta con la niña o el niño que habita en nosotros y no pudo hacerlo; nos refleja un sentimiento de impotencia de no «hacerlo mejor» o nos recuerda lo que tampoco nos estamos permitiendo plenamente en la actualidad.

De nuevo, igual que con el miedo, todo empieza en nosotros, de ahí la necesidad de reflexionar sobre algunas preguntas:

- ¿Cómo me relaciono con la rabia? ¿Es cómoda o incómoda para mí?
- ¿Cómo expresaban la rabia mis figuras parentales? ¿Vi ejemplos de ira sin violencia, o todo lo contrario? ¿Dependía del día?
- Cuando nosotros expresábamos rabia, ¿qué ocurría cuando éramos pequeños y en la adolescencia?
- ¿Nuestros padres adoptaron un enfoque autoritario o se desconectaron emocionalmente cuando expresábamos miedo?
- ¿Fue esta emoción minimizada o reprimida? O, al contrario, ¿fue exagerada o incluso catártica?
- ¿Qué creencias sobre la rabia cargamos desde la infancia?
- Según todo esto, ¿qué suelo hacer cuando tengo rabia? ¿Tengo granularidad emocional, es decir, distingo entre estar molesta e iracunda?
- ¿Qué me gustaría hacer cuando siento rabia?
- ¿Qué necesitan mis hijos cuando ellos sienten rabia?
- ¿Cuánto de lo que hay en el campo de la relación es mío y cuánto es de la situación en sí?

Más abajo, voy a dejarte una ficha sobre la rabia, la tendrás en anexos (página web) por si quieres imprimirte una copia y trabajarla con tus hijos e hijas, ¡o contigo!

Como con el miedo, nos gustaría darte algunos trucos, aunque mi favorito es el juego de la emoción. A mí personalmente me encanta romper papel, aunque sé que lo que mejor me sienta es respirar, en especial mientras camino en la naturaleza o bajo mi manta de peso con una infusión calentita. Llorar y gritar, lanzar cosas (¡blanditas!), tocar un instrumento o pintar en soledad y silencio suelen ser algunas de las formas preferidas. Como te contaba un poco antes, junto con el alumnado de nuestra escuela, recopilamos ciento sesenta formas diferentes de regulación emocional y creemos que nos quedan muchas más por descubrir.

Y por supuesto, hay veces que la rabia, tal como mencionaba al principio del libro, sale en sustitución de otra emoción. Esto es porque el miedo, la tristeza, los celos o la envidia se sienten demasiado vulnerables para salir a escena. Y la rabia siempre está dispuesta. Es como El Zorro, que con su espada trazaba los límites en forma de Z y nos protegía a todos.

Muy relacionada con la ira está la frustración.

frustración (del latín *frustratio, -onis*)

1. f. [...]
2. f. [...]

Tu ejemplar no contiene una errata. Podría definirla aquí, pero quiero acercarme a ella con un juego.

La frustración tiene que ver con la sensación de imposibilidad de satisfacer una necesidad o un deseo. Yo, ahora, al no definirla, estoy impidiendo precisamente tu necesidad de saber. Sin embargo, por suerte, tú tienes Google, y como eres una persona adulta, con más capacidad y experiencia que la infancia, podrás resolver la causa del sentimiento de frustración por ti misma. Sin embargo, cuando nuestros hijos e hijas no son capaces de satisfacer sus necesidades —ellos no pueden acudir a Google—, necesitan que podamos ser sus «manos».

La frustración suele ser una de las emociones más complejas de sostener; normalmente, cuando las personas adultas expresan su malestar por la falta de tolerancia a la frustración de su hijo o hija, están proyectando el no poder sostener su propia frustración. Por eso, cuando acuden a mí en busca de orientación sobre cómo gestionar la frustración —cuando es infantil— o, realmente, la exasperación —el reflejo adulto—, las preguntas que me hago son:

- ¿Cómo se llevan ellas con su propia frustración?
- ¿Qué hacía su figura principal de apego cuando se frustraba?
- ¿Qué ocurrió en su infancia cuando ellas expresaban frustración? ¿Se minimizaba su emoción? ¿Se violentaba su expresión, lo que llevaba a situaciones autoritarias? O, por otro lado, ¿se las desconectaba de esa emoción?

Cuando te he dicho que, de entrada, no iba a definir qué es la frustración, ¿cómo te has sentido? ¿Qué has pensado al ver que no ibas a poder satisfacer tu necesidad? ¿Cómo has experimentado que yo te lo impidiera? Ahora, cambia por un momento el punto de vista: ¿cómo te sentirías si necesitaras que tu figura parental cubriera una necesidad y no pudiera satisfacerla? ¿O si se enfadara contigo? ¿O si se mostrara demasiado ansiosa? ¿O si dijera cosas como: «Ahora tienes dos trabajos: enfadarte y desenfadarte»? ¿Qué estarías pensando? ¿Qué estarías sintiendo? ¿Qué decisiones tomarías sobre ti misma, sobre las demás personas y sobre el mundo?

Si algo de esto ha sido lo que has vivido, sostener tu propia frustración y la de tus hijos no va a ser nada fácil. Con todo, no olvides que, sea como sea, como todas las emociones, esta también está para cuidarnos.

Para que avances en tu camino, te propongo dos sendas. Tú eliges cuál te viene mejor. O quizá quieras practicar las dos.

La primera es cerrar el libro y conectar con las sensaciones corporales que tienes ahora mismo. ¿Cómo son los latidos de tu corazón? ¿En qué parte del cuerpo sientes la frustración? ¿En el pecho? ¿En la mandíbula? ¿En la garganta?... Pon tu mano ahí donde la sientas y acaríciala con suavidad y firmeza, como haces cuando consuelas a alguien a quien quieres mucho. Estate con la emoción, sin más. No pretendas solucionar nada, no la niegues; tan solo dale presencia y ternura.

La segunda consiste en responder las mismas preguntas que compartimos antes con la rabia. Estoy segura de que te acercarán a la respuesta que estás buscando. Sea como sea, tienes derecho a sentirte frustrada. Es válido, es legítimo y mereces poder vivir cualquier estado emocional.

Espero que con este juego hayas podido ver un ejemplo de cómo podemos acompañar la frustración de la otra persona sin dejar de lado nuestra propia necesidad, porque acompañar la frustración no significa darle siempre al otro todo lo que nos solicita.

DIARIO SOBRE LA IRA

¿Cuándo aparece?
Para muchas personas, suele venir cuando hay una situación que consideramos injusta para nosotras o para los demás, y de la que tenemos que protegernos.
¿Para qué aparece?
El mensaje secreto de la ira es mover la fuerza que todas las personas tenemos dentro para conseguir lo que necesitamos, aunque, a veces, es necesario parar un momento para asegurarnos de no hacer daño (a los demás, al ambiente, a una misma).
Completa con tus pensamientos:

1. Para ti, ¿cuándo aparece?

____

____

2. Para ti, ¿para qué aparece?

____

____

3. Para ti, ¿cómo se siente?

a. En la cara la siento...

____

____

b. En el cuerpo por fuera la siento...

____

____

c. En el cuerpo por dentro la siento...

____

____

4. Lluvia de ideas sobre la ira:

a. ¿Qué puedo hacer cuando yo siento ira?

____

____

b. ¿Qué puedo hacer cuando otra persona siente ira?

____

____

5. Algo que aprendiste cuando sentiste ira y que quieres agradecer:

____

____

LA TRISTEZA

La tristeza me sabe al Bollycao que nunca me comí. Podría ser el inicio de un poema, una canción o una película *indie*, pero está basado en hechos reales.

Cuando tenía cinco años me atacó un perro, se lanzó contra mí y se comió mi Bollycao. Tenía hipercolesterolemia, y mi madre cuidaba muchísimo mi alimentación, así que nunca comía bollos. Esa mañana fría de invierno, mi madre, puérpera perdida y agotadísima, le pidió a unas vecinas que me llevaran al cole para no sacar al bebé de casa y, en vez de desayuno, me dio el Bollycao.

Recuerdo la sensación de miedo cuando el can se abalanzó sobre mí, el enfado cuando se comió mi bollo, la tristeza por no tener a mi madre y la confusión de que a nadie de los allí presentes se le ocurriera comprarme otro bollo para que desayunara. Ni al dueño del perro, ni a las vecinas, ni a mi profe.

Puedes pensar que ese día se instaló en mí como un momento de miedo o como un día de enfado porque ese día no desayuné. Pero no, fue la tristeza la que se quedó. «Para una vez que me compran un Bollycao...», me repetía incesantemente. Cuando lo conté en casa, haciendo hincapié en que el perro me había robado el dulce, a mis padres les hizo mucha gracia que me quedara con el detalle del bollo y no del pastor alemán, que doblaba mis quince escasos kilos, abalanzándose sobre mí.

La tristeza es una emoción que ha variado mucho a lo largo de los años. Hace un par de siglos se animaba a las personas a estar tristes con el objetivo de prepararlos para las vicisitudes que pudieran ocurrir.

En la época de mis abuelos y de mis padres era también una emoción más, digamos, basal, estaba en el ambiente; por supuesto, había momentos de su vida muy alegres, pero la tristeza estaba presente. Ahora la tristeza se oculta, se maquilla, porque parece que, si no estás feliz en todo momento, estás fracasando en la vida, y se la empareja con el tabú de la salud mental y del suicidio, la primera causa de muerte entre los jóvenes y adolescentes de doce a veintinueve años.

La tristeza no es ningún fracaso, pero hemos llegado a avergonzarnos de sentirnos tristes, o incluso a sentirnos desagradecidos por sentirla, como si no tuviéramos derecho a experimentar una emoción tan necesaria. La última vez que sentí una tristeza profunda fue hace unas semanas, cuando mi marido me dijo que Sirius, el gatito de la calle que habíamos rescatado, acababa de morir. Aunque parecía que iba a conseguirlo, finalmente no logró sobrevivir. Podría sentir esa misma tristeza cada día si pusiera las noticias, pero en este momento de mi vida necesito evitarlo, sin embargo, no pude eludir a ese gatito precioso que persiguió a una de mis hijas hasta que nos lo llevamos a casa, y gracias al cual pudimos salvar a dos de sus hermanos que ahora duermen a mi lado mientras escribo.

Desperté a las niñas a medianoche para que pudieran despedirse, antes de que empezara a estar en otro estado que pudiera asustarlas. Y fue hermoso, triste y hermoso, lloramos un rato, lo velamos otro poco y nos dormimos. Al día siguiente, lo enterramos.

Cuando lo trajimos, una de las niñas no quería cuidarlo. Obviamente no era ninguna obligación, pero notamos que había algo más, que no quería vincularse para no sostener la desesperanza de que se pudiera morir. Validamos su emoción, la escuchamos y, finalmente, ella llegó a la conclusión de que sí, que podía morirse, pero que el tiempo juntos sería importante. Le dimos todos los cuidados posibles, asistidos por nuestra veterinaria, y conseguimos salvar a dos de sus hermanos. Gracias a Sirius, pudimos salvar a dos de tres.

La tristeza nos permite hacer hueco al amor de los seres que hemos querido y ya no están. También es un indicador social de que necesitamos el arropo de la tribu.

La tristeza nos da mucho miedo porque la asociamos con la depresión y otras enfermedades mentales, pero, si al asustarnos la reprimimos, no puede darnos el mensaje que ha venido a traernos: que los seres que queremos dejan una huella de amor invisible.

Así, pues, la tristeza nos permite recordar que aceptar es el camino para seguir hacia delante, sin olvidar lo que dejamos atrás, y que la vida es finita y nuestro tiempo limitado.

La tristeza nos deja darnos tiempo, como si fuéramos un fénix que necesita renacer a una vida sin nuestro gato, sin nuestros seres queridos o sin ese trabajo que queríamos o esa casa que nos gustaba y ya han alquilado otros.

La tristeza nos protege, nos permite darnos ese espacio, nos cuida hasta que podamos cuidarnos nosotros de nuevo.

El duelo, a pesar de lo doloroso que es, siempre me ha parecido una emoción interesantísima, como si te hubieras quedado atrapada en un bucle temporal que va más lento o incluso inmóvil, mientras el mundo sigue girando. La vez que lo viví con más crudeza fue cuando perdimos a nuestro bebé en el embarazo, un duelo silencioso del que nadie quiere hablar. La primera vez que lo viví, al fallecer mi abuelo, fue desolador, tenía veintiún años, me di de bruces con la pérdida de un ser querido y en ese momento no me pareció un privilegio. Y lo es. Pero años después viajamos a Bali y unos conocidos nos acercaron en moto a una ceremonia de cremación. Ver a los niños y las niñas viviendo la muerte como una fiesta fue un choque cultural tremendo. Y, a la vez, pensé que cuando tuviéramos hijos (unos meses después) no vivirían la muerte con el mismo tabú con el que lo habíamos hecho nosotros.

La muerte está presente en conversaciones, en cuentos, en cada paseo por la naturaleza, porque es parte de la vida. Igual que la tristeza, porque si no nos amigamos con ella, es imposible escuchar lo que tiene que contarnos: que cuando tú no puedas cuidarte, lo hará ella (y tu tribu) por ti. Y, por supuesto, que cuando la notes en los demás, los cuides bonito.

La tristeza no solo está asociada al duelo, para mí tiene mucho que ver con lo que nos decepciona, con esas cosas que queríamos y no han podido ser. Porque crecer significa aceptar que hay cosas que no han podido ser. Y madurar es agradecer lo que sí tienes en vez de lo que todavía o ya no. Pero la gratitud no puede imponerse.

El miedo, la rabia y la ira son el triunvirato de las emociones desagradables. Y como desagradables que son, no son muy aceptadas. Y claro, lo que no es aceptado cristaliza en nosotros como partes nuestras que es mejor ocultar. Sin embargo, para mí la tristeza tiene sabor a quietud y a cuidado, a infusión calentita que alguien te prepara, a una mantita suave y a un muchísimo de «ya lo pensaré mañana»; me sabe a ver películas y a llorar al cantar canciones tristes. Y sobre todo me sabe a esperanza.

Me sabe también a compasión y empatía, como cuando mi médico de cabecera me firmó la baja para que pudiera recuperarme del aborto y me recomendó que dijera que había tenido salmonelosis para no dar explicaciones. O cuando con mirada triste me dijo que, si sentía que el duelo era demasiado, mirara a la niña que sí tenía (lo que pudo ser un mal consejo, pero en ese momento fue el que yo necesitaba).

Me encantaría contarte que esto viene de mi infancia, pero no es así. Tampoco la tristeza fue bien atendida en la infancia, pero todos nuestros hijos son maestros y yo tuve uno con el que, por desgracia, no tuve que sostener más que mis rabietas y que me enseñó el silencioso y suave poder de la tristeza. No, la tristeza tampoco fue bien acompañada en mi infancia, ni en la adolescencia, ni en la primera juventud. Pero esa persona y su consejo, con esas palabras y esa mirada, lo fue todo para mí.

Y esto también es esperanza, porque no todo va de lo que hacemos o no como figuras parentales; sus futuras experiencias moldearán sus vidas y sus percepciones, nuestro trabajo no es hacérselo todo fácil, ni meterlos en una burbuja, sino que se construyan su propio colchón interior, que llamamos coloquialmente resiliencia. Uno lleno de las experiencias difíciles de las que saliste fortalecido, un colchón sobre el que puedes caer si necesitas salvarte de un incendio y que, cuanto más gordito es, menos daño te haces. Ese colchón lo empiezas a construir en la infancia y no es lo mismo uno de muelles destartalados que uno con un núcleo de alta tecnología, terminamos la infancia con ese núcleo, pero las capas las ponemos nosotros, nos las va poniendo la vida.

De nuevo, igual que con el miedo y la rabia, todo empieza en nosotros, de ahí la necesidad de reflexionar sobre algunas preguntas:

- ¿Cómo me relaciono con la tristeza? ¿Es cómoda o incómoda esta emoción para mí?
- ¿Cómo expresaban la tristeza mis figuras parentales? ¿La reprimían o la expresaban desde la catarsis? O quizá variaba según el día.
- Cuando nosotros expresábamos tristeza, ¿qué ocurría cuando éramos pequeños y en la adolescencia?
- ¿Nuestros padres adoptaron un enfoque autoritario o se desconectaron emocionalmente cuando expresábamos tristeza?
- ¿Alguna de nuestras figuras parentales experimentó depresión mientras nos cuidaba? ¿Hubo antecedentes de depresión en la familia? ¿Hubo algún suicidio?
- ¿Qué creencias sobre la tristeza llevamos desde la infancia?
- Según todo esto, ¿qué suelo hacer cuando tengo tristeza? ¿Tengo granularidad emocional, es decir, distingo entre estar triste y cuando necesito ayuda porque estoy deprimida/o?

- ¿Qué me gustaría hacer cuando siento tristeza?
- ¿Qué necesitan mis hijos cuando ellos sienten tristeza?
- ¿Cuánto de lo que hay en el campo de la relación es mío y cuánto es de la situación en sí?

Antes de pasar a la ficha, me gustaría reflexionar sobre algo que es muy importante y que, por supuesto, se da con todas las emociones, pero con la tristeza especialmente. Y es que, por un lado, en ese deseo, tan hermoso, de mostrarnos como sólidas raíces, se nos olvida que nuestra vulnerabilidad es nuestro mayor tesoro. Si estamos tristes, nuestros hijos e hijas van a darse cuenta, de veras: su objetivo en la vida, al menos al principio, es estudiarnos detenidamente para tener más posibilidades de supervivencia. Y sabrán que estás triste; si nos callamos, si negamos, si lo evitamos, les estamos dando pie a que consideren que es por su culpa, así es el pensamiento egocéntrico.

Por otro, hay personas que se van al lado contrario. Una cosa es estar triste —muy lícito— y otra que los niños consideren que tienen que hacerse cargo. Necesitamos figuras adultas que nos ayuden a sostener nuestras manos, esto no puede ser tarea de la infancia. Esto no quiere decir que, en un momento puntual de tristeza, no ayuden a cuidarnos, por supuesto, pero desde otro lugar más sano. No pueden pensar que es su responsabilidad. Somos las figuras parentales las que necesitamos sostenernos a nosotras mismas con ayuda de otras manos adultas o, de lo contrario, estamos rompiendo el orden natural de las relaciones: los adultos cuidamos, los niños son cuidados. Al revés no funciona.

Aclarado esto, te dejo una ficha sobre la tristeza en los anexos (página web), ya sabes que las tendrás todas después por si quieres imprimirte una copia y trabajarlas con tus hijos e hijas ¡o contigo mismo!

Como con el miedo y la rabia, me gustaría darte algunos trucos, aunque ya sabes que mi favorito es el juego de la emoción. Algunos de los recursos preferidos que tenemos en casa son una botella de la calma especial para la tristeza, tiene un ritmo lánguido —nos ayuda a situarnos en el presente—, pintar y escribir, el cine y la poesía —nos ayudan a soltar el llanto— y los rituales que tanto nos permiten dar sentido y espacio a todo lo que sentimos. Personalmente la música, la misma canción que ha conectado con un punto de dolor, reproducida en bucle, me ayuda a soltar y el contacto físico y la naturaleza a sentirme reconfortada (¡el poder de las endorfinas!).

De la mano de la tristeza, a veces viene la añoranza y la nostalgia, o la morriña (palabra que me encanta). Ojalá puedas escuchar su mensaje también.

Nos asusta mucho un niño triste, y es normal, así que recordad, como con todas las emociones, pero con esta especialmente, pedir ayuda a otros profesionales (desde sus profesores a un psicoterapeuta especializado en infantil). Esto nos dará mucha tranquilidad y puede, sin duda, marcar la diferencia. La mejor prevención es estar disponible, y la segunda, permanecer atento.

DIARIO SOBRE LA TRISTEZA

¿Cuándo aparece?
Para muchas personas, suele venir cuando estamos disgustadas por algo, o cuando echamos de menos a alguien o algo.
¿Para qué aparece?
Para muchas personas, el mensaje secreto de la tristeza suele ser parar, detenernos para honrar lo que nos hizo sentir felices y despedirnos; a veces, quizá necesitemos ayuda para estar con la tristeza el tiempo que haga falta y escuchar todo lo que nos quiere decir.
Completa con tus pensamientos:

1. Para ti, ¿cuándo aparece?

____

____

2. Para ti, ¿para qué aparece?

____

____

3. Para ti, ¿cómo se siente?

a. En la cara la siento...

b. En el cuerpo por fuera la siento...

c. En el cuerpo por dentro la siento...

4. Lluvia de ideas sobre la tristeza:

a. ¿Qué puedo hacer cuando yo siento tristeza?

b. ¿Qué puedo hacer cuando otra persona siente tristeza?

5. Algo que aprendiste cuando sentiste tristeza y que quieres agradecer:

LA ALEGRÍA

Defender la alegría como una trinchera,
defenderla del escándalo y la rutina,
de la miseria y los miserables,
de las ausencias transitorias
y las definitivas.

Así empieza un hermoso poema de Mario Benedetti.

Y en este apartado me gustaría defender la alegría cual trinchera, que es muy necesario cuando te has criado con frases como «Empezáis riendo y termináis llorando», «Mucha risa, pero a ver qué pasa con las tareas» y, de música de fondo, la canción *Así planchaba*.

Lunes antes de almorzar,
una niña fue a jugar,
pero no pudo jugar
porque tenía que planchar,
así planchaba así, así.

Por eso desde que hace unos meses dos mujeres admirables (Amaia y Rigoberta Bandini) reversionaron esta canción en su preciosa «Así bailaba»; yo no he podido escucharla sin llorar y me encanta bailarla con mis hijas.

Me gusta imaginarme a todas nuestras madres y abuelas de la mano de sus abuelitas, formando un círculo enorme y bailando todas alrededor nuestro, sabiendo que con este baile y esta canción rompemos una lacra de patrones generacionales, especialmente hacia las mujeres. Y poniendo en valor los cuidados (que, pese a la creencia popular, sí impactan en el PIB), especialmente los cuidados que nos damos a nosotras mismas. Y es que las niñas hemos jugado poco porque nos responsabilizamos demasiado pronto. Y cuando mi hija pequeña me dice (porque todavía cree que los euros salen de la tarjeta, igual que el agua sale del grifo, como por arte de magia) que soy muy aburrida porque trabajo mucho y juego poco, lo veo como una señal y no como una alarma que apagar y ya.

Después del triunvirato de las tres emociones desagradables, llega el turno de la alegría, y no siempre comprendemos que hay que acompañarla también. Por supuesto que hay que hacerlo, primero porque ahora que ya sabemos lo que es la granularidad emocional, sabemos que no es lo mismo la alegría que la euforia. Y segundo porque parte de la inteligencia emocional tiene que ver con permitir —y, entre tú y yo, no siempre es fácil, según la infancia que hayas tenido, permitirte la alegría—. No, no es fácil. Pero el colchón del que te hablaba antes también está lleno de risas y experiencias lúdicas. Ese es el poder de la alegría, vamos con ella.

«Empezáis riendo y termináis llorando» podría ser el titular sobre el acompañamiento emocional de la alegría de los noventa. El guion podría ser algo así como dos hermanos jugando a juego de «cachorreo» (el que tienen los cachorros). El *plot twist* es que alguien llora. Fundido a negro con la figura parental, normalmente la madre diciendo «Veis. Empezáis riendo y termináis llorando» en el mejor de los casos o «Vais a llorar por algo» en los peores.

La alegría lo es todo en el vínculo.

Reflexiono sobre la alegría mientras mis dos gatitos Pixel y Blackie (aunque ya de bebés tienen poco) cachorrean. A ojos de un observador menos entrenado, podría decirse que se están peleando, pero no, ahora no se están peleando, están jugando, se miran a los ojos, se buscan, hay un intrincado sistema de turnos por el que cuando uno vence, después el otro es vencido. No, aquí no hay violencia. Arañazos y bufidos, sí, pero no violencia. Nuestra perrita Ahsoka también juega al pilla-pilla con ellos: las primeras veces yo lo impedía, porque me asustaba que se los pudiera comer; sin embargo, ahora veo que es realmente un juego y es el camino para «hermanarse» que no ha encontrado con nuestra otra gata más mayor. Es un juego muy físico que en los niños viene genial para el sistema propioceptivo y vestibular, y ahora también juega al pilla-pilla con ellos.

¿Y QUÉ PASA CUANDO SE TRANSFORMA EN EUFORIA?

Mi padre ante una pregunta tipo: «¿Y qué pasa si...?» respondía «Y si pasa, se le saluda».

Pues si llega la euforia, se le saluda, y como a un cachorro, con mucho mimo y mucha ternura, pero también con firmeza, acompañamos para que baje la intensidad si es necesario. A veces lo necesitamos las figuras parentales y no los niños, y a veces los niños lo hubieran necesitado antes, pero se nos ha ido de las manos a las figuras parentales y nos enfadamos en vez de responsabilizarnos.

Coartar o condicionar el juego, solo por no poder sostener la euforia, quizá no sea tan buena idea como nos parece *a priori*. De hecho, creo que mis hijas dormían mejor y más rápido cuando había un buen rato de juego bruto, cuya intensidad íbamos bajando de a poquito. Como «hijas de su padre» que son, no puede decirse que duerman mucho.

El juego y la alegría me parecen indispensables en la educación en conexión. «Alégrate en mí» es una de las necesidades del Círculo de Seguridad Parental, tanto en la parte superior como en la inferior. Y estoy segura de que Anónima, nuestra heroína desconocida del Paleolítico, jugaba con su hija y con otros niños porque **el juego es la expresión de la alegría**.

María Couso en su precioso libro *Cerebro, infancia y juego* dice que «Jugar en realidad es una acción por la que todo tu ser se siente alegre, disfruta el momento y se entretiene realizando una actividad o quizá a través de un objeto».

Para algunas personas será el juego de cachorreo (*Jackie y Nuca* era el preferido de mi padre y mío cuando era pequeña), para otras será el simbólico (la peluquería es mi absoluto favorito en la actualidad), para algunos serán las cartas (el mus y la brisca con mis abuelos y sus amistades), y para otros, como mi pareja, los juegos de mesa. También el surf, la pintura, el patinaje, el ganchillo, fabricar jabón o restaurar muebles.

Jugar nos permite entrar en un estado de *flow*, «ese estado en el que uno se siente completamente absorto en una actividad que proporciona placer y disfrute», en palabras de Mihály Csíkszentmihályi.

Jugar es plena presencia. Por eso los niños y las niñas quieren jugar siempre y las personas adultas ya no tanto, porque hemos perdido nuestra capacidad de estar presentes, absortos en las mil tareas que incluyen tener tres trabajos por el precio de uno (criar hijos, cuidar una casa y tener un empleo productivo a un mismo tiempo). Y, sin embargo, es la clave de todo. **La alegría es la base del vínculo.**

Seguramente conoces el cuento de la hormiga y la cigarra: la hormiga se dedica a recoger comida para todo el invierno mientras que la cigarra canta y disfruta de la vida. La moraleja está tan clara que apesta: el trabajo duro es importante, posponer la gratificación nos da éxito en la vida. Y así es como hemos sido criados, pero me resisto a verlo sin que haya equilibrio, así que te voy a cambiar el cuento.

Ahora imagina que la hormiga, en vez de recoger miguitas de pan, está recogiendo instantes de conexión, unas pocas risas por aquí, una broma por allá, cientos de cuentos bajo una bombilla, una lluvia de estrellas, su comida preferida, un regalo inesperado, una sorpresa para ti, ese dibujo con tanto cariño, ese abrazo, ese beso de alas de mariposa, esa sonrisa en la distancia, ese guiño de ojo que se responde con sacar la lengua, ese tatuaje con *rotu* en la pierna, ese chiste, ese vídeo de aquel gato que tanto os hizo reír, la anécdota de esa serie de dibujos, esa receta que salió mal y os moristeis de risa.

Todo eso vas recolectando como buena hormiguita. Y cuando llegue el invierno, que llegará —aunque como una de mis hijas, que sabe que además de ser de pelea soy absolutamente de verano, me dijo una vez: «El verano dura lo que tú quieras que dure»—, si hay conflictos, drama, estrés y decenas de oportunidades diarias de desconectaros, tienes, tenéis la mochila de recuerdos llena de momentos de conexión.

¿Y la cigarra? Pues en este cuento no hay que compararse con nadie, la cigarra vive su vida y ya. Pero la cigarra, además de tocar genial la guitarra, es contable y te dice algo así como «Has recogido mil momentos de conexión, la totalidad de rupturas del vínculo del invierno pasado fue de seiscientas cincuenta, en nuestra estimación, las pérdidas son inferiores a las ganancias, el balance de cuentas es positivo. La posibilidad de que la conexión supere la desconexión es alta. Esta estimación incluye un 30 por ciento de imprevistos y no pandemias mundiales». Bonito, ¿verdad?

La realidad no es solo la falta de tiempo, la realidad es que también es difícil porque nuestra alegría no fue bien acompañada, porque la de nuestras figuras parentales tampoco lo fue. En el Madrid de la posguerra en el que crecieron mis padres no había mucho espacio para la alegría, siempre alertas, siempre temiendo que pasara algo terrible.

De nuevo, todo empieza en nosotros, de ahí la necesidad de reflexionar sobre algunas preguntas:

- ¿Cómo me relaciono con la alegría? ¿Es cómoda o incómoda esta emoción para mí?
- ¿Cada cuánto me permito sentirla? ¿Durante cuánto tiempo?
- ¿Cómo expresaban la alegría mis figuras parentales? Si tenía madre y padre, ¿lo expresaban de igual forma o diferente?
- Cuando nosotros expresábamos alegría, ¿qué ocurría cuando éramos pequeños y en la adolescencia?
- ¿Nuestros padres adoptaron un enfoque autoritario o se desconectaron emocionalmente cuando expresábamos alegría?

- ¿Alguna de nuestras figuras parentales experimentaron episodios de euforia en el que nuestro cuidado quedó mermado? ¿Cómo lo vivimos?
- ¿Qué creencias sobre la alegría y el disfrute llevamos con nosotros desde nuestra infancia?
- Según todo esto, ¿me permito mostrar alegría?
- ¿Qué me gusta hacer cuando me siento alegre?
- ¿Qué necesitan mis hijos cuando ellos sienten alegría?
- ¿Cuánta alegría conjunta experimentamos?

Y de nuevo —y para muestra, un botón (el botón soy yo)—, no todo está en la infancia. Mi madre cuenta siempre que desde que me levantaba por la mañana (justa de tiempo) ya estaba cantando. Mis figuras parentales no son personas que exteriorizaran mucha alegría, tampoco mis abuelos, que eran mis segundas figuras de referencia, pero por algún motivo yo sí fui (a veces pienso que quizá como mecanismo de defensa) una niña muy alegre. Y sigo siendo una adulta alegre, una que, por supuesto, se ha educado en el hacer en vez de en el ser, en el producir en vez de en el disfrutar y en primero el deber y luego el placer. Pero también una adulta que se aferra con fuerza a cada oportunidad de experimentar alegría, una que dice mucho «Ya lo sufriré mañana» cuando implica reír ahora y que a veces a sí misma no se parece muy adulta en lo que se espera quizá de una madre. Tiendo a decir más sí que no, y no por permisividad sino por alegría. Por la alegría que nos traerá.

Hace un rato, entre «Qué agobiada estoy con la revisión» y «Me subo corriendo que quiero terminar el repaso final y no llego», ha habido una sesión de baile en la cocina, una lectura de cuentos improvisada, un tatuaje en la pierna, varios chistes y una canción a micro abierto. De hecho, una vez, hace muchos años, con menos kilos y canas, nos pararon por la calle y, mientras mis hijas disfrutaban en un charco de agua, me confundieron con su canguro para decirme si su madre sabía lo que estaban haciendo. Para mí esto también es esperanza, y cuando la vida adulta se me hace difícil y el hacer y el producir ganan demasiado terreno al ser y al disfrutar, las miro a ellas. Y vuelvo a conectar con la alegría.

No dejarnos arrollar por la responsabilidad es difícil e importante. Ojalá que puedas encontrar tu ritual de alegría, *flow* y conexión favorita, ese que es el que menos te cuesta, e incluso compartirlo con tus hijos e hijas, porque de la presencia plena en la alegría nace la conexión. Y ojalá puedas decirte a ti misma, y le llegue a tu niña interior «La niña hoy no puede bailar, porque tiene que jugar».

Si necesitas trucos para acompañar la emoción de la alegría, pueden ser los siguientes: crear un bote de recuerdos alegres, agendar y priorizar los momentos y rituales de conexión (en familia, en pareja, en soledad y con amigos), enfocarnos en el momento presente a la hora de acompañar la alegría en vez de estar pensando en parar la emoción por si llega la euforia, y si llegara, recordar la analogía del cachorro para regularla.

DIARIO SOBRE LA ALEGRÍA

¿Cuándo aparece?
Para muchas personas, viene cuando nos pasan cosas agradables, estamos de buen humor, tenemos ganas de jugar, cantar, reír...
¿Para qué aparece?
Para muchas personas, el mensaje secreto de la alegría es animarnos a conectar y disfrutar —solas o con los demás— y a enfrentarnos a nuevos retos.
Completa con tus pensamientos:

1. Para ti, ¿cuándo aparece?

____

____

2. Para ti, ¿para qué aparece?

____

____

3. Para ti, ¿cómo se siente?

a. En la cara la siento...

____

____

b. En el cuerpo por fuera la siento...

c. En el cuerpo por dentro la siento...

4. Lluvia de ideas sobre la alegría

a. ¿Qué puedo hacer cuando yo siento alegría?

b. ¿Qué puedo hacer cuando otra persona siente alegría?

5. Algo que aprendiste cuando sentiste alegría y que quieres agradecer:

EL ASOMBRO, LA CURIOSIDAD Y LA CALMA

Cuando era pequeña y tenía que hacer los deberes de historia, solía preguntarle a mi padre lo que no sabía o no entendía. Como eran deberes y no proyectos (fui a un cole público bastante constructivista para lo que eran los noventa) yo solo quería que me dijera la respuesta para poder terminar mis tareas y ponerme a jugar o a leer. No voy a hablar hoy de mi opinión sobre los deberes y de cómo creo que perjudican la curiosidad, sino de la importancia que tuvo en nosotros cómo acompañaban esta importante emoción del asombro, que muchas veces queda limitada a la sorpresa y, para mí, resulta una simplificación poco acertada.

Bien, mi padre hacía una cosa que me sacaba de quicio, ante una pregunta concreta: él, en vez darme la respuesta, lo que hacía era formularme preguntas abiertas, que se acompañaban de: «¿Tú qué piensas?», «¿Tú qué crees?», «Imagina que...».

Como me casé con un historiador, cada vez que él hace lo mismo con mis hijas me acuerdo de toda la intención positiva que tenía mi padre en esas tardes de deberes, pero que yo en ese momento no podía ver, porque solo tenía el foco puesto en terminar mi tarea. Y también me sorprende cómo mis hijas lo escuchan atentamente cuando yo hubiera dicho rápidamente: «Alexa, ¿cuándo...?».

Mi padre ahí despertaba la curiosidad, el pensamiento crítico y la habilidad para resolver problemas. Cuando fui creciendo, la cosa no mejoraba (desde mi punto de vista adolescente) y, si tenía alguna duda, iba a su librería y me daba un libro para que leyera. De esas lecturas salieron proyectos increíbles como una vez que creé el guion de una obra de teatro inspirada en los libros de Luciano de Samósata. Lo que entonces era frustrante ahora resulta entrañable, pero en ese momento todavía no podía verlo porque estaba demasiado enfocada en el sistema educativo, en el producir, en el optimizar el tiempo y en el hacer en vez de en el ser.

Pero mi padre, sin saberlo, alimentó lo que los científicos llaman el «pensamiento arborescente» (un patrón de pensamiento en el cual una persona divaga o se ramifica en múltiples direcciones mientras intenta abordar un problema o una tarea) o «pensamiento ardilla», que es como lo llamamos cariñosamente en casa, cuando mi cerebro va más rápido de lo que mi conversación puede sostener y dejo de terminar las frases. Podemos vivirlo como un problema (a veces lo es) o como una fortaleza (yo elijo pensar esto); lo que está claro es que mi padre, y también mi madre, echaban gasolina a mi curiosidad.

Cuando hago un listado de las emociones que fueron bien acompañadas en mi infancia, la única que se salva es esta, pero tampoco lo hace en todos los momentos de mi vida; es decir, se salva con todo lo académico, pero, con el resto de los aspectos, no llega a raspar el aprobado. Y su emoción, digamos contraria, el aburrimiento, no fue tan bien acompañada. A mí me gusta pensar que el mensaje secreto del aburrimiento es mandar un SOS a la curiosidad.

«La curiosidad mató al gato», dicen. Lo cierto es que no podemos saber si los animales experimentan las emociones como lo hacemos nosotros, así que la premisa ya es falsa. Sin embargo, lo que sí resulta cierto es que ni sabemos acompañar el aburrimiento ni la curiosidad ha tenido buena fama. Eva que se come la manzana, Pandora que mira dentro de la caja, Baba Yagá que se come a los niños que hacen muchas preguntas o los científicos locos de nuestros cuentos más actuales. No, la curiosidad no tiene buena fama. Y, sin embargo, lo es todo.

Me gusta pensar que los niños y las niñas son científicos, no en potencia, sino en acto. Vienen a la vida con toda su potencialidad y llevan a cabo su propio método científico, en el que hacen una hipótesis y la prueban una y otra vez hasta llegar a una conclusión, un poco parecido a lo que realiza nuestro cerebro con los *affects* en la construcción de emociones.

Me acuerdo de una consultoría con una familia porque su hija tenía comportamientos que no entendían y, aunque dialogaban con ella, no dejaba de hacerlo. Todos los comportamientos estaban relacionados con la emoción de la curiosidad, pero para sus figuras parentales eran llamadas de atención, luchas de poder o directamente que quería molestarlos. Uno de estos comportamientos era encender y apagar las luces, algo muy habitual cuando tienes dos o tres años; a mí me sigue pareciendo increíble cómo funciona la electricidad, ¡imagina a una mente que está intentando entender el mundo! Y una parte de ellos quería creerlo así, pero otra se resistía. Al final descubrimos que había un poco de miedo a que el comportamiento fuera a más y terminaran en *Hermano mayor* (un programa de televisión supuestamente educativo, pero en el que se grababa a menores en situaciones vulnerables, acompañados por un mentor que ejercía de hermano mayor e intentaba como podía cultivar un vínculo de conexión con ellos en medio del esperpento de este programa).

Les propuse que crearan un circuito con una bombilla pequeñita y una pila de petaca (lo venden también listo para usar en sets educativos) y que redirigieran a la niña a lo que sí podía hacer. Unas semanas después, todo había mejorado por arte de magia, pero no, no fue magia sino esos padres que dejaron atrás sus miedos y creencias limitantes y se concentraron en dar lo que necesitaba la niña que tenían delante.

Parece que he usado esta anécdota para hablar de la curiosidad de la niña, que también, pero sobre todo quiero hacer hincapié en la de las personas adultas: la curiosidad tiene muchísimo que ver con el foco de nuestra atención y está ligada a los procesos de aprendizaje, no solo académicos, sino vitales.

Si, según Montessori, los dos grandes peligros del educar son el orgullo y la cólera. El antídoto para ambos es el asombro.

Si desde la humildad puedo ver al niño adaptarse al mundo y hacerlo desde la curiosidad y no desde el control, o si puedo escuchar la emoción de la ira y la información que me está mandado en vez de simplemente reaccionar, es gracias al asombro.

Ahora soy investigadora de emociones de la infancia, y no podría serlo si cada vez que preguntaba me hubieran dado una respuesta en vez de una pregunta. Por supuesto también hubo muchos «porque lo digo yo y punto», pero hubo algo en esta emoción con la que mis figuras parentales sí pudieron sentirse cómodos y tuve un acompañamiento suficientemente bueno. Y gracias a ello, fui capaz de apoyarme en la curiosidad para ir comprendiendo y colocando el resto de las emociones.

El asombro es lo que nos permite admirar a la persona que tenemos enfrente y descubrir cuáles son sus emociones, motivaciones, creencias y pensamientos. El asombro es la base de la empatía y, desde nuestro ejemplo, podemos ser modelo de empatía y asombro hacia el resto de los seres humanos, y eso empieza por sentir curiosidad, asombro y admiración hacia nuestros hijos e hijas.

La emoción del asombro tiene que ver sobre todo con la necesidad de exploración que tienen los niños y las niñas, así que puede ser una emoción difícil de sostener a veces, como cuando nos hacen preguntas comprometidas, bien porque el tema es tabú para nosotros, bien porque nos sentimos cuestionados o vulnerables, bien porque nos preocupa meter la pata y dar información de más o de menos.

Amigarnos con el asombro nos lleva a leer libros como este, a profundizar en nuestro autoconocimiento y trabajo personal, y a crear vínculos en espacios terapéuticos, así que creo que es importante honrar esta emoción, aunque sea relativamente fácil de acompañar para la mayoría de las personas.

Y, por tanto, se merece también su espacio de preguntas y respuestas.

- ¿Cómo me relaciono con el asombro? ¿Es cómoda o incómoda esta emoción para mí?

- ¿Cómo expresaban el asombro y la curiosidad mis figuras parentales? ¿Los reprimían o los expresaban? ¿Cómo era su ejemplo?
- Cuando nosotros expresamos curiosidad, ¿qué ocurría cuando éramos pequeños y en la adolescencia?
- ¿Qué pasaba cuando expresábamos curiosidad?
- ¿Nuestros padres adoptaron un enfoque autoritario o se desconectaron emocionalmente cuando expresábamos curiosidad?
- ¿Qué creencias sobre la curiosidad llevamos con nosotros desde nuestra infancia?
- Según todo esto, ¿qué suelo hacer cuando siento curiosidad y asombro? ¿Qué me gustaría hacer cuando siento curiosidad?
- ¿Qué necesitan mis hijos cuando ellos sienten curiosidad?
- ¿Cuánto de lo que hay en el campo de la relación es mío y cuánto es de la situación en sí?
- ¿Qué es lo que más admiro y/o me asombra de mis hijos e hijas?, ¿y de mí mismo/a?

Hay un tipo de asombro que para mí se relaciona con la emoción de la calma, y es el asombro por nuestro propio estado contemplativo.

Una tarde de «hija única» con una de mis niñas me dio las claves para pensar en que la calma tiene más que ver con nuestro propio asombro que con la ausencia de ira (como a veces parece que se equipara). Estaba pintando, la casa se hallaba en silencio, yo leía, teníamos infusión calentita y mantas, creo que llovía fuera (aunque puede ser que mi cerebro añada detalles extra para enfatizar la emoción de *hygge*) y me decía «Estoy muy tranquila», como si fuera una emoción absolutamente placentera y no de valencia neutra.

La calma para mí tiene que ver mucho con nuestro propio asombro interior cuando estamos tranquilos, en paz y disfrutando del momento.

Y ojalá podamos volver a la calma con el objetivo de encontrar nuestro propio asombro interior y no tanto con el objetivo de huir de la rabia. Y ojalá podamos recordar que, pese a lo que nos contaron, como dice el dicho inglés, «La curiosidad mató al gato, pero la satisfacción lo trajo de vuelta». Y no hay mayor satisfacción que pensar que estamos haciendo todo lo que está en nuestras manos para ser refugio y puerto seguro para nuestros hijos e hijas.

Trucos para acompañar la calma pueden ser tener un bote de la calma (explicaremos su objetivo en el apartado de soluciones), todo tipo de estrategias de autorregulación, horarios que propicien el tiempo libre y relajado, todo tipo de materiales artísticos y, sobre todo, el contacto con la naturaleza.

DIARIO SOBRE EL ASOMBRO

¿Cuándo aparece?
Para muchas personas, suele venir cuando tenemos muchas ganas de conocer cosas nuevas sobre algo o alguien.
¿Para qué aparece?
Para muchas personas, el mensaje secreto de la curiosidad es animarnos a mover nuestra energía para sorprendernos y aprender cosas asombrosas.
Completa con tus pensamientos:

1. Para ti, ¿cuándo aparece?

____

____

2. Para ti, ¿para qué aparece?

____

____

3. Para ti, ¿cómo se siente?

a. En la cara la siento...

____

____

b. En el cuerpo por fuera la siento...

____

____

c. En el cuerpo por dentro la siento...

____

____

4. Lluvia de ideas sobre el asombro:

a. ¿Qué puedo hacer cuando yo siento asombro?

____

____

b. ¿Qué puedo hacer cuando otra persona siente asombro?

____

____

5. Algo que aprendiste cuando sentiste asombro y que quieres agradecer:

____

____

LA CULPA, LA VERGÜENZA Y LA AVERSIÓN

Es muy conocida la película *La gran familia*, en la que uno de los niños se pierde en Navidad en la plaza Mayor de Madrid. Lo que para mí era una escena muy tierna, se transformó en pesadilla cuando se me perdió una de mis niñas hace unos años, muy cerca de esa plaza. La pérdida debió de durar menos de un minuto, pero la experiencia fue tan intensa para mí que me pareció un día entero.

Estábamos en una librería con una amiga, tres adultos y tres niñas, parecía todo controlado, pero mi hija se despistó y se salió de la librería, pensando que nos habíamos ido y nos habíamos olvidado de ella. Era pequeña y mi frase: «Si te pierdes, quédate donde estés, yo te encontraré» y «Busca una mamá con niños para que te ayude» no habían calado todavía en ese inmaduro —y asustado— cerebro. Por suerte, una pareja mayor la estaba acompañando a cinco metros de la librería. Unos meses después sucedió algo parecido, solo que esta vez yo no la perdí de vista y, según me acercaba a ella, vi cómo su rostro pasó de la alegría, a la angustia y al pánico en cuestión de segundos. Por suerte, enseguida también llegó el alivio.

Con mi hija comparto muchas cosas y una de ellas es que ambas somos muy despistadas y solemos estar, como se dice coloquialmente, en las nubes. Así que estas experiencias vividas yo también las tuve asimismo en su día. El desenlace era muy diferente, sin juzgar a mis figuras de referencia, que lo hicieron como pudieron, lo que recibí fueron reproches e incluso castigos físicos. Y el alivio de encontrarnos se mezclaba con la confusión y sobre todo la culpa de haberles hecho pasar un mal rato.

Para mí nuestras creencias relacionadas con la culpa (no la emoción en sí) son de las que más daño hacen a la salud mental de las personas adultas. Las introyectamos y absorbemos durante la primera parte de nuestra vida y luego no es fácil no vivir condicionadas por ella. Pero eso no lo hace la culpa, esta aparece cuando hay una incoherencia, hay veces que ni siquiera es una incoherencia nuestra, sino antigua o heredada, como cuando viene a decirte que «no vales nada como figura parental si... (inserta aquí tu juicio social, desde comer chuches hasta trabajar fuera de casa, pasando por salir de fiesta o decir que no para decirte sí a ti)», y entonces su función es quizá repensar estas creencias y actualizarlas.

Pero antes de pensar cómo librarnos de ella, tal vez podamos reflexionar sobre qué viene a decirnos. Para mí la culpa es una alarma, muy potente, de que hay un desfase entre lo que hacemos y nuestro sistema de valores. Es una emoción muy útil, como un GPS que nos informa con un mensaje inequívoco de que vamos en dirección contraria, como cuando te avisa de que te has confundido de camino con «se ha perdido la señal GPS». ¿Te imaginas que en ese caso apagaras el GPS? Podría ser una muy buena decisión en plan: «Ya sigo yo sola, que me sé el camino» como en el primer caso, o podría ser una no tan buena y acabar horas, días, meses o años lejos del lugar al que querías llegar: la conexión con tus hijos e hijas. Y esto es aplicable a cualquier persona.

No, apagar siempre el GPS no parece una buena idea. Seguir a pies juntillas, sin chequear el camino, tampoco. Parar y escuchar lo que te dice el mapa, mirarte a ti y el plano tiene más sentido.

Muchas personas me dicen que la culpa no debería existir, que solo pesa sobre las madres y que es una estrategia del patriarcado para controlarlas. Y yo realmente no estoy de acuerdo con ninguna de las tres afirmaciones; como todas las emociones, nos manda un mensaje, nos pasa a todas las personas por igual y, aunque la cultura incide, como en todas las emociones, al final, las últimas responsables (que no culpables) de nuestras emociones somos las propias personas que las experimentamos. Y si es tan incómodo, ¿cómo voy a construir yo esta emoción? ¿Por qué me siento culpable si esto es lo que quiero?

En lugar de preguntarte por qué te sientes culpable, considera cuál es el propósito de esa culpa. ¿Es para castigarte en lugar de aceptar que no eres una figura parental perfecta (lo cual es completamente válido)? ¿Es un peaje que pagas en forma de sufrimiento para mantener la misma dinámica? ¿Es una forma de evitar la incomodidad de aceptar que no puedes controlar todas las facetas de la vida?

Por ejemplo, si yo gritara a mis hijas un día, me sentiría culpable, quedarme anclada en la culpa me ayudaría a tener un diálogo interno e inconsciente de este tipo: «Sí, le he gritado, pero ya me estoy castigando a mí misma sintiendo esta culpa y malestar, y esto me permite conservar mi estatus de buena persona, buena madre. Sí, grito, pero luego me fustigo, así que todo queda en equilibrio». Y desde este lugar, me impide tomar acción (dejar de gritar, como hemos visto, es algo muy complejo que depende de muchos factores; tomar acción es iniciar el movimiento, no completarlo).

O, por ejemplo, Begoña, que salía con sus amigas y su hijo se quedaba llorando, ella se sentía muy culpable, pero seguía haciendo lo mismo cada fin de semana. Y, por favor, no me entendáis mal, el ocio y el autocuidado son sagrados. Algo que podría ayudarla a vivir más en paz sería darse cuenta de que tiene dos opciones: puede elegir entre actualizar su sistema de creencias (soltar la creencia de que es incompatible salir de fiesta dejando a sus hijos con otras figuras de referencia y seguir siendo una madre suficientemente buena) o dejar de hacer lo que va en contra de su sistema de creencias (creerse ese dogma y dejar de salir, aunque es algo que quiere y que cubre su necesidad de ocio y diversión). Mantenerse entre ambas posturas solo le sirve para prolongar el sufrimiento y que el tiempo que pase con su hijo no pueda dedicarle toda la presencia, pero a la vez, de alguna forma, la cuida, porque no tiene que romper con lo introyectado y hace lo que ella realmente quiere.

O, un tercer ejemplo: una de mis hijas es asmática, yo y mi madre también lo somos, y la primera vez que la ingresaron en el hospital, su neumóloga, una médica excepcional en todos los sentidos, enseguida me dijo que echara fuera la culpa que yo decidí llamar genética. Sentirme culpable por haberle traspasado mis «genes defectuosos» me hacía creer que podía tener algo de control sobre factores que se me escapaban.

Muchas personas posponen el autocuidado porque realmente no saben cómo cuidarse. Otras porque de pequeñas asumieron que, si querían ser queridas, si querían considerarse valiosas, tenían que dar de más, ocultar sus necesidades.

Ahora, sola, solo o en espacios terapéuticos, puedes explorar por qué elegiste sobrepasarte cuando eras más joven, ya sea para complacer, ser la mejor, tener control o evitar conflictos. Lo fundamental es actualizar esas creencias, aunque no sea necesario hacerlo de inmediato.

Estoy hablando de la culpa, pero para mí también estaría la vergüenza. El inglés incluye una mezcla de ambas en su palabra *shame* y se traduce como «una dolorosa sensación de humillación o angustia causada por la conciencia de un comportamiento incorrecto o insensato».

Vergüenza, según la RAE, se define como una turbación del ánimo «ocasionada por la conciencia de alguna falta cometida o por alguna acción deshonrosa y humillante», pero también como «causada por timidez o encogimiento y que frecuentemente supone un freno para actuar o expresarse». Nos referimos aquí a la primera acepción, que se relaciona con la culpa, y cuya definición es: «Imputación a alguien de una determinada acción como consecuencia de su conducta». Esta emoción es una de las que más tienen que ver con la autoestima.

En ambos casos, la culpa y la vergüenza no tienen nada nocivo, más bien al revés, porque nos animan a responsabilizarnos de nuestros actos. El problema es que, en nuestra infancia, muchas veces teníamos a personas adultas que no podían responsabilizarse de sus actos, y al no hacerlo, al no poder usar la culpa y la vergüenza de forma constructiva, echaban balones fuera, es decir, nos culpaban a nosotros. Por ejemplo, frases como «Llegamos tarde por tu culpa», cuando realmente lo que ha ocurrido es que la persona adulta, que es la encargada de controlar el tiempo —los niños y las niñas viven en el presente, y es esperable que como personas adultas nos hagamos cargo de las expectativas que tenemos sobre los infantes— no lo ha hecho. Si pudiéramos reparar hoy podría ser algo así: «Siento haberte dicho que llegábamos tarde por tu culpa, cuando llego tarde me siento muy nerviosa y avergonzada, así que no me he responsabilizado de que yo soy la persona adulta y de que te tenía que haber avisado antes de que te vistieras para salir. La próxima vez podemos poner juntos una alarma».

Y si entramos en el terreno de las emociones, es terrible:

* «Dame un beso o me pongo triste».
* «No llores que eso es de niñas».
* «No grites que te pones fea».
* «Has hecho que me enfade».
* «Me has hecho quemar la comida con tus lloriqueos».
* «Me quitas la vida» (este es mi favorito por lo castizo que suena).

Hay veces que no vivimos esas palabras tan duras, pero como la infancia es egocéntrica (aún no tiene la capacidad de ponerse en la mente del otro) puede pensar que esa discusión con tu pareja, esa cara angustiada al ver las facturas y pensar que no llegas holgada a fin de mes o ese encuentro con esa amiga que te invita a hacer nosequé y le dices que no puedes porque no tienes con quién dejar al peque (aunque ni siquiera sea verdad y sea una excusa para evitar decir que no de forma asertiva) son «culpa suya». Por supuesto que no lo es, pero el niño o la niña, igual que no sabe que dos medios plátanos forman uno entero, puede interpretar que esa es la realidad, por eso, cuando hablamos de infancia (lo que ocurre siempre, puesto que nuestros niños y niñas interiores heridos nos acompañan en todo momento, son parte de nosotros) es importante comprobar las percepciones y asegurarnos de que no piensan que lo que sea que haya pasado es por su culpa.

De nuevo, igual que con el miedo y la rabia, todo empieza en nosotros, de ahí la necesidad de reflexionar sobre algunas preguntas:

- ¿Cómo me relaciono con la culpa? ¿Es cómoda o incómoda esta emoción para mí?
- ¿Cómo expresaban la culpa mis figuras parentales? ¿La reprimían o la expresaban desde la catarsis? O quizá variaba según el día.
- Cuando nosotros expresábamos culpa, ¿qué ocurría cuando éramos pequeños y en la adolescencia?
- ¿Nuestros padres adoptaron un enfoque autoritario o se desconectaron emocionalmente cuando expresábamos culpa?

- ¿Utilizaron la culpa y la vergüenza para motivarnos?
- ¿Qué creencias sobre la culpa llevamos con nosotros desde nuestra infancia?
- Según todo esto, ¿qué suelo hacer cuando tengo culpa? ¿Tengo granularidad emocional?
- ¿Qué me gustaría hacer cuando siento culpa?
- ¿Qué necesitan mis hijos cuando ellos sienten culpa?
- ¿Cuánto de lo que hay en el campo de la relación es mío y cuánto es de la situación en sí?

Convertirse en una persona adulta que puede ser consciente de sus emociones y hacerse cargo de sus actos conlleva muchas veces sentir culpa.

A mí me gusta decir que es como cuando un familiar viene de visita, que, si se queda un par de días, puede ser una gran oportunidad de conexión y reflexión, pero si está un mes, la visita se hace incómoda.

Dar la bienvenida a la culpa puede ser complejo. Y, de todas las emociones, creo que es la que más necesita la validación, por la relación de ambivalencia que tenemos con ella. Hemos hablado largo y tendido de validar —cuando hablamos de nuestras propias emociones funciona exactamente igual—, y lo mejor no es decirte que no pasa nada ni tener un diálogo interno destructivo contigo, sino, simplemente, dar legitimidad a lo que estás sintiendo y, por tanto, a ti, en tu versión más auténtica. «Lo que sientes es válido, es correcto y está bien». Esto implica aceptar que cada emoción tiene un propósito y un valor, y que es válido experimentarla. Y, al mismo tiempo, esto no es fácil, porque muchas veces nuestras reacciones provienen de patrones de crianza o heridas emocionales de nuestra propia infancia. Esta introspección nos lleva a comprender que, a menudo, cuando no podemos validar las emociones de alguien es porque no hemos aprendido a hacerlo con las nuestras o no hemos sido validados en el pasado, por eso es incómodo.

Cuando validamos las emociones de alguien, no esperamos que dejen de sentir lo que sienten. En cambio, estamos ahí para acompañarlos en su proceso emocional, sin intentar cambiar o corregir sus sentimientos. Esta comprensión es fundamental para establecer una conexión genuina con los demás. Lo mismo pasa con nuestras emociones. Y, a la vez, sostener la incomodidad que deriva de este malestar resulta muy difícil. Es muy complejo estar dándonos plena presencia cuando no nos la dieron a nosotros en su día a la hora de afrontar emociones complejas.

Una de mis series preferidas es *This is Us*, la historia de una familia a lo largo de sus diferentes momentos vitales. Aquí viene el spoiler. Cuando la madre de Jack, uno de los protagonistas, muere, él se siente tan culpable por su muerte que llama a su padre alcohólico y le dice que todo es por su culpa. Obviamente, algo de responsabilidad tenía su padre en las dificultades de la relación madre-hijo en la infancia, pero el vínculo que hubieran podido construir Jack y su madre después, tras dejar a su marido abusivo, era responsabilidad de Jack y de su madre. Al no poder sostener la culpa, proyecta su emoción hacía otra persona, en este caso su padre. Y, a la vez, estas son también las secuelas del trauma, y nuestro querido Jack sufrió varios tipos de trauma. Hizo lo que pudo. Igual que hacemos todos. Otro ejemplo: hace unos años se retiró de los protocolos un medicamento que se daba a las mujeres puérperas porque un nuevo estudio reveló que estaba contraindicado. ¿Te imaginas que los sanitarios se hubieran quedado atascados en la culpa en vez de enfocarse en las personas a las que iban a poder cuidar mejor? ¿Incluso salvándoles la vida?

Me gusta ir al pasado a buscar respuestas, no excusas. Es parte del «tomar para uno mismo y dar algo de regreso». Lo que ocurrió, lo que nos pasó, tuvo impacto y es muy importante hacerle hueco en nuestro sentir. Y, a la vez, hay esperanza, podemos construir nuevas percepciones que nos ayuden a tener emociones más afinadas, que nos cuiden mejor en diferentes situaciones. Podemos enfocarnos en lo que todavía podemos lograr en vez de en lo que ya no tiene solución.

Un último apunte. En la teoría clásica de las emociones, el asco es también una emoción básica para nuestra supervivencia y una de las que, más claramente, trae un mensaje importante. Es fundamental acompañarla bien, porque el asco puede derivar en aversión, y no solo a rechazar cosas, sino también a las personas. A veces, también, la culpa y la vergüenza tienen que ver con sentir aversión hacia nosotros mismos.

Algunos trucos para acompañar la culpa y la vergüenza pueden ser crear un clima de compasión y no exigencia y comparación, y ayudarlos a comprender que el mensaje de la culpa es alinear valores y acciones; los procesos reflexivos pueden ayudarnos en este sentido; agradecer y evitar los juicios también. Y, sobre el asco, es importante ofrecer opciones que sean respetuosas para todos.

Es posible que, al leer este libro, experimentes culpa y pienses que desearías haber tenido este conocimiento antes. Ojalá puedas acoger con amor y compasión tus pensamientos y recordar que nunca es demasiado tarde, incluso si tus hijos son ya personas adultas. La reparación, como ya vimos, es poderosa. Nunca es tarde.

DIARIO SOBRE LA CULPA Y LA VERGÜENZA

¿Cuándo aparece?

Para muchas personas, la culpa suele venir cuando sentimos que hemos hecho algo incorrecto y no sabemos cómo solucionarlo, y la vergüenza cuando estamos en una situación en la que no nos sentimos cómodas y seguras para mostrarnos como somos o para cometer errores.

El mensaje secreto de la culpa es animarnos a reparar el daño que hemos podido hacer o tomar decisiones que se alineen más con nuestros valores, y el de la vergüenza protegernos de sentirnos excluidas por los demás, aunque también puede que nos perdamos cosas que nos gustan.

Completa con tus pensamientos:

1. Para ti, ¿cuándo aparece?

2. Para ti, ¿para qué aparece?

3. Para ti, ¿cómo se siente?

a. En la cara la siento...

b. En el cuerpo por fuera la siento...

c. En el cuerpo por dentro la siento...

4. Lluvia de ideas sobre la culpa y la vergüenza:

a. ¿Qué puedo hacer cuando yo siento culpa/vergüenza?

b. ¿Qué puedo hacer cuando otra persona siente culpa/vergüenza?

5. Algo que aprendiste cuando sentiste culpa o vergüenza y que quieres agradecer:

LA ENVIDIA Y LOS CELOS

Cuando tenía cinco años tuve las urgencias del hospital revolucionadas. Fui a la escuela infantil por la mañana y me recogió mi padre, que acababa de terminar una guardia. Yo quería pasar la tarde con él y dije que no quería ir a clase por la tarde. Él necesitaba dormir, así que me dijo que si no quería ir al cole tenía que echarme la siesta, y cuando tienes cinco años, echarse la siesta, al menos para mí, era un poco el infierno en la tierra, así que accedí a ir al cole.

En algún momento hice un movimiento de juego, como hacen los niños cuando tienen cinco años y van felices al cole con su padre. Y él me dijo: «¿Te duele la pierna, estás cojeando?», y yo le respondí que sí con la esperanza de ir a casa a jugar con él. No me llevó a casa sino a urgencias, y allí pasamos la tarde los tres: mi padre, yo y mi madre, embarazada a término. Bien, me hicieron radiografías y todo normal, pero efectivamente yo cojeaba, así que empezaron a plantearse daños neurológicos. Recuerdo a todo el mundo muy preocupado, varios sanitarios mirándome caminar una y otra vez, y yo un poco pensando que me había metido en un lío del que no sabía cómo salir, pero, a la vez, bordando mi papel de actriz, porque realmente con cinco años no veía otra salida. Alguien había insinuado que podría ser inventando, pero les parecía muy extraño que una niña tan pequeña pudiera fingir tan bien.

Y, de repente, un médico al que imagino que pedirían opinión, me puso a andar y se dio cuenta de que efectivamente cojeaba, pero que a veces lo hacía con la izquierda y otras con la derecha. Soy buena actriz, pero no tanto. Y entonces me miró a la cara, luego la barriga de mi madre, después a mí de nuevo y nos mandó a casa con un claro diagnóstico: celos.

Mi madre se puso de parto esa noche de la angustia que pasó o porque el pequeñuelo ya pesaba cuatro kilos con treinta y seis semanas, y en mí se instaló la etiqueta de que siempre quiero llamar la atención. Realmente, yo solo quería jugar con mi padre, pero esa es la etiqueta que me pusieron, me acompañó toda la infancia y la adolescencia, pero quien me conoce de verdad sabe que ser muy visible me produce mucha incomodidad, que prefiero grupos pequeños a auditorios grandes y que muchas veces me arrepiento porque mi boca va más rápido que mi cerebro.

Unos meses después, en una revisión médica me chequearon la vista y, en la típica prueba de los símbolos, no di ni una: cuanto más me preguntaban, más me partía de risa. Hoy sabemos que la risa es una forma que tiene el sistema nervioso de regularse en un momento de mucha activación (es el efecto que producen en mí los exámenes, incluso los médicos, y no responder a las expectativas ajenas), pero en aquel entonces, el diagnóstico fue, de nuevo, celos. Mi madre, por suerte, no debió escarmentar con la experiencia de mi cojera o quizá había leído que los problemas de visión se heredan del padre y él lleva gafas. Así que me llevó a una óptica moderna, donde con un medio objetivo, una máquina de medición cambió el diagnóstico: no tenía celos, sino varias dioptrías de astigmatismo e hipermetropía y, además, un ojo vago. Por eso cada vez que una familia me hace una consulta por «celos», yo no me creo la hipótesis y profundizo un poco más, porque en el fondo, los celos son una emoción que crea nuestro cerebro con el objetivo de satisfacer una necesidad concreta.

Si etiquetamos con celos, nos quedamos en la superficie, cuando debajo, generalmente, están pasando más cosas. Si etiquetamos con celos puede que acertemos o no con la necesidad. Por ejemplo, en el caso de Celia, que tiene cinco años y en los últimos meses sus comportamientos son muy disruptivos, en el cole es la niña perfecta, pero al llegar a casa «y ver a su hermano» empieza a gritar y a lanzar cosas. Tiene manías, por ejemplo, no puede comer dos comidas en el mismo plato juntas y, cuando lo hace, tiene que usar dos tenedores. Esto le ha ocurrido siempre pero ahora más... «Monta pollos» cuando le toca lavarse el pelo y siempre tiene frío, pero también muestra muchos problemas con la ropa, es muy «caprichosa». Y, además, la familia me cuenta que tiene un TOC y que todas las cosas tienen que hacerse en el mismo orden o si no «tiene una rabieta». Cuando está con el hermano «se muerde las uñas por los celos que tiene», pero siempre dice que lo quiere mucho y no expresa violencia o malestar contra él.

En consultoría le damos la vuelta a todo esto, pasamos de estas interpretaciones a observaciones más objetivas. Yo tengo una hipótesis de neurodivergencia, pero recomiendo a la familia una derivación a terapia ocupacional, para que puedan ayudarlos a encontrar recursos para su propia regulación. Les doy algunas recomendaciones sobre autorregulación de las propias figuras parentales y algunas ideas para que el aula sea un lugar menos hostil para ella. Unas semanas más tarde se confirma el diagnóstico de autismo.

Tarde o temprano, a mí me hubieran diagnosticado el astigmatismo y no habría variado mucho mi autopercepción y la del mundo... Si un diagnóstico de autismo tarda en llegar porque le ponemos la etiqueta de celos, estamos perdiendo una oportunidad brutal de que esa personita pueda recibir los apoyos que necesita en el aula y en casa, aprenda estrategias de regulación (con la ayuda de figuras de referencia) y construya así su autoconcepto desde un lugar mucho más sano.

Los celos existen, claro que sí, pero no siempre lo son. Y no lo son todo.

¿CÓMO ACOMPAÑAR LOS CELOS? ¿Y LA ENVIDIA?

Como ves, he juntado ambas emociones porque para mí están muy relacionadas. Una vez me dijeron que no tener clara su distinción era síntoma de baja inteligencia emocional, pero ya sabes que, en mi opinión, las personas tenemos sabiduría y la expresión emocional posee un componente personal, social y cultural que no puede obviarse.

Validar siempre es una buena idea, y desde la escucha activa, podemos reflejar los pensamientos de la otra persona y que llegue a sus propias conclusiones. Verlo como una alarma que suena para expresar una necesidad y entender que hay que apagarla es importante, pero extinguir el fuego es la clave.

Si estamos hablando de celos, hay mucho temor de perder el cariño de nuestras figuras parentales, que es importante acoger, sin sermones o justificaciones. Aunque pensemos que algo no es justo, desde su forma de ver el mundo, ¡tienen razón! Por ejemplo, en vez de decir: «Pero si te he leído hoy tres cuentos», cuando se quejan de que necesitan algo de nosotros y que su hermana ha tenido más, podemos decir algo como: «A ti te gustaría estar más rato conmigo. A mí también, tengo ganas de una tarde solos, déjame ver mi agenda para poderlo organizar».

Si observamos la naturaleza, encontramos numerosos ejemplos de animales que, en épocas de escasez de alimentos, exhiben comportamientos agresivos hacia sus congéneres, llegando incluso a causarles la muerte. Un claro ejemplo de esto lo representa el tiburón toro, que en su desarrollo intrauterino consume a todos sus hermanos excepto a uno. Siempre que mis hijas muestran rivalidad me ayuda a relativizar pensar en las tiburonas toro. Bromas aparte, este fenómeno responde a un imperativo biológico de la naturaleza: en situaciones de escasez, los individuos compiten por los recursos disponibles. Afortunadamente, nosotros, como seres humanos, contamos con los recursos necesarios para alimentar y cuidar a varios hermanos; la batalla no es el alimento sino la atención.

Nuestra tarea no consiste en eliminar la rivalidad entre hermanos, ya que en cierto sentido es una dinámica esperada y biológica. En cambio, nuestro propósito radica en no exacerbar o fomentar esa rivalidad a través de nuestras acciones. Es decir, no es solo escuchar de forma activa, buscar la necesidad subyacente y validar emociones, sino también garantizar tiempos y espacios de exclusividad y plena presencia y evitar comparaciones.

Cuando hablamos de envidia pasa algo parecido, es una emoción que nos ayuda a comprender una carencia en nosotros, pone de relieve algo que nos gustaría y no nos permitimos o a lo que no nos atrevemos o algo que admiramos de alguien. Y si los celos se fundamentaban en la diatriba escasez versus abundancia, con la envidia pasa algo parecido, así que en ocasiones está muy relacionada, igual que los celos, con el miedo. El miedo a perder el cariño de los padres, a no tener este objeto o este empleo que me gusta.

¿La solución? Pues igual que con los celos: escuchar mucho lo que viene a decirnos, en el caso de los peques validar la emoción y evitar sermones, porque la palabra «envidioso» tiene una connotación negativa y lo último que queremos es que se contagie de esa percepción.

La envidia, como todas las emociones, es algo que sentimos con un propósito. Evitar sentirla, reprimirla o acallarla no va a solucionar la necesidad que la origina, solo ocultará su forma de pedirnos ayuda. De nuevo podemos reflexionar sobre el lugar desde el que nace esta necesidad y sobre algunas preguntas:

- ¿Cómo me relaciono con los celos y la envidia? ¿Es cómoda o incómoda esta emoción para mí?
- ¿Cómo expresaban los celos y la envidia mis figuras parentales? ¿Las reprimían o los expresaban desde la catarsis? O quizá variaba según el día.
- Cuando nosotros expresábamos celos y envidia, ¿qué ocurría cuando éramos pequeños y en la adolescencia?
- ¿Nuestros padres adoptaron un enfoque autoritario o se desconectaron emocionalmente cuando expresábamos los celos y la envidia?
- ¿Qué tipo de mentalidad tienen en nuestra familia? ¿Tienden a centrarse en la escasez o en la abundancia?
- ¿Qué creencias sobre los celos y la envidia llevamos con nosotros desde nuestra infancia?
- Según todo esto, ¿qué suelo hacer cuando siento celos y envidia?
- ¿Qué me gustaría hacer cuando siento celos y envidia?
- ¿Qué necesitan mis hijos cuando ellos sienten celos y envidia?
- ¿Cuánto de lo que hay en el campo de la relación es mío y cuánto es de la situación en sí?

Probablemente, una de las formas más bonitas, una vez hecho hueco a lo que nos quiere decir la envidia o los celos, sea darnos permiso para reconocer lo que nos gustaría en la vida, algún cambio que queremos hacer o aceptar la frustración que es no tener eso que nos provoca celos o envidia. Y, desde ese lugar, manifestando lo que nos gustaría, también agradecer y poner el foco en lo que ya tenemos. No enjuiciarnos; cuando hemos introyectado durante años que tener envidia o celos estaba mal, es todo un trabajo, así que ojalá que puedas darte el tiempo que necesitas. Y, por otro lado, sentir celos o envidia a veces tiene que ver con haber crecido en entornos no saludables, ¡cómo no tener envidia cuando tienes diez años y los demás viven en hogares seguros y tú todo lo contrario! ¡Cómo no sentir celos y miedo a perder a alguien amado cuando tu apego de base no es seguro! Darte cuenta de esto, a veces, viene asociado a emociones como la rabia y la tristeza. Ojalá que puedas darte también permiso para sentirlas y para gritar: «¡Yo también quiero o quería eso!».

Sobre los trucos, precisamente, crear un espacio donde los peques puedan darse el permiso interno de decir que algo les da envidia o celos es importante, ayudarlos a asimilar la emoción y comprender que detrás de ella hay un deseo, o mejor, una necesidad a través de juegos, reflexiones o historias puede ser muy útil. Y, por supuesto, crear un hogar donde se fomente la cooperación y no la competitividad.

Ahora solo me gustaría decir que, aunque tu hogar no fuera muy casa (entiendo casa como espacio seguro), todavía tienes una oportunidad de ser casa para tus peques. Te va a costar más, date mucho aliento y autocuidado en el proceso, incluso terapia, pero es posible. Y será un gran regalo, más que las casas que tienen escrituras de varias cifras.

Y, sobre todo, tú puedes ser tu propia CASA. ¡Seguimos!

DIARIO SOBRE LOS CELOS Y LA ENVIDIA

¿Cuándo aparece?
Para muchas personas, suelen venir cuando deseamos tener lo que la otra persona tiene, ya sea un objeto, la atención de nuestra mamá o nuestro papá, o nuestros profes.
¿Para qué aparece?
Para muchas personas, el mensaje secreto de los celos y la envidia es ayudarnos a darnos cuenta de que estamos necesitando lo que el otro tiene, y animarnos a movernos en esa dirección. Aunque a veces es necesario, también, parar un momento para evitar dañar.
Completa con tus pensamientos:

1. Para ti, ¿cuándo aparece?

____

____

2. Para ti, ¿para qué aparece?

____

____

3. Para ti, ¿cómo se siente?

a. En la cara la siento...

____

____

b. En el cuerpo por fuera la siento...

____

____

c. En el cuerpo por dentro la siento...

____

____

4. Lluvia de ideas sobre los celos y la envidia:

a. ¿Qué puedo hacer cuando yo siento celos?

____

____

b. ¿Qué puedo hacer cuando otra persona siente celos?

____

____

5. Algo que aprendiste cuando sentiste celos y que quieres agradecer:

____

____

EXPECTATIVAS Y SOLUCIONES

¿QUÉ ESPERAR DE LOS NIÑOS Y LAS NIÑAS DE ESTA EDAD? ¿QUÉ EXPECTATIVAS TENER?

Cuando me preguntan sobre qué expectativas tener con los infantes, solo se me ocurre una: que se mantengan vivos al finalizar el día. Bromas aparte, para mí la respuesta no está en un listado, sino en una herramienta muy poderosa: la observación. Cuando observas sin juicio y registras, las expectativas se evaporan. Te das cuenta de qué está en ti, en tu mente y en el objeto de estudio (o personita preciosa).

Aprender a observar es un arte, requiere tiempo, presencia y concentración. Y entra en conflicto con nuestra necesidad humana cortoplacista. Así que en estas líneas te comparto una muleta, no para que la uses siempre, sino para que la utilices mientras aprendes a observar.

Recuerda, es una muleta, cada peque es un mundo, cada ritmo es distinto y todo (si tienen salud) está bien. Este tipo de información generaliza, invalida, nos incapacita, nos quita valor, nos hace desconectarnos de la sabiduría ancestral; porque si miramos lo que dice un papel no VEMOS (en el sentido espiritual de ser VISTO, amado y reconocido) al niño que tenemos delante. Y, a la vez, el empoderamiento pasa por alentar en pequeños pasos, y este tipo de información lo permite. Y porque todo lo que nos ayude a entender al niño que tenemos delante nos va a permitir tener más información para que nuestro cerebro haga la hipótesis de qué emoción construir de forma más precisa. Te comparto este compendio de expectativas con la idea de que pueda ayudarte a gestionar situaciones desde la confianza (en modo conexión) y no desde el miedo (lucha, huida, congelación). Lo he dividido en tres etapas, que se correlacionan con lo que en Montessori llamamos planos del desarrollo (tienes más información sobre esto en mis otros libros *Montessorízate* y *Criar desde el corazón*).

De 0 a 6 años

En esta etapa, que en Montessori llamamos primer plano de desarrollo, los niños experimentan un rápido crecimiento a través de sus vivencias, lo que los llena de emociones intensas. Requieren cuidado constante y una gran dosis de seguridad para explorar este mundo en constante evolución. Para entender sus acciones y reacciones, es fundamental reconocer que atraviesan cuatro periodos emocionales cruciales: la búsqueda de orden, la exploración del lenguaje, el refinamiento de sus movimientos y la perfección de sus sentidos.

Mientras todo esto sucede, su mente funciona de una manera muy distinta a la de las personas adultas. Las funciones encargadas de la lógica, la empatía, la comprensión de las relaciones causa-efecto y la regulación de sus emociones están en pleno desarrollo. Solo puede aprender a regular sus emociones dentro de un contexto determinado: un espacio en el que una persona adulta sea capaz de generar seguridad. Es ahí donde podrá practicar la autorregulación, siempre en presencia de la figura adulta que lo apoya y lo ayuda para que sea capaz de llevarla a cabo.

En estos años, los niños necesitan el apoyo constante y la guía de un adulto que los respalde en su viaje emocional. Lo contrario sería falsa autonomía, porque la autonomía nace desde la voluntad y la capacidad, desde dentro hacia fuera y no al revés.

Distinguimos dos subplanos o etapas:

De 0 a 3 años

Para la doctora Montessori esta etapa era considerada, junto con la prenatal, la más importante, lo que para ella conformaba el periodo de «embrión espiritual», es decir, un segundo periodo embrionario en el que el niño o la niña necesita de una segunda gestación fuera del cuerpo de su madre biológica, pero dentro del sostén de su entorno. Emocionalmente no son capaces de regular sus emociones de forma autónoma (sí pueden desarrollar mecanismos de autorregulación dentro de la corregulación con otra persona adulta de referencia).

En todo caso necesitan:

- Protección y entornos estables y seguros.
- Ayuda para poner palabras a sus emociones.
- Acompañamiento a la hora de expresar sus límites.
- Validación emocional y escucha activa.
- Ayuda para prevenir y satisfacer sus necesidades.

De 0 a 12 meses

Durante el primer año de vida, el desarrollo emocional de los bebés es fundamental. Requieren que se los alimente, se los duerma y se los tenga en brazos o porteados de manera constante para satisfacer sus necesidades emocionales, además de las físicas, pero también para descubrir el movimiento de su cuerpo de forma autónoma. A partir de los 9 meses, la angustia de separación y los primeros intentos de gateo pueden desencadenar emociones intensas, y los bebés necesitan el estrecho contacto con sus figuras de referencia para sentirse seguros emocionalmente. Algunos comportamientos que pueden ser susceptibles de reacción adulta, pero resultan absolutamente normales y esperables, son:

- Lloran como forma de comunicación, de momento no han aprendido otra forma de relacionarse, no lo hacen desde la manipulación o el desafío, sino buscando la conexión.
- Exploran todo con la boca, es el órgano experimentador por excelencia.
- Meten y sacan cosas, lanzan objetos, espachurran la comida.
- «Extrañan», es decir, desconfían de los extraños.

De 12 a 24 meses

En el segundo año de vida, los niños experimentan mucha actividad y una gran intensidad. Requieren una considerable cantidad de movimiento y apoyo. Aunque muestran compasión y altruismo, aún no han desarrollado por completo la empatía ni la capacidad de ponerse en el lugar del otro. Necesitan ser acompañados y observados en un entorno seguro que les permita explorar.

- No pueden empatizar; su intención no es dañar, sino lograr su objetivo.
- No establecen relaciones causa-efecto como nosotros, no entienden que si muerden hacen daño al otro.
- Su concepto de la posesión es diferente al de las personas adultas.
- No van a compartir, al menos no desde la imposición; «¡mío!» es una palabra muy importante, al igual que «¡no!»: forman parte del proceso de desarrollo sano y de respeto a sus propios límites.
- Muchos se siguen despertando por la noche y necesitan ayuda para dormir. No nos manipulan, nos necesitan.

De 24 a 36 meses

En el tercer año, los niños son mucho más activos físicamente y, desde un punto de vista emocional, necesitan comenzar a separarse de sus figuras de referencia, a menudo manifestando esta necesidad a través de la negación. La seguridad y la estabilidad emocional en su entorno son esenciales para ellos. Los desbordes emocionales son comunes en esta etapa, y necesitan ser sostenidos y validados emocionalmente. Además, requieren apoyo para ejercitar su sentido de la autonomía y contribuir al grupo, lo que forma parte de su desarrollo emocional. A esta edad, son capaces de tomar muchas decisiones emocionales por sí mismos.

- Empiezan (puede que antes) lo que algunas personas llaman rabietas, pero ya sabemos que es rabia legítima y absolutamente necesaria para un desarrollo sano.
- Experimentarán con la autonomía y la capacidad de decidir cosas, y esto los llevará a la frustración; es importante acompañar y ajustar la relación entre reto y dificultad.
- Descubrirán lo que llamamos periodo sensible del orden —necesitan que las cosas permanezcan constantes— y también anticipación.
- Aumenta la capacidad de expresión y es el momento para empezar a enseñar vocabulario emocional, desde el juego y la curiosidad.

De 3 a 6 años

En el aspecto emocional, los niños de esta etapa experimentan un importante progreso. Se vuelven más conscientes y expresivos en cuanto a sus emociones. Su necesidad de movimiento se convierte en una forma de expresar sus sentimientos. Empiezan a mover su cuerpo con más intencionalidad, y especialmente sus manos desempeñan un papel crucial en esta manifestación emocional con la creación de producciones artísticas o escritas sobre su estado emocional.

El lenguaje se convierte en una herramienta para expresar sus emociones de manera más precisa. Aunque parezcan más mayores, cuando están desregulados necesitan todavía mucho acompañamiento emocional. A medida que avanzan en su desarrollo, comienzan a comprender mejor sus propios sentimientos y los de los demás.

Al final del sexto año, el desarrollo de las partes del cerebro más relacionadas con la lógica les permite comprender relaciones de causa-efecto, anticipar las consecuencias de sus acciones y empezar a mostrar empatía, poniéndose en el lugar de los demás en situaciones emocionales.

En todo momento, es esencial brindarles apoyo en la gestión de sus emociones, ayudándolos a redirigir sus necesidades hacia acciones respetuosas para todos. Además, deben contar con un entorno seguro que fomente la toma de decisiones, la posibilidad de cometer errores y la búsqueda conjunta de soluciones, lo que contribuirá de manera significativa a su desarrollo emocional.

Necesitan:

- Más comprensión, puede que aparezcan nuevos miedos y pesadillas, también amigos imaginarios e historias inventadas fantasiosas.
- Que acompañemos sus relaciones sociales, van a empezar a tener un juego —en pareja o grupo— mucho más rico que hasta entonces.
- Participar de la creación de pautas y sentir que pueden tener soberanía dentro de su propia vida.
- Aunque los veamos más mayores, siguen siendo pequeños y sus capacidades a nivel de desarrollo son reducidas.

De 6 a 12 años

Este es un momento de tranquilidad que se diferencia notablemente del periodo previo y del siguiente.

Durante esta etapa, los niños están inmersos en la consolidación de su desarrollo emocional y muestran un marcado interés por la justicia, ya que están experimentando el desarrollo de su sentido moral, necesitan expresar y validar sus emociones, especialmente en lo que les parece justo e injusto, es muy importante. Además, sienten la necesidad de explorar el mundo exterior, relacionarse con su entorno de iguales y su mente comienza a adentrarse en el terreno de la abstracción. Es el momento ideal para enseñar habilidades de inteligencia emocional desde el punto de vista más cognitivo, para que cuando llegue la adolescencia puedan centrarse en experimentar lo aprendido.

Podemos dividir estos años en dos etapas:

- De 6 a 9 años, se experimenta una etapa con menos cambios significativos en el aspecto físico y mental de los niños, pero su necesidad de acompañamiento y presencia sigue siendo fundamental. En este periodo, están desarrollando su sentido de la moral, lo que a menudo se refleja en su tendencia a expresar frases como «no es justo». Es crucial validar sus emociones sin minimizarlas y buscar soluciones juntos. Los niños muestran un gran interés por hacer preguntas, explorar sus intereses y desarrollar sus pasiones.
- De 9 a 12 años, los conflictos pueden aumentar, ya que comienzan a experimentar cambios físicos asociados a la pubertad. Al mismo tiempo, sienten la necesidad de separarse gradualmente de sus padres, reclamando espacio y autonomía. En esta etapa es esencial comenzar a soltar el control y permitirles tomar decisiones y responsabilidades de manera más independiente.

Necesitan:

- Que propiciemos el aliento y la motivación intrínseca, recordarles cuáles son sus fortalezas y no fomentar la competitividad en la escuela o en casa.

- Escucha y validación emocional, especialmente respecto a lo relacionado con la moralidad y las injusticias.
- Que desarrollemos múltiples oportunidades de aprender cosas nuevas y los apoyemos en todos los caminos a los que los lleve su curiosidad.
- Que no minimicemos sus problemas o los acusemos de dramáticos; debemos ayudarlos a desarrollar un pensamiento crítico.
- Que no desaprovechemos esta etapa de calma entre primera infancia y adolescencia para descuidar la conexión.
- Darles oportunidades para que puedan desarrollar su autonomía, menos enfocada ahora en el cuidado corporal y en el espacio.

De 12 a 18 años

Esta etapa marca una profunda transformación tanto a nivel físico, con el crecimiento y desarrollo sexual, como emocional, caracterizada por una mayor vulnerabilidad e inestabilidad.

Los jóvenes anhelan la actividad física y el movimiento, así como la independencia económica y la oportunidad de participar en un trabajo productivo. En el ámbito psicológico, se inicia un proceso de socialización enfocado en sus pares, con quienes desarrollarán solidaridad y una fuerte identificación a todos los niveles. En última instancia, buscan alcanzar su independencia y adaptación social, mientras que la prioridad académica debería ocupar un lugar secundario, justo al contrario que lo que sucede en nuestro sistema educativo actual.

Desde el punto de vista emocional y del apego, en esta etapa, la persona adolescente busca desarraigarse de las creencias que ha introyectado de su familia, por lo tanto, notaremos que se alejan de nosotros y de nuestras creencias. Saber que no es algo personal, sino parte de un proceso madurativo sano puede ayudarnos a priorizar el vínculo con ellos y ellas.

Podemos dividir este periodo en dos etapas:

- En la primera subetapa, de 12 a 15 años, se experimentan cambios físicos, mentales y emocionales notables. Los patrones de sueño se alteran, y es un periodo de gran vulnerabilidad en el que los adolescentes están forjando su identidad y el tipo de persona en que se convertirán. Mantener una conexión continua es esencial, adaptándola a las necesidades cambiantes de los adolescentes, siendo especialmente observadores para identificar cuándo requieren nuestra presencia y cuándo necesitan espacio. Aunque la educación académica debería ocupar un lugar secundario desde el punto de vista madurativo, la realidad es otra, por eso es importante revisar cuánto de exigencia estamos poniendo en nuestras relaciones.

- De los 15 a los 18 años, los cambios físicos están cerca de su finalización y los adolescentes pueden razonar de manera más efectiva que en etapas anteriores. Sus emociones comienzan a ser más sosegadas. En este periodo, es crucial seguir cultivando la conexión y confiar más que nunca en ellos y ellas, brindando el apoyo necesario a medida que buscan su independencia y se adaptan socialmente.

Necesitan:

- Que no nos tomemos como algo personal ninguno de sus comportamientos, recuerda que necesitan desarraigarse y pertenecer a su grupo social.
- Que seamos su calma, un lugar seguro en medio de la tempestad, y eso incluye serlo en las posibles discusiones que tengamos.
- Que confiemos en ellos sin dejar de supervisarlos (que no es lo mismo que controlar su vida) y que estemos atentos a los signos de alarma ante los que pedir apoyo terapéutico.
- Que comprendamos que en este momento de su vida están muy pendientes de la aceptación social y de sus iguales; podemos poner límites asertivos y recordarnos que no durará demasiado.
- Que podamos acoger nuestras propias emociones en vez de proyectarlas en ellos y ellas. Hacerse cargo es especialmente importante en esta etapa: no nos rechazan, empiezan a volar solos.
- Que sigamos acompañando la curiosidad que puede derivar en preguntas más profundas relacionadas también con los cambios físicos y la actividad sexual.
- Que les demos información, la que soliciten y recursos; no necesitan charlas ni sermones.

- Que admiremos profundamente la energía creadora tan arrolladora de la adolescencia.
- Que cuidemos su sueño, al tiempo que comprendamos que han cambiado sus ritmos circadianos, que no están en consonancia con el horario escalar; dejarles dormir hasta tarde cuando sea posible no es permisividad, sino salud.
- Que cuidemos los límites con las pantallas, y también la relación que tenemos las personas adultas con ellas.
- Que evitemos los juicios, expresados o tácitos, y que sepan que estamos, pase lo que pase, de su lado.
- Propiciar el aliento y recordarles que el instituto es solo una parte muy limitada de la vida y que, pase lo que pase, los queremos como son.
- Escucha activa; más que nunca, validación emocional y expresar nuestras necesidades de forma asertiva.
- Reuniones familiares para resolver cuestiones y favorecer la conexión.
- Más que nunca, abrazar los errores como oportunidades de aprendizaje.

UNA PAUSA PARA RECUPERAR EL ALIENTO

Cierra los ojos.
Pon una mano en el pecho y otra en tu abdomen.
Respira profundamente e intenta ser consciente del aire en ambas manos.
Quizá este ejercicio sea difícil para ti, no olvides cuidarte al ponerlo en marcha, o incluso al no hacerlo si no es tu momento.
Piensa en algo que no sabías de estos listados sobre tu hijo o hija y piensa en la diferencia entre interpretar una situación concreta antes y después de saberlo.
¿El acompañamiento emocional sería el mismo?

«SOLUCIOEMOCIONES». HERRAMIENTAS DE INTELIGENCIA EMOCIONAL DE LA A A LA Z

Los niños y las niñas vienen a la vida como seres muy necesitados de cuidados, pero eso no significa que estén desvalidos. Me gusta mucho el planteamiento de la doctora Montessori sobre las nebulosas. Para ella, igual que las nebulosas, las criaturas tienen todo lo necesario para que se puedan desarrollar las estrellas, los *Homo sapiens* tenemos, ya antes de nacer, todo lo necesario para poder desarrollarnos y adaptarnos en un ambiente determinado.

Bueno, todo lo que está de nuestra mano, porque es verdad que no creo que nazcamos desvalidos, en el sentido de sin ningún recurso, pero sí, y esto es biología pura (al contrario que lo que dicen de que los bebés «se acostumbran a los brazos»), somos una especie altricial, es decir, una cuyas crías necesitan un periodo de desarrollo y aprendizaje muy largo hasta valerse por sí mismas. Vamos a necesitar a alguien que nos cuide, que nos alimente, que nos sostenga y que nos ayude a regular nuestro sistema nervioso.

La naturaleza ha dotado a nuestra especie de una capacidad increíble de vincularnos con otros seres humanos. Y esto es un tesoro, porque es lo que nos convierte, como ya vimos anteriormente, en una especie capaz de cooperar y lograr cosas increíbles. Pero también puede ser una losa, porque si nuestros cuidadores principales son bajoresponsivos, la forma en la que nos vamos a vincular con el resto de las personas durante nuestra vida estará condicionada (que no es lo mismo que determinante) a cómo nos vinculamos en esta etapa, especialmente, el primer año de vida.

La primera vez que escuché esto del primer año de vida un escalofrío me recorrió el cuerpo, porque, durante ese primer año de vida de una de mis hijas no fui exactamente la madre que quería ser y, por supuesto, sí fui la que podía ser en ese momento. Y honro y agradezco todo el aprendizaje que nos trajo.

Tenemos el resto de la vida de nuestros hijos e hijas para darles presencia y amor incondicional. Sí, el primer año es importante, los primeros tres años son importantes, los primeros seis. Pero ¿sabes qué? Nunca es tarde. Incluso gracias a la neurociencia ya sabemos que al principio de la adolescencia se produce una poda sináptica y que es el momento perfecto —ese o este en el que estás justo ahora— para construir una forma nueva de relacionarte.

El gran poder que tenemos los hijos y las hijas es que deseamos ser amados incondicionalmente, pero también queremos amar así a nuestras figuras parentales; esto, como ya imaginarás, es un gran poder y una gran responsabilidad. Ya te conté que mi dimensión de inteligencia emocional favorita es la reparación. Y lo es por un motivo claro, porque no hace falta ser figuras parentales perfectas, sino suficientemente buenas. Y eso es un tesoro.

Te preguntarás por qué he vuelto a hablar de personas adultas cuando estábamos hablando de soluciones con la infancia. Y es que, siempre, especialmente de los cero a los tres años, el niño o la niña te va a absorber a ti. Son como cachorritos, están explorando y conociendo el mundo, y tú eres la persona que puede enseñárselo desde el amor, la confianza y la creencia de que es un sitio seguro. O todo lo contrario. Probablemente ambos a la vez, según el día.

A continuación, te dejamos un listado de «solucioemociones» de la A a la Z. Como verás, es un resumen de todo el libro. Si te ves perdido, siempre puedes elegir una de ellas al azar, ojalá te sean útiles.

A Autocuidado

La base de todo. De aquí nacen el autoconocimiento, la autoescucha, la autobservación, la autorregulación y el autoaprecio. Ah, y quiero recordarte que, para muchas personas, el ambiente preparado (que se ajusta a las necesidades de todas las personas de la familia) es también autocuidado. Puede hacerse más tangible si empezamos a escribir un diario de autocuidado.

B Bienvenida (dar la)

Dar la bienvenida tiene una doble consideración para mí. A veces, supone también que las figuras parentales demos la bienvenida a nuestros hijos e hijas cuando «vuelven a casa» (han terminado de explorar) y esto, a veces, significa acogerlos como unos cachorritos alocados y divertidos; otras, sostener su malestar y organizar y validar sus sentimientos, consolar su tristeza o protegerlos si están asustados.

Pero dar la bienvenida también significa que podemos hacer lo mismo con nosotras mismas. A mí me gusta imaginar que me recibo como a una amiga, la invito a casa, le pido que se ponga cómoda, caliento agua para hacer té, pongo dos tacitas y me cuenta lo que ha venido a contarme: un mensaje que me cuida. Esto se puede hacer de manera tangible con el juego de la emoción.

C Cuidados

Cuando pensé este libro lo íbamos a llamar *Cuidar las emociones*, y espero que haya conseguido cumplir mi propósito de dejar claro que las emociones nos cuidan y que nosotros podemos cuidar las emociones de nuestros hijos también. Me gusta la analogía de ser CASA para expresar que somos un lugar seguro, un espacio donde garantizar la pertenencia, la seguridad, el respeto y la dignidad; en definitiva, los cuidados. Puede convertirse en un recurso tangible creando un espacio seguro (que podéis llamar rincón de las emociones, mesa de la calma o nombres divertidos o con significado para los niños, Hawái o Plutón), con diversas opciones y estrategias para expresar y regular nuestras emociones y, por supuesto, recordemos que el lugar seguro por excelencia somos las personas adultas de referencia.

D Diccionario de emociones

Crear nuestro propio diccionario de emociones, cuatro emociones —miedo, tristeza, ira y felicidad— para los más pequeños, ir aumentando según van creciendo y añadir incluso emociones intraducibles para incluir un poco más de reto y «cultura emocional» puede ser una actividad bonita con la que trabajar la inteligencia emocional en familia y, por supuesto, mejorar la granularidad emocional, que ahora ya sabemos que es tan importante. Si no tenemos tanto tiempo, nuestra lámina de emociones (en la web de extras) es un recurso tan sencillo como eficaz.

E Encorajamiento (aliento)

Como nos hemos criado en entornos donde el miedo, la vergüenza y la culpa eran las emociones motivadoras por excelencia, tendemos a castigarnos, de forma más o menos inconsciente, cuando cometemos un error. Sin embargo, el aliento es la base de todo: concentrarnos en nuestras fortalezas y recordar qué otros momentos difíciles tuvimos y cómo no solo los superamos, sino que crearon resiliencia para momentos futuros es sabiduría. Puede hacerse tangible en nuestro diario de autocuidado o haciendo una ronda cada día de momentos que han supuesto una dificultad a nivel emocional y qué hemos aprendido de ellos.

F Fortalezas

Esta herramienta hace referencia a las cosas que sí estamos haciendo las figuras parentales para asegurar la conexión y la seguridad en vez de poner el foco en las que todavía no. Y desde ahí, sin perder el equilibrio entre la firmeza y la amabilidad, ser más sabia y bondadosa y más fuerte y grande. Para hacer esto tangible es bueno que recuperes el ejercicio de la página 28, que lo decores, si te apetece y lo tengas en un lugar muy visible para que te sirva de aliento.

G Gratitud

La gratitud es una de mis emociones favoritas y una de las que creo que puede cambiar, y mucho, a la hora de percibir nuestra realidad (sin que por supuesto obviemos los límites y las injusticias). Nos permite concentrarnos en lo que sí tenemos y nos hace darnos cuenta de que realmente no estamos solos, que formamos parte de un todo que nos cuida. Podemos hacerla tangible de muchas formas: un diario de gratitud o compartir con los niños cada día, en una ronda, algo por lo que estemos agradecidos. Al caer la noche, a mí me gusta también, como se dice en uno de mis idiomas favoritos, «*count your blessings*», que es algo así como contar tus bendiciones o recordarme cada noche que, a pesar de todo, tengo cuatro «naricitas que besar».

H Honestidad

La infancia no necesita de adultos perfectos sino honestos, muy conscientes de que todos y cada uno de los días tienen dos opciones: ayudar a que sus hijos (o alumnos) se construyan desde el amor o desde el miedo. Y que pueden elegir, incluso cuando se equivocan. No nos necesitan perfectos, solo honestos y humildes. Y, además, sabiendo que la infancia es egocéntrica, necesitan nuestra honestidad emocional y tener la información justa para su momento de desarrollo. Esta herramienta puede hacerse tangible cada día hablando de un error que hayamos cometido y qué hemos aprendido con él. Y, por supuesto, con la reparación del vínculo.

I Interpretación

La interpretación de lo que nos pasa es lo que nos permite transformar estos *affects* (afectos) que nos llegan del propioceptivo en emociones que nos cuiden todavía más. La clave para crear emociones más precisas y útiles para supervivir (y no meramente sobrevivir) pasa por ampliar nuestro autoconocimiento y también los conocimientos que tenemos sobre el desarrollo humano y las necesidades de los demás. Podemos practicar y hacer tangible esta herramienta con juegos sencillos en los que expresamos una emoción con nuestro cuerpo y luego entre todos hacer una lluvia de ideas de qué ha podido pasar.

J Jugar

Decía Peter Gray que «quizá el juego sería más respetado si lo llamáramos algo así como "práctica automotivada de habilidades vitales", pero eso reduciría su frescura y, por tanto, reduciría su efectividad. Así, estamos atrapados en la paradoja. Debemos aceptar su trivialidad para poder darnos cuenta de su profundidad», y no puedo estar más de acuerdo. El juego es conexión y es el lenguaje que hablan los niños y las niñas de cero a cien años. Cualquier juego es práctica, sin proponerlo, de habilidades de inteligencia emocional, pero además podemos propiciar algunos juegos sencillos orientados específicamente a incrementarla (tipo *Tabú*, *Pasapalabra*, *Pictionary*, *Trivial*...) o prácticas somáticas que, además, la infancia realiza de forma intuitiva.

K *Kintsugi*

Kintsugi es una palabra japonesa que se refiere a reparar con oro. Es una forma de reparar poniendo énfasis y no maquillaje en nuestras fracturas. Las reconocemos como algo valioso (es el símbolo del oro), en lugar de ocultarlas o disimularlas, y los objetos reparados con *kintsugi* son todavía más hermosos que los originales sin rupturas, inmaculados, perfectos, pero sin la belleza silenciosa y potente que nos da sentirnos vulnerables. En este libro he hablado muchísimo de la reparación y tener un objeto que hayamos reparado con esta técnica (de forma más casera y modesta) puede ser un recordatorio de que los errores nos hacen humanos y de que lo importante no es no cometerlos, sino lo que hacemos con ellos: podemos elegir ocultarlos u honrarlos, poniendo en valor la reparación del vínculo.

L Libertad

Durante el libro hemos hablado largo y tendido sobre la relación entre la libertad y los límites. Para mí, la libertad tiene mucho que ver con la soberanía, es decir, con tomar nuestras propias decisiones. Llevado al ámbito de la inteligencia emocional, recordar que todas las personas tienen derecho a ser libres para sentir la emoción que necesiten experimentar, que todas sus emociones son válidas y legítimas, y que los momentos más relacionados con el orden y la estructura (informar y cuidar un límite, que es la responsabilidad adulta) no están reñidos con el permiso para sentir. Para las personas pequeñas, nos toca crear un espacio seguro para que sientan que ninguna emoción (y, por tanto, ningún individuo) es *non grata*. Y a las personas adultas nos toca mucho trabajo personal para lograr ese permiso interno que anhelamos. Para hacer tangible esta libertad, podemos crear una lámina, con fotos o dibujos de las diferentes expresiones emocionales típicas con el texto: «Sea cual sea mi emoción, se me quiere un montón».

M Modelar

Modelar tiene que ver con ser ejemplo y no está relacionado con ser perfectos, sino más bien con reconocer los errores. Creo firmemente que figuras parentales e hijos e hijas nos enseñamos mutuamente. Y que realmente lo que les enseñamos de forma significativa es lo que sucede cuando no tenemos la consciencia de que les estamos enseñando. Modelar también apela a la coherencia, a no exigir a las criaturas lo que no hemos conquistado todavía y, por supuesto, a la compasión, lo estamos haciendo lo mejor que podemos, con un 30 por ciento de interacciones seguras es posible garantizar un apego seguro, siempre y cuando con las restantes podamos iniciar procesos de reparación. Para hacer tangible esta herramienta no necesitamos nada, ellos y ellas nos observan, como decía Teresa de Calcuta, todo el tiempo. Y nosotros podemos revisar aquellas cosas que nos «espejan» (nos reflejan y nos remueven todo aquello que todavía no nos estamos permitiendo).

N Narrativa

La mentalización es la capacidad de las personas para comprender y reflexionar sobre los procesos mentales, tanto los propios como los de los demás. La teoría de la mente nos dice que es algo que sucede progresivamente, no antes de los cinco o seis años. Para que nuestros niños y niñas puedan construir emociones más precisas es necesario realizar con ellos este proceso de mentalización. Construir una narrativa juntos que explique lo que ha sucedido, normalice los pensamientos y valide las emociones es muy necesario, en edades tempranas y también más adelante cuando aparecen emociones muy intensas; puede que las personas adultas necesitemos hacerlo en espacios terapéuticos. Podemos realizarlo como algo tangible y concreto en casa, con cuentos, juegos de rol, teatrillos y dibujos que exploren el diagrama percepción-interpretación / pensamiento-creencia / emoción-decisión (o usar el modelo *affect*-predicción-emoción-acción si preferimos la teoría de la emoción construida).

O Objetos

Tener objetos relacionados con la expresión y regulación emocional nos ayudará a dar más concreción y utilidad a las habilidades de inteligencia emocional. Algunos objetos y juegos que podemos tener son:

- Tarjetas de emociones: hace tiempo creamos unas tarjetas de emociones que, junto con los objetos de emociones de los que hablábamos antes, constituyen un recurso concreto y tangible para facilitar la inteligencia emocional. Tenemos varios tipos de tarjetas, pero no hace falta comprarlas, podéis hacerlas caseras. La más sencilla de todas es una tarjeta donde dibujar (o hacer una fotografía de) una expresión emocional con su etiqueta de estado emocional. Solo con esto ya podemos dar pie a numerosas conversaciones, y además es un recurso que nos ayuda a explicar determinadas cosas desde el punto de vista más cognitivo.
- Frascos de emociones: esta es una actividad preciosa que podemos hacer con niños y niñas muy pequeños, y que es la base de la asimilación emocional. Necesitamos frascos (o envases de yogur), dibujos o etiquetas para las distintas emociones y un depresor (palito de madera) por persona, al que pondremos nombre o

foto. A lo largo del día iremos cambiando de un frasco a otro, normalizando todas y cada una de las emociones. Las personas adultas podemos compartir también para qué nos ha servido esa emoción.

- Cuando son un poco más mayores, podemos utilizar el *mood meter* (el recurso del método RULER para clasificar las emociones que vimos anteriormente).
- La botella de la calma: puede ser un recurso muy bonito no tanto para trabajar la ira, que necesita un acompañamiento más cercano, sino la rumiación y la frustración.
- O diferentes botellas de colores y texturas (podemos crear varias para expresar distintas emociones y es un recurso que ayuda a los peques a llevarlas también al cuerpo) o todo tipo de objetos relacionados con la autorregulación (o corregulación en los más pequeños), que van desde una manta de peso a un popit, pasando por anillos, pulseras, collares con aceites esenciales, peluches, pelotas antiestrés, etcétera.

P Presencia

Si el juego es el lenguaje de la infancia, la presencia es el lenguaje del *flow* del que nos hablaba Csíkszentmihályi (ese estado en el que uno se siente completamente absorto en una actividad que proporciona placer y disfrute). Tanto en francés, *jouer*, como en inglés, *play*, se refiere a jugar, pero también se usa para tocar un instrumento o actuar (interpretar un rol), así que creo que ambas actividades pueden ayudarnos a cultivar nuestra presencia, junto con todo aquello que, a través de cualquier expresión artística, nos permite representar y comprender la emoción que estamos sintiendo. Y, por supuesto, permanecer con lo incómodo, observándolo y respirándolo es una forma también de cultivar la presencia, en este caso, a través de lo que no nos es tan agradable. Para hacerlo más tangible, podemos tener afirmaciones enmarcadas y recordatorios que llevemos encima (desde una pulsera hasta una alarma tipo gong que suene cada hora).

Q Quererse incondicionalmente

No me cabe ninguna duda de que la inmensa mayoría de las figuras parentales sienten un tremendo amor incondicional por sus criaturas, el problema suele ser en que hay tanto ruido que el mensaje no les llega con claridad. Una de las formas más bonitas de cultivar el amor incondicional por nuestros hijos es hacerlo con nosotras mismas. En ocasiones, esto no es fácil, especialmente en caso de conflicto, así que para hacerlo más tangible te propongo crear un dibujo o póster con la analogía.

Pausa

- P de Para: parar para respirar, beber un vaso de agua o cualquier acción que nos ayude mejor a interpretar las señales que nos manda nuestro cuerpo es una buena idea para actuar de forma más alineada con nuestros valores. A mí me ayuda a imaginar que tengo en mis manos el poder de parar el tiempo, como en aquella serie de los ochenta.
- A de Autoescucha: una vez hemos parado, podemos conectar con las necesidades que realmente estamos teniendo en este momento. Una vez nos hemos escuchado, podemos descubrir una forma de satisfacer nuestra propia necesidad sin depender de otra persona.
- U de Ubícate: tú eres la figura parental. Recuerda: el orden es importante, las personas adultas cuidamos y los niños son cuidados, al revés no funciona. Investiga cuál es su necesidad, identifica si está arriba o abajo en el círculo (explorando o necesitando acompañamiento emocional).
- S de Soluciones: es el momento de buscar una solución; como tú eres la figura parental, eres más grande, más fuerte, más sabia y más bondadosa, así que en ocasiones te tocará seguir la necesidad del niño o niña, y otras veces no será posible y será el momento de hacerte cargo, sin sermones, sin amenazas, con amabilidad y empatía. Dependiendo del contexto, podemos buscar soluciones de forma cooperativa.
- A de Agradecer: sea como sea, puedes agradecer a tu hijo su cooperación o que haya expresado sus emociones; agradecer a la vida la oportunidad de crecimiento y agradecerte a ti mismo que hayas podido hacer las cosas de forma diferente gracias a tu capacidad de reflexión.

R Ruedas de opciones

Esto es un cuadro con opciones de autorregulación previamente cocreado con situaciones u objetos que nos hacen regular nuestro sistema nervioso. Tiene dos aspectos muy importantes: el primero es que sea cocreado con los niños, no comprado listo para usar, ni creado solo por las figuras parentales o docentes; el segundo es que es elegido, no impuesto en ningún caso por otras personas. Son recordatorios, visuales principalmente, de lo que nos funciona ante una determinada emoción. Es una ayuda, no una cárcel para la expresión emocional. Y, por supuesto, la primera opción somos las figuras parentales o docentes.

S *Storytelling* (cuentos)

Desde siempre las historias se han usado para ayudar a los niños y las niñas y a las personas adultas a comprender ciertos hechos complejos. Hoy en día hay numerosos cuentos en el mercado que podemos revisar en familia, aunque en mi formación en técnicas gestálticas para la infancia y la adolescencia, aprendí que el mejor cuento es el que el niño hace de forma personalizada. Desde entonces creo muchos cuentos para mis hijas, normalmente en el momento, de forma oral, aunque a veces los complementamos con dibujos en papel o en acuarela. Y alguna vez he creado alguno para las personas adultas con las que trabajaba. Los cuentos de Jorge Bucay o Idries Shah (*Nasrudín*) son diferentes, pero ambos tienen en común activar la capacidad reflexiva de las personas. Comprados o personalizados, son una forma de hacer tangibles y concretas las cuatro dimensiones de la inteligencia emocional.

T Toma de tierra (*grounding*)

Las técnicas de *grounding*, enraizamiento o toma de tierra, nos ayudan a concentrarnos en el aquí y en el ahora, y nos permiten estar más presentes. Una de las más sencillas es recordar la secuencia 5-4-3-2-1, que nos ayuda a anclarnos en el presente al enfocarnos en la información de nuestros sentidos, al tiempo que tomamos consciencia de nuestra respiración. Pensamos en:

- Cinco cosas que ves: comienza por identificar mentalmente cinco objetos visibles en tu entorno.

- Cuatro cosas que puedes tocar: luego, concéntrate en cuatro cosas que puedas tocar y siente la textura de cada una.
- Tres cosas que puedes escuchar: pon atención a tu entorno y enumera tres sonidos que escuchas en ese momento.
- Dos cosas que puedes oler: a continuación, considera dos olores que puedas percibir a tu alrededor.
- Una cosa que puedes saborear: finalmente, piensa en una cosa que puedas saborear en ese momento. Esta es la más difícil y la que más conciencia implica.

Podemos enseñar a nuestros peques esta técnica y hacerla tangible con una lámina o dibujo con los cinco pasos.

U *Ubuntu*

Ubuntu es una palabra que deriva de la lengua zulú y se refiere a la capacidad de tener benevolencia con los otros en favor del sentimiento de humanidad compartida. Con la palabra *ubuntu* me refiero a la unidad, comunidad, pertenencia, en definitiva, la palabra alemana *Gemeinschaftsgefühl*, que para Adler concentraba la necesidad más importante de los seres humanos. Para mí, *ubuntu* tiene que ver con la cooperación y la convivencia, pero también, y sobre todo, con la alegría. Podemos tener recordatorios tangibles de esta unión con una foto familiar junto con el lema que tengamos como familia o un espacio para apuntar las siguientes reuniones familiares. *Ubuntu* a veces se traduce por «Yo soy porque nosotros somos».

V Validar

Ya lo hemos visto en el libro, la validación se refiere a la importancia de reconocer y respetar las emociones y experiencias de los niños, adolescentes y personas adultas, con el objetivo de legitimar su emoción y, por tanto, evitar la exclusión por sentir emociones que en el imaginario popular son negativas.

Como ya hemos visto, esto es fundamental para establecer conexiones significativas y fomentar un ambiente de seguridad, apoyo y comprensión en la crianza y la educación. Podemos hacerlo tangible a través de la escucha activa y los recursos anteriores.

W *Wellness* kit

Le hemos puesto este nombre a un lote de cosas que nos son útiles para la autorregulación, diferentes para cada persona. Idealmente, podemos haber hecho con un terapeuta ocupacional un perfil sensorial para saber qué cosas nos sientan mejor, pero también podemos hacerlo de forma más intuitiva o por ensayo y error. Puede ser una cesta o cajita común para toda la familia o algo individual para cada una de las personas. Recuerda siempre que empieza en las personas adultas.

X La x

La *x* representa en matemáticas una incógnita. Cuando hablamos de despejar la *x*, hablamos de separar, por medio del cálculo, una incógnita de las otras cantidades que la acompañan en una ecuación. Cuando extrapolamos esto a la crianza, se refiere a reflexionar sobre qué parte de nuestra propia emoción estamos poniendo en el acompañamiento y, en vez de sacarla de la ecuación, cambiarla de sitio, al otro lado de la incógnita. También significa llevar a este otro lugar todo lo que tiene que ver con el comportamiento, de forma que podamos comprender que todo lo que no sea la X es tan solo la punta del iceberg.

Y La y

La *y* es una conjunción copulativa, que a diferencia del *pero* (adversativa), nos habla de unión, comunidad y no enfrentamiento. Pero esta solución va mucho más allá de usar la *y* en vez del *pero* (dicen que lo que va antes de un *pero* en una oración implica que la persona lo denuesta en su discurso), sino que va de encontrar los grises. Si nos hemos criado en entornos complejos, podemos pensar, especialmente en situaciones de estrés, que solo son posibles dos escenarios, como si fuera un tablero de ajedrez, el territorio de las blancas o el de las negras, lo que nos lleva a pensar que solo hay una forma de hacer las cosas que está bien, y otra que está mal. La *y* nos lleva a pensar que pueden suceder cosas hermosas más allá de este pensamiento dicotómico y que hay tantos tonos de gris como personas en el mundo. En casa tenemos una *y* grande de madera como recordatorio de que es posible.

Z Zen

El zen, en sentido estricto, es un sistema filosófico budista muy complejo, pero que hemos simplificado con la perífrasis «estar zen». Se refiere a una actitud de calma y curiosidad, que nos permite mantener la mente abierta y una actitud de aceptación ante lo que se vive. A algunas personas les gusta tener recordatorios visuales, como jardines de arena y piedras que producen relajación al usarse, fotografías inspiradas en el zen muy calmantes y hermosas o bellas caligrafías. Personalmente creo que el recuerdo más tangible que tenemos del zen son nuestros hijos e hijas cuando están en modo juego.

Estarás pensando que se me ha olvidado poner una letra, la *ñ*, una que solo existe como tal en nuestro idioma, pero no, me gustaría que pensaras en un ñu. Y seguramente será difícil, porque los ñus van siempre en manada, son animales gregarios que crían en comunidad a los ejemplares más jóvenes. Cuando pienses que hay una herramienta que no encuentras, ojalá puedas acordarte de los ñus y recordar que para criar a un niño hace falta una tribu entera y que, criando en soledad, estás haciendo todo el trabajo de una tribu. Y ojalá que puedas tener una red que sostenga tus manos.

UNA PAUSA PARA RECUPERAR EL ALIENTO

Cierra los ojos.
Pon una mano en el pecho y otra en tu abdomen.
Respira profundamente e intenta ser consciente del aire en ambas manos.
Quizá este ejercicio sea difícil para ti, no olvides cuidarte al ponerlo en marcha, o incluso al no hacerlo si no es tu momento.
Piensa en una situación difícil de cuando eras niña o niño. No elijas una particularmente difícil o traumática (estas situaciones es mejor revisarlas con acompañamiento terapéutico).

Haz contacto con todas las sensaciones de tu cuerpo, ponle un nombre, si lo deseas, a la sensación o al menos piensa si tiene valencia positiva o negativa (es agradable o desagradable) y cómo es el nivel de *arousal* o actividad (alta energía o baja energía).
Ahora elige una de las emociones, puede ser la que más te guste, una al azar o que sea la de la letra por la que empieza tu nombre.
Imagina cómo sería si tus figuras parentales hubieran podido aplicarla.
¿Cómo te sentirías?
¿Qué decisiones estarías tomando sobre ti, sobre el mundo, sobre los demás?
¿Qué estarías pensando sobre la situación?
¿Qué sensaciones estaría teniendo tu cuerpo?
Si es una sensación agradable, grábala en tu cuerpo, que actúe como un anclaje.
Repite esto con una situación con tu peque que no consigues resolver. Ten muy presente esa percepción de aliento a la hora de elegir y poner en marcha (en tu imaginación) la herramienta. ¿Cómo crees que se sentiría?
Repite, cuando estés lista/o, con tu precioso sujeto de estudio.

CONCLUSIONES

Hace unos años estábamos de vacaciones y un dibujante de caricaturas se acercó a nosotros para decirnos que quería hacer unas a las niñas, que nos las regalaba porque quería que la gente lo viera trabajar. Antes de siquiera pensarlo, una de ellas dijo que sí, mientras su padre y yo flipamos por ver a un ser que se movía tanto tan quieto. Siento una admiración profunda al recordar cómo apretaba la boca y las manitas para poder regularse porque, si el dibujante le había dicho que para que saliera un buen retrato se tenía que estar muy quieta, ella iba a lograrlo con todas sus fuerzas. Esto es la motivación intrínseca y es el motor más poderoso que tenemos.

Pero no quiero hablarte de eso, sino de que, cuando terminó la caricatura (que personalmente me encantó), mi hija no pudo disimular su desconcierto. Sonrió y le dio las gracias muy amablemente, pero en cuanto nos alejamos un par de metros me dijo al oído: «El señor lo ha hecho muy como ha podido, ¿no?». En su mente le iban a hacer un retrato realista, no una caricatura, pero con su ilusión ni siquiera tuvimos tiempo de explicarlo.

En casa somos mucho de decir que las personas lo hacen como pueden, que yo lo hago como puedo y que ella, también, así que, aunque su mente, frustrada por la expectativa incumplida, hubiera podido crear la idea de «Este señor pinta muy mal», lo que hizo fue decir que pintaba muy como podía.

A pesar de que ella cumplió con su tarea de estarse quieta, el resultado no fue el que tenía en su cabeza. Aceptar que las cosas no siempre salen como nos gustaría es un aprendizaje que nos regala la vida; hacerlo sin echar la culpa a nadie es verdadera sabiduría.

Cierro la escritura de este libro, que empecé con mucha responsabilidad y humildad, un poco asustada con la idea de que esperaras un dibujo real y hayas encontrado una caricatura. Esto, obviamente, dice más de mí, de mi necesidad de reconocimiento y mi sensibilidad a la estima, con las que mi cerebro inmaduro decidió que era la mejor forma de sobrevivir, que de ti. Y, aunque, obviamente, no puedo responsabilizarme de las expectativas ajenas, siento un poco de vértigo ahora que está terminado y va a ver la luz. Me acordé de esta anécdota de mi hija y espero que hayas recibido este libro desde este lugar de «muy como ha podido».

En una era de hiperexigencia y perfección, me gustaría cerrar con una oda a la suficiencia. Hay miles de detalles y matices que se han quedado fuera de este libro (me disgusta especialmente no haber profundizado en la importancia del eje intestino-cerebro y de la microbiota en las emociones y también el impacto del trauma racial) y, a la vez, contiene lo suficiente. Lo suficiente para que puedas acompañar con más consciencia, lo suficiente para haber sembrado una semilla de curiosidad que brote en investigación y profundización, lo suficiente para sentar las bases de que lo estás haciendo muy como puedes y que no hace falta que lo hagas solo, puedes buscar apoyos en espacios terapéuticos o de tribu.

Me gustaría que pudieras también amigarte con tus errores, que pudieras volver a verlos como la práctica que nos ayudaba a aprender a caminar cuando éramos pequeñitos. Y hoy quiero compartirte uno de mis errores; uno que es muy importante para mí, porque tiene doble vergüenza, la de haberme confundido y la de habérmelo atribuido como un triunfo cuando no lo fue.

También estábamos de vacaciones (realmente viajé por trabajo a Canarias para impartir una formación, y se vino toda la familia conmigo y aprovechamos unos días de sol). El momento del avión lo recordaré como uno de los más intensos de mi vida. Tanto que miré cómo volver en barco. Como era inasumible, hicimos prácticas en un museo que tenía un avión, nos armamos de fuerza, paciencia y amor y, cierto es, la vuelta fue bien. Y durante mucho tiempo conté esa anécdota como un momento «Tierra, trágame», pero en el que yo no había perdido la calma.

Unos años después, volvimos a viajar, esta vez para ir a Alemania, también a un curso, que esta vez me daban a mí, de asistente Montessori para la adolescencia. Y una de mis hijas, mi preciosa hija, me dio una lección, un zasca a mi ego, a mi ceguera y a mi «adultismo». Andábamos haciendo una lista de cosas para el viaje y debí de hacer un comentario sarcástico —o no tan respetuoso como pensaba— sobre aquel día en el avión, y mi niña me explicó todo lo que le pasaba aquel día:

- El aire era demasiado seco.
- El ruido del motor demasiado alto.
- La gente estaba demasiado nerviosa.
- Estaba asustada por la sensación de mareo.
- Le picaban los ojos por la sequedad.
- Le dolían los orificios de la nariz por el aire reseco.
- Le molestaban los oídos por la presión.
- Sentía vértigo en la tripa.
- Estaba cansada y tenía sueño.
- La auxiliar de vuelo dijo que el avión se podía caer y ya no podía bajarse.
- Se quiso poner una película para evadirse y le dijimos que todavía no.
- Tenía la boca seca.
- El agua mineral que habíamos comprado estaba demasiado amarga.
- Pasaron el carrito, vio que la solución era pedir un zumo y se lo negamos. Y lo vivió con mucha injusticia.

Y ella no lo recordaba, pero yo dije, o quizá solo pensé: «Tú, que eres más mayor, nos vas a dar el vuelo». Y aquí viene la parte de la que yo sí era consciente: una niña que no puede ser más cooperadora estaba absolutamente desregulada, gritando que se quería bajar de ese avión, quitándose el cinturón y diciendo que no iba a seguir esas absurdas normas. Un montón de gente nos juzgaba y nos miraba mal.

Yo en plan «Tierra, trágame», intentando mantener la calma; yo que intenté cantarle su canción y ella que me mandó a la mierda; yo fallando estrepitosamente a mi hija, no pudiendo legitimar su necesidad; hay personas más sensibles a ciertos estímulos y ella es una de ellas. Sí, sí, yo que me dedico a acompañar familias y hablo largo y tendido sobre comportamientos que expresan necesidades, icebergs y aliento, empatía y humildad, no conseguí ver todo esto en mi hija. Yo que contaba la anécdota como una muestra de «sueño y hambre» y de cómo mantener la calma, poniéndome la medallita. Yo escenificando y teatralizando la escena.

Cuando fui consciente de todo ello —y no me di cuenta yo, sino que ella me lo dijo—, me sentí muy culpable y avergonzada. Me disculpé mucho. Y lo que recibí de ella, como suele pasar con nuestros hijos e hijas, es puro amor: «No te lo tengo en cuenta, sé que te da miedo volar, vi cómo papá te daba la mano en el pasillo en el viaje de vuelta. No te preocupes, mamá».

Bromeamos, hicimos escenificaciones, cosquillas y mimos y buscamos soluciones, las palabras mágicas son siempre: ¿qué necesitas?, ¿cómo puedo ayudarte?, ¿qué hacemos? Pidió tres cosas:

- La tablet desde el principio para no tener que oír nada de accidentes y evadirse (todo «muy Montessori»).
- Llevar agua del grifo de Madrid en su cantimplora («De Madrid al cielo»).
- Caramelos masticables (sin azúcar, acordamos).

Tres deseos. El viaje fue como la seda.

Mi hija no estaba portándose mal, no estaba montando ningún «pollo», mi hija tenía necesidades que yo ni supe ver ni prevenir. Ni pregunté, ni seguí su necesidad, ni me hice cargo. Lo que nos salvó, y nos salva, es la alegría, el superávit de alegría que intento recolectar y ahorrar cada día igual que la hormiguita de mi cuento.

Y para eso es importante que me enfoque en sus fortalezas y no en aquellas cosas que suponen un reto para mí. Es una decisión que tomamos cada día; recuerda que nuestro cerebro crea una emoción porque nos quiere cuidar, pero podemos darle más información para que, como si fuera una inteligencia artificial, ajuste y afine sus predicciones.

Yo me puedo enfocar en la niña que montó un «pollo» en un avión, no, un «superpollo» en un avión, porque el motor hacía demasiado ruido y la gente estaba nerviosa y la auxiliar de vuelo dijo lo que había que hacer si se caía el avión... Y en ese pensamiento que me nace de «no me podía haber tocado la niña normal / la que duerme por la noche / la que entiende que no se puede andar con un zapato de tacón en un pie y una playera en otro / la que saluda y es simpática con todo el mundo ...».

O me puedo enfocar en la niña que me frota algodones en el oído y me dice: «Mira qué sonido más guay». En la que pela palos con un cuchillo y me produce cosquilleo verla trabajar; en la que machaca piedras hasta hacer polvillo para pintar; en la que siempre está tarareando cancioncillas, y en el privilegio que es compartir manta y silencio para leer juntas.

Yo puedo hacerla sentir rara o especial. Yo elijo lo segundo. Por eso odio, y cada día más, las palabras «rabieta», «berrinche» o «pollo», porque es la forma que tenemos los adultos de hacer apología de nuestra ceguera. Sin culpas, sin juicios, con fuerza y con amor, tú puedes dejar de ser el adulto que prometiste que nunca serías cuando eras pequeño, incluso cuando parece que el proceso de cambio está ya instalado y hay mucho recorrido. Todo empieza en ti, empieza por darte amor. No en hacerlo perfecto, sino con respeto y amor, suficientemente bien. Dicen que lo perfecto es enemigo de lo bueno, y espero que este libro te llegue así.

Y que tú puedas verte a ti, a tu crianza y a tus propios hijos e hijas así también: somos buenos, no necesariamente perfectos. Hacerlo suficientemente bien, tal como nos decía Winnicott, está bien. Hacerlo suficientemente bien implica reparar, así que crearemos un espacio de erratas en la web, porque cuando escribes libros, igual que cuando crías hijos o educas personas, sabes que erratas y errores va a haber seguro. Y me gusta ver las erratas como las huellas que dejamos en el mundo de que lo estamos intentando. Y que hacer «muy lo que puedes» es perfecto.

No has podido aún,
mañana nace
de nuevo el sol.

Lo mío no es la poesía, pero quería terminar este libro con un imperfecto haiku (un tipo de poema japonés que habla de la naturaleza y la contemplación de la vida cotidiana) y que espero resuma lo que para mí es más importante a la hora de acompañar las emociones como figuras parentales o docentes: la humildad, la responsabilidad, la honestidad, pero también la esperanza, el aliento y la alegría.

Dicen que no hay mal tiempo sino ropa inadecuada y, volviendo al inicio, pienso que no hay malas o buenas emociones, sino falta de fondo de armario en inteligencia emocional. Y esto no quiere decir que tú seas inadecuado, sino todo lo contrario, simplemente es que cuando estaba previsto por el plan de la naturaleza que lo absorbieras, no fue posible y ahora te va a costar un poco más.

En el epílogo, encontrarás ejemplos sobre neurodivergencia y verás que me pregunto qué habría pasado si hubiera podido ponerme otra etiqueta, no media etiqueta.

¿O recuerdas cuando reflexionaba sobre que yo hubiera recibido lo que estaba necesitando de mis figuras parentales todo el tiempo y no solo cuando no estaban lidiando sus propias batallas? ¿Y si todas las personas pudiéramos aprender sobre inteligencia emocional en la escuela y que no todo dependiera de la que pueden ofrecernos nuestros padres?

Lo que hubiera pasado es que tú no estarías leyendo este libro, este libro que he escrito con tanto cariño y espero que te haya ayudado una décima parte de lo que me ha ayudado a mí escribirlo. No habría escrito los otros cuatro. Ni habría grabado ponencias, congresos o pódcast. No tendría miles de lectores, oyentes o alumnos que cada día mantienen mejores relaciones con sus hijos e hijas y eso se expande a todo su universo.

No es un orgullo desde el ego, sino desde la esperanza de que mi trabajo está creando un mundo más justo y más bonito, con más paz y más esperanza.

Mi herida de injusticia se transformó en algo hermoso.

«Tomé algo para mí misma y di algo de regreso». Hago mías las palabras de María Montessori, la autora de esta reflexión.

Creo firmemente en que los *Homo sapiens* tendemos a la salud y que lo que nos sucede puede cristalizar como fortaleza. Y que cuando ponemos nuestras fortalezas al servicio del bien común suceden cosas increíbles. Y que esas cosas increíbles que hacemos, cuando nacen de nuestro propósito vital (o cósmico, diría la doctora Montessori), reparan.

No, no estoy diciendo que «no hemos salido tan mal» o que los niños son resilientes, como justificación al daño que hacemos, consciente o inconscientemente. Estoy apelando a tu intención positiva, a que cualquier daño que hayas podido ejercer al acompañar las emociones de tus hijos e hijas nacía de un deseo de cuidarlos, de que estén bien. Quizá al leer el libro te has dado cuenta de que no ha sido así y la culpa viene a verte y, ya sabes, siéntate con ella, dale la bienvenida, ponle una tacita de té y escucha lo que tiene que decir porque es importante. Escucha un rato y dale las gracias cuando hayas tenido suficiente con su mensaje.

Reparar con nuestros hijos e hijas es importante para un vínculo seguro, pero tú también te mereces ese cuidado. No tienes que esforzarte por cultivar la inteligencia emocional para mejorar la de tus hijos. No, no creo que funcione así. Mereces cuidarte, en todos y cada uno de los ámbitos de la vida, y uno de ellos es el emocional. Mereces expresar y reconocer tus emociones. Mereces utilizarlas para tu bienestar (que no excluye al bienestar común). Mereces comprender su mensaje, qué necesidad intenta satisfacer. Y mereces aprender ahora los recursos que no te enseñaron en tu día para regular tus emociones. Porque todo lo que ahora es *auto-*, como la *autorregulación*, en su día fue *hetero-*, como la *heterorregulación*, esto es, la regulación de nuestra persona adulta de referencia que nos enseñó la capacidad para autorregularnos. Es difícil como personas adultas darnos lo que no tuvimos, así que cuídate con mimo mientras lo aprendes de nuevo. Y, sobre todo, mereces reparar contigo misma, reconocer que te has tratado de una forma que no es respetuosa, permitirte esas emociones que quizá no son agradables de sostener. Te mereces también una autodisculpa porque la disculpa te ayuda a «des» (separarte de, dejar de) culparte. No para dejar de sentir la culpa, sino para reconocer que has comprendido su mensaje.

Te mereces tratarte como tratarías a tu mejor amiga si estuviera de visita, esa con la que es más importante cómo está la casa por dentro que cómo se ve por fuera. Te lo mereces. Y el mundo merece personas como tú. Ojalá este libro te haya ayudado en este proceso.

Antes de despedirme, quiero confesarte una cosa: al principio del libro te pedí que te pusieras el cinturón porque iba a llevarte por una carretera sinuosa y llena de curvas. Es una metáfora total y absoluta para mí, porque, ¿sabes qué? Me da mucho miedo conducir. Mi cerebro crea la emoción de miedo para no enfrentarme a algo que es, por muchas y variadas experiencias traumáticas, muy difícil de sostener para mí. Y, aun así, en pasitos muy pequeños, diminutos, me digo a veces, realmente mucho más pequeños de lo que me gustaría, lo hago. No lo hago, como dicen, con miedo. Lo hago a pesar y gracias a mi miedo.

Todo lo que te he contado en este libro he podido escribirlo y contarlo porque yo también soy aprendiz. No soy ninguna experta, hemos caminado juntas por el camino sinuoso y, espero que tú también, estoy un poquito más cerca de sentirme bien.

Empezamos con una canción de Sheryl Crow y terminamos con esta otra de The Wanderer *We're All Going Home*. Yo te imagino cantando conmigo junto con un grupo cada día más numeroso de personas, en torno a un fuego, muy parecido a aquellos primeros fuegos que nos unieron en su día, sabiendo que cada día estamos más cerca de estar y ser casa porque los fuegos pueden destruir, sí, pero también unir y sacar lo mejor de las personas.

I will seek and I will find
While I'll try to keep a steady mind
I will follow all the signs
This healing takes time
I will find my way back home

We're all going home
Listen to the beat of your heart when you don't know where to go
We're all going home
Listen to the song that's playing on your own soul's radio

Change will come, change will go
I'm on the right track but a different road
I'm gonna go where the wind blows

Buscaré y encontraré,
mientras intentaré mantener la mente en calma,
seguiré todas las señales,
sanar lleva tiempo,
encontraré mi camino de regreso a casa.

Todos estamos yendo a casa,
escucha el latido de tu corazón cuando no sepas a dónde ir.
Todos estamos yendo a casa,
escucha la canción que suena en la radio de tu propia alma.

El cambio vendrá, el cambio se irá,
estoy en la pista correcta, pero en un camino diferente,
iré donde el viento me lleve.

Gracias por volver a casa conmigo. Ojalá que puedas honrar el hogar del que vienes, el que ya eres y el que estás construyendo. Ojalá que puedas hacer hueco a todas esas emociones que te están cuidando y, así, puedas tú cuidarte bonito.

EPÍLOGO

Al principio del libro te decía que las emociones eran un poco como los colores.

¿Y si hubiera pinturas sin color? ¿Serían menos arte? ¿Es el *Guernica* una expresión artística de menor calidad porque no tiene color? Nadie pensaría eso, ¿verdad?

Las emociones son únicas y exclusivas de cada persona. En este libro he intentado acercarme a la colectividad, a lo que creo que es común para todos los *sapiens*. Pero hay un grupo de *sapiens* que tiene diferencias, grandes o sutiles, a la hora de vivir las emociones. Son las personas neurodivergentes (personas con altas capacidades intelectuales, personas con dislexia o con TDAH —trastorno de déficit de atención con o sin hiperactividad—, personas dentro del espectro autista Tourette, personas, a veces, con varias de estas condiciones a la vez...). Hay también otro grupo de *sapiens*, las personas con trastorno del desarrollo o discapacidad, que también tienen necesidades diferentes. Y cuando unos *sapiens* se juntan con otros en un contexto tan especial y complejo como es un aula, también existen necesidades diferentes.

Por supuesto todo lo que hemos ido explicando a lo largo del libro sirve para todas las personas, independientemente de sus capacidades y etiquetas. Y, también es cierto que necesidades diferentes necesitan apoyos diferentes. Algunos piensan que las personas son personas y ya está, y las etiquetas nos colocan en departamentos estancos. Y puede ser verdad.

Creo con todo mi ser que, cuando hablamos de necesidades especiales y neurodivergencia, no hablamos de poner una etiqueta, sino de sustituir una etiqueta por otra. No es lo mismo ser demasiado sensible que autista, ni ser un pasota que tener TDAH, no es lo mismo ser un desastre que disléxico y no es lo mismo ser raro que tener ACI (altas capacidades intelectuales. Y, en otro sentido, no es lo mismo ser una persona que no ha tenido oportunidades suficientes de desarrollar algunas habilidades de inteligencia emocional que tener alexitimia, que es la «incapacidad para reconocer las propias emociones y expresarlas, especialmente de manera verbal». Es, básicamente, como decirle a una persona a la que le faltan ambos brazos que si no tiene buena letra es porque no quiere, en vez de ofrecerle apoyos, una prótesis.

Cuando las etiquetas aportan autoconocimiento, nos proporcionan calma, comprensión y bienestar. Y, una vez etiquetados, podemos olvidarnos de la etiqueta si queremos, desidentificarnos de ella, porque con el apoyo y las herramientas adecuados, tu vida puede acercarse (bastante) a como tú quieras (necesites) que sea.

Para mí, era importante recoger estas necesidades específicas en el libro y, a la vez, en el proceso de edición fue necesario reducir el contenido. Así que, en el apartado de anexos, tendrás tres líneas: un apartado en el que hablaremos de cómo llevar lo aprendido a la práctica si somos docentes, sección para la que contaremos con el mejor docente con el que he tenido el privilegio de trabajar, que tiene una combinación muy curiosa entre chulería y humildad.

Un segundo apartado en el que hablaremos de lo que sucede cuando nuestro hijo, hija o alumnado tiene necesidades diferentes, como trastornos del desarrollo o diversidad funcional, porque para poder ser una buena orquesta necesitamos escuchar a todas las voces.

Un tercer apartado en el que te presentaré algunos testimonios sobre emociones y neurodivergencia, porque en mi práctica profesional me encuentro muchos casos de dificultades que tienen que ver con no saber atender (todavía) a este sector de la población.

Así que el objetivo es triple. En primer lugar, reconocer: este sector de la población existe y la invisibilización, especialmente cuando hay doble excepcionalidad, es muy frecuente. En segundo lugar, dar información: quizá algunas personas se vean reflejadas y puedan iniciar su propio camino hacia la autocomprensión y, así, cambiar unas etiquetas que hacen daño por otras que nos cuidan. En tercer lugar, proporcionar recursos porque, como figuras parentales, docentes o, simplemente, figuras reparadoras, tenemos un impacto enorme y todo aquello que nos ayude a poder hacernos cargo de forma más fácil y compasiva es un regalo.

En la web podrás ver testimonios de algunas personas que, muy generosamente, han compartido sus experiencias y reflexiones. Ahora, quisiera terminar contándote una historia personal.

«POCO DISLÉXICA»

Cada vez que escribo la palabra «absorber» pienso en mi madre.

De repente, tengo un *flashback*, retrocedo en el tiempo.

Y veo a mi madre preocupada porque no sé escribir «absorber» sin faltas de ortografía.

Y haciéndome escribirlo treinta veces.

Y otras treinta.

Y otras treinta más.

Y conecto con la sensación de no ser suficiente.

Y conecto con la sensación de que no cumplo con la expectativa de mi madre.

Y conecto con la sensación de que debo de ser tonta si no logro enterarme de cómo narices se escribe una palabra tan simple.

Y no veo el trabajo de cien páginas sobre los tiburones, que parecía más un TFG que un trabajo de primaria (porque me flipaban, y me encanta investigar un tema concreto y exprimirlo).

Me veo mermada.

Cuando veo pizarras negras de estilo *vintage* pienso en mi padre.

En el día de mi sexto cumpleaños, que lejos de ser feliz, fue muy tenso.

Veo a mi padre haciéndome repetir la «p» con la «a» y las demás letras.

Veo a mi padre cada vez más enfadado conmigo porque no lo logro.

Veo a mi padre, incluso, asustado de que no sepa hacer algo tan simple.

Veo a mi padre intentando demostrar a mi abuelo que era mejor padre que él (algo de lo que nadie podría dudar, visto desde fuera) y sintiéndose fracasado porque la niña no lee.

Y conecto con la sensación de no ser suficiente.

Y conecto con la sensación de que no cumplo con la expectativa de mi padre.

Y conecto con la sensación de que debo de ser tonta si no logro aprender a leer.

Y conecto con la sensación de ser poco, al ver a mi hermano leer con cuatro años.

Y conecto con el «¿Estás segura de que quieres estudiar esa carrera?, es muy difícil», y con pensar que la matrícula de honor que saqué en COU fue por suerte, o porque los engañé pareciendo más lista de lo que era.

Y, créeme, aun de adulta, no veo mis dos carreras y cuarto, ni los dos másteres, ni los cuatro libros, ni estudiar oposiciones con veinte años y aprobarlas. No, no veo nada de eso cuando alguien me escribe un e-mail diciendo que se da de baja de mi *newsletter* o de mis redes sociales porque no soporta mis faltas de ortografía.

Y esto, en lo académico, que es donde me construí en la creencia de «solo si estudias, solo si sacas buenas notas, solo si eres la mejor..., eres importante», y que se me da, además, bien. De lo difícil que son para mí tareas cotidianas como conducir hablamos otro día.

Y como me crie en un sistema en el que solo me sentía visible cuando era «la mejor» académicamente, tenía doble penitencia, porque lo que me sale natural es pensar en estos logros. No en el resto de las cualidades increíbles, como mi capacidad de cuidar y escuchar a las personas. No veo mi capacidad de detectar un problema y encontrar soluciones más rápidamente de lo que las puedo expresar. Ni la de «pensar en al menos seis cosas imposibles antes del desayuno» y lograr encontrar al menos una manera, o seis, en mis días buenos.

Y, muchas veces, no veo todo el trabajo personal que he logrado hacer para poder acompañar a mis hijas con mi historia vital.

Años después le dije a mi madre que, tras evaluar a una de mis hijas, me habían hecho una evaluación a mí también, y en el cribado, parecía que era disléxica.

«Ah, ya lo sabía, te costó mucho aprender a leer y siempre confundías derecha e izquierda, y tenías muchas faltas de ortografía, pero como sacabas buenas notas pensé que sería que eras poco disléxica».

La buena intención de mi madre era indiscutible. Volviendo a nuestros yos del pasado, ¿cómo no evitar que, treinta años después, una falta de ortografía pudiera marcar la diferencia entre aprobar o no las oposiciones? Su intención era positiva, fue el cómo lo viví yo lo que me dañó. La diferencia es cómo ayudamos a nuestras criaturas a interpretar lo que les decimos y lo que les sucede para que, sea como sea, les llegue el amor incondicional, la aceptación absoluta y la certeza de que, pase lo que pase, no están solos.

Mi madre pensaba que yo era despistada, desordenada, soñadora, desorganizada, dispersa, voluble, habladora... También que quería llamar la atención porque algunas texturas de las comidas me dan asco, o incluso alergia según su forma de cocinado, me molestan algunas costuras de los calcetines y en la ropa las etiquetas. Pensando en las etiquetas, sirven para determinadas cosas, como saber cómo cuidar una prenda, pero una vez ya sabes cómo cuidarla, lo mejor es cortarla para que no te moleste. ¿Qué pasaría si las prendas vinieran sin etiquetas?, ¿o cortadas a la mitad?, ¿cómo saber cuidarlas?

¿Qué habría pasado si mi familia hubiera podido ponerme otra etiqueta, no media etiqueta?

Poco disléxica.

Al no existir la palabra «disléxica» en la ecuación, simplemente me sentía poco.

Cuando las etiquetas dan paz y nos permiten buscar mejores soluciones, bienvenidas sean.

Esta experiencia no tiene por qué ser así en todas las personas. En palabras de Isra Bravo, considerado por muchas personas el mejor *copywriter* en español (que es disléxico y fue lo que denominamos fracaso escolar —cuando deberíamos decir fracaso del sistema a la hora de atender el potencial del alumnado—), ser disléxico es una suerte porque, para él, «hay un rasgo común en las personas que son disléxicas, que es la perseverancia (...), y viene del hecho de que de forma natural he tenido que desarrollar esa fuerza de voluntad y esa disciplina para poder hacer cosas, como decía antes, que al resto del mundo le parecen muy sencillas».

Tienes el testimonio completo en la web, mi parte favorita es esta, porque las madres, las figuras parentales en general, podemos hacer cosas increíbles disfrazadas de momentos cotidianos: «Sin embargo, a mí, mi madre me leía muchos cuentos todas las noches y me gustaba mucho. Entonces, traté de, a partir de los quince años aproximadamente, desarrollar un hábito de lectura muy muy intenso. Estoy siempre, constantemente, leyendo».

También el padre de Beatriz Sánchez —que ahora se dedica a acompañar a personas neurodivergentes, dentro y fuera de su casa— fue de vital importancia en este camino: «Cuando mi padre me veía triste me decía que la vida es como una montaña y cuanto más alto subes, *más solo estás*», y ella misma, al ser madre, descubrió que «el amor es humilde y descansa en lo pequeño, lo casi invisible. Y me gusta pensar que el objetivo no es tanto el pico de esa montaña, sino la compañía con la que acudes».

Jessica, escritora, mujer neurodivergente y madre de hijos neurodivergentes, también está cambiando el mundo cuando se asegura de que sus hijos sepan que hay un lugar que es CASA: «Cuando mi ahora adolescente

TEA estaba en el colegio (antes de que tuviéramos su diagnóstico) tuvo un par de años muy complicados, en los que a menudo lo pasaba muy mal. Le hicimos un tótem: un colgante de una pieza de Lego (roja, dos por tres). Era su recordatorio de que su mundo, su lugar seguro, estaba en casa. Aprendió a, cuando estaba mal en el colegio, cerrar los ojos, sujetar su colgante y recordar que tenía un lugar al que pertenecía, donde todo estaba bien».

Tampoco podemos decir que sea fácil ser madre de personas neurodivergentes. Indi, acompañante de familias, nos dice que llegó a pensar que «no valía para esto, pero el problema era que de ser madre no se puede dimitir... Al menos, no se debe. Así que me quedaron dos opciones: rendirme y desconectarme por completo de la maternidad, o accionarme. Por mi propia historia personal, opté por la segunda».

Y haber optado por tomar acción, en palabras de María, pedagoga experta en neurodivergencia, es clave: poder sentir que eres valioso tal como eres lo cambia todo. El diagnóstico, aunque tardío, puede llegar como «agua de mayo» y permitir encajar las piezas del puzle que antes no encajaban: «Cuando sientes que no encajas, pero no sabes por qué, cuando pertenecer se te hace imposible en ocasiones, o incluso cuando tienes la sensación de que nunca has pertenecido a ninguna parte (literal y figuradamente), descubrir quién eres lo cambia todo, sí, pero descubrirlo y aprender, pasito a pasito, que eres valioso siendo quien eres, es algo que te acompañará siempre».

Para Encarna, el diagnóstico es «un gran alivio o un foso del que no salir jamás. Para mí, ahora, es una oportunidad de búsqueda de la propia identidad y de lo que cada una necesita».

Para Marta, que es acompañante de familias neurodivergentes, fue lo primero: «Ahora sé que no soy tiquismiquis con la comida (ni complicada, ni pesada, ni problemática), sino que tengo una falta de integración sensorial que tiene una causa neurológica, no caprichosa. Ciertas texturas me dan un asco insoportable, me dan mucha dentera las uñas (solo de escribirlo ya me da grima), los sonidos fuertes y las multitudes me sofocan y me agobian hasta poder perder el control de mis nervios. Mi sistema propioceptivo no está bien regulado, por lo que me doy golpes sin darme cuenta (hasta que a los días me duele el moretón, aunque no recuerdo cómo me lo hice) o no siento hambre cuando estoy concentrada porque el sistema interoceptivo también está afectado —además que cuando algo me interesa me concentro tanto que el resto del mundo desaparece—. Por fin soy capaz de encajar las piezas, las evaluaciones han supuesto una auténtica liberación».

De la liberación de descubrir qué es realmente lo que te pasa, incluso sin diagnóstico oficial, nos habla María: «Antes, pensaba que estaba como una cabra, ahora sé que tengo alexitimia. Ahora puedo deducir cómo voy a estar y darme un poco más de atención para no desregularme o para no tratar mal a las personas que tengo alrededor. Esto ha sido un regalo para mí, porque he dejado de sentirme culpable —a veces— y de pensar que me pasa algo malo, y empieza a ser un regalo para quienes me rodean (todavía estoy aprendiendo), porque puedo anticipar y organizarme en función de ello. El cambio es enorme. Y para llegar aquí, he tenido que dar pequeños pasitos».

Cerca de ese foso estuvo también Miguel, que nos cuenta, como persona neurodivergente y como profe de secundaria, lo que es encontrar respuestas a lo que te pasa, porque significa que puedes buscar soluciones y no culpables: «Buscar soluciones exige el mayor de los trabajos y focalizar nuestra energía en cosas que nos ayuden a centrarnos, para no olvidarnos de lo importante; y energía, para ser compasivos con nosotros mismos cada vez que no conseguimos lo que nos hemos propuesto». También ha escrito un honesto texto sobre inteligencia emocional en el aula que tendréis en el anexo (página web).

Otra de mis docentes favoritas, Cristina, ha sido capaz de trascender los retos de ser una persona neurodivergente y transformarlos en una superfortaleza: «Estoy atenta a los perfiles sensoriales de mis hijos y de mis alumnos para modificar en la medida de lo posible el entorno y convertirlo en un espacio seguro para ellos. Atiendo también a mis necesidades de regulación por sobrecarga sensorial [...]. No utilizo mi neurodivergencia como excusa o justificación (para decir «es que soy así»), sino para entender cómo me afectan el entorno y las relaciones personales y qué puedo hacer para sentirme mejor. Soy exactamente la misma persona que era, solo que ahora me entiendo y estoy aprendiendo a expresar mis necesidades».

Es un hecho que a los profes no nos forman para atender la neurodivergencia como se merece y necesita, pero es que a los psicólogos tampoco, como en el caso de Erika y Asier: «Cuando la identificación llegó a nuestra casa, muchas incógnitas comenzaron a agolparse esperando tener respuesta. Definitivamente durante nuestros estudios universitarios nadie nos había preparado para este escenario, y muchísimo menos desde una clave respetuosa y no capacitista. Así que tocó ponerse las pilas e informarse y formarse, como tantas otras familias que ahora acuden a nuestro despacho».

En otros ámbitos como profesionales de la terapia ocupacional, tampoco la formación es ajustada, pero en palabras de Raquel las necesidades del colectivo son tan necesarias como para las del colectivo de atención temprana: «Por razones laborales estoy en un grupo de padres de niños que necesitan atención temprana y, por motivos personales, en otro de altas capacidades. Ambos vienen a reivindicar exactamente lo mismo: visibilidad, concienciación y mayores apoyos. Dos extremos de un mismo *continuum*. Da para reflexionar, *¿verdad?*».

De necesidades especiales y atención temprana nos hablará Raquel Carretero también en el anexo (página web), pero no quiero terminar sin estas preciosas palabras de Dafne Santana, terapeuta ocupacional y especialista en neurodivergencia: «Los niños neurodivergentes que crecen en entornos validantes y comprensivos tienen más oportunidades de desarrollar una autoestima saludable, habilidades sociales apropiadas y una resiliencia fuerte ante los desafíos de la vida. Están mejor preparados para abogar por sí mismos, entender sus propias necesidades y, finalmente, convertirse en adultos realizados y competentes. Así pues, la dedicación de los padres al conocimiento y comprensión de la neurodivergencia no es solo un regalo invaluable para sus hijos, sino también una valiosa contribución al futuro de nuestra sociedad, que genera un legado de inclusión, respeto y celebración de la diversidad humana».

En línea con el resto del libro, si compartes el camino con personas de necesidades especiales, neurodivergentes, o espacio en el aula, con tu mirada incondicional estás construyendo un mundo más pacífico.

Gracias a ti, cada vez menos niños y niñas de uno a cien años se sentirán «poco», porque son más que suficiente.

En el siguiente código QR tienes el contenido que no fue posible incluir en este libro y también otros extras. **Ojalá te ayuden a recordar que tú también eres más que suficiente.**

https://montessorizate.es/extras-emociones-infantiles/

UNA PAUSA PARA RECUPERAR EL ALIENTO

Me gustaría que pudieras tener tu *mood meter*, así que te animo a hacerlo ahora.

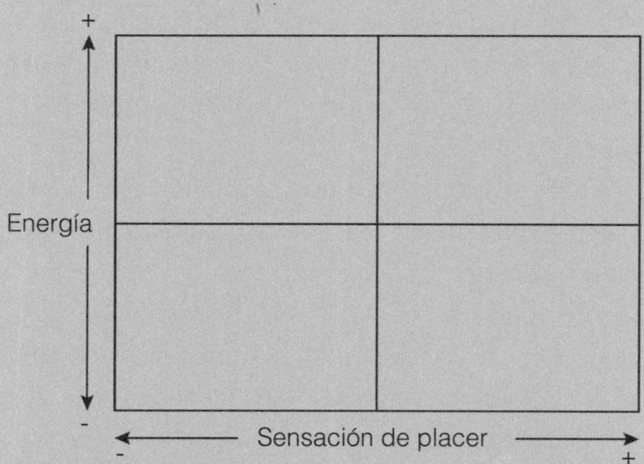

Coge un folio, preferentemente cuadriculado, aunque uno blanco también puede servir. Dibuja un eje de coordenadas cuyo centro sea, aproximadamente, la mitad del folio en sentido vertical y horizontal, de modo que la superficie del papel quede dividida en cuatro partes iguales (o casi). Puedes enmarcar este eje con cuatro líneas para definir cuatro rectángulos iguales.

En la base de la hoja, escribe *Agradabilidad* (o *Sensación de placer*) y añade un - en el extremo izquierdo del eje horizontal y un + en el derecho.

En uno de los laterales verticales escribe *Energía* y añade otra vez el símbolo del + en la parte de arriba del eje vertical y el - en la parte de abajo.

UNA PAUSA PARA RECUPERAR EL ALIENTO

Cierra los ojos.
Pon una mano en el pecho y otra mano en tu abdomen.
Respira profundamente e intenta ser consciente del aire en ambas manos.
Quizá este ejercicio sea difícil para ti, no olvides cuidarte al ponerlo en marcha, o incluso al no hacerlo si no es tu momento.
Percibe, nota qué sensaciones sientes en este momento.
¿Estás lista/o para trabajar?
Ahora, tómate unos minutos para respirar y conectar con tu cuerpo.
Después de tres respiraciones profundas (o las que necesites), puedes reflexionar sobre cómo te sientes hoy. ¿Qué emoción te mueve? ¿Cómo es el nivel de energía? ¿Es intensa o más bien calmada? ¿Y la sensación de placer? ¿Es agradable o desagradable?
Usando estos dos ejes, coloca un punto (o corazón o estrellita) en el lugar en que está tu emoción actual. ¿Es agradable y con energía baja, como la calma? ¿Es agradable y con energía alta, como la alegría? ¿Es desagradable y con energía baja, como la tristeza? ¿O es desagradable, pero con alta energía, como el pánico o la ira?

Recuerda que esta y el resto de las «pausas de aliento» están grabadas en formato audio y que las puedes encontrar en la página 283 del libro.

Y ojalá que este *mood meter* esté bien visible y presente en tu casa y sea un recordatorio de lo que has aprendido y reflexionado con este libro.

AGRADECIMIENTOS

La gratitud es la emoción más poderosa que conozco, para mí tiene que ver con poner el foco en lo que sí tienes en vez de centrarte en lo que todavía no, y esto es un regalo. Y, cuando se junta con dar reconocimiento, creo que no hay nada más bonito. Es mi parte favorita de un libro y suelo leerla antes de empezar. Para hacer la mía he creado una *playlist* especial y he cantado y llorado mientras la escribía. Ojalá pudiéramos vivir la vida con más gratitud y menos indiferencia.

Habría sido imposible que este libro estuviera en tus manos si no hubiera tenido manos que sostuvieran las mías, así que gracias a todas las personas que lo habéis hecho posible.

Gracias, en primer lugar, a Miguel, decir que sin él no hubiera podido escribir este libro es un eufemismo, gracias por regalarme el privilegio de enseñar a tu lado y empaparme de tu humildad y chulería a un tiempo, gracias por ser mi pareja de crianza y turnarte conmigo los cuidados, y por cuidarme a mí también. Los cuidados son el motor de la vida y del amor y, aunque como todo lo importante, son invisibles, yo veo tu amor en cada vez que te has asegurado de que no estaba atrapada en el hiperfoco y me has recordado que tenía que comer, en cada tableta de chocolate, en cada infusión calentita, en las tardes de biblioteca juntos, en todas las veces que me has hecho ver que procrastinaba y para qué, y siempre que me animaste a tomar un descanso. Ojalá la vida nos regale envejecer juntos, en la misma casa o en separadas. Te adoro, te admiro, te elijo cada día.

Gracias a mis hijos, el más intenso, inabarcable, interminable, cansado, difícil, costoso (y caro) de los másteres que he podido hacer en mi vida, sois mi privilegiado objeto de estudio, mi más querido y admirado laboratorio de emociones. Gracias por elegirme para ser vuestra primera influencer, vosotros sois los míos y, sin duda alguna, gracias por dejarme ser vuestro *padawan*. Gracias por aceptar mis imperfecciones y animarme con vuestro ejemplo a hacerlo yo también, gracias por ayudarme a reconciliarme con la responsabilidad y la reparación. Es, ha sido y será un privilegio maternaros; aunque el tiempo siempre será corto a vuestro lado, el amor incondicional es para siempre. Gracias a todas las personas que os han cuidado mientras yo escribía este libro, gracias a la vida por los profes tan increíbles que habéis tenido y que tanto os aportan. Y ojalá la vida me regale presenciar lo que vais a «dar de regreso» al mundo.

Gracias a María Posada, por cuidar hijitas con el mismo amor con el que cuidas mis textos; por cada sugerencia, consejo y corrección, y los límites amorosos: «Deja ya de escribir». No eres mi media naranja, pero sí mi medio cerebro, ¡y el ñu favorito de mi manada! Gracias por todo tu aliento, por todo tu cariño. Gracias a Encarna Llor y Alejandra Lázaro por ser mi equipo y que «Educando en conexión» pudiera seguir girando mientras yo me eclipsaba con mi libro.

Gracias a Bea Sánchez por ser parte de la banda sonora de este libro con sus canciones calmantes de Soy Mamá Valiente, y gracias por su testimonio y por abrirme la puerta a la posibilidad de mi propia neurodivergencia.

Gracias a Raquel Carretero por su increíble capacidad de ser honesta y amable a un tiempo, y por el impresionante escrito que nos ha regalado para este libro para todas las familias que están, o no, «en Holanda».

Gracias a María Gómez por su testimonio y el cuidado y el cariño con el que nos tratas siempre, gracias.

A Isra Bravo, Indi Veloso, Raquel Romero, Marta Neyra, Jessica Gómez Álvarez, Cristina Sandín, Dafne Santana, María Couso, Asier Arrieta y Erika Martínez, por el regalo para el corazón que han sido sus testimonios. A Beatriz Cazurro por su precioso prólogo.

Gracias a Raquel Mor y Fernanda Bocco por ser mi lugar seguro, eternamente agradecida de que hayáis sido mi espacio para poder ordenar y escuchar mis emociones y abrazar mis —o no tanto— incoherencias.

Gracias a mi tribu por los ánimos, las risas, las lágrimas y por ser, en definitiva, mis manos.

Gracias a todas las personas que me han confiado el apoyo para cuidar de lo más preciado que tienen: los vínculos con sus hijos y alumnado. Gracias a los niños, las niñas y los adolescentes de los que he aprendido tanto.

Gracias a todos los docentes, mentoras (Marisa, Arwen, siempre en mi corazón) y compañeros que me han acompañado en este camino. Gracias en especial a mi tutora por cuidarme tan bonito al dirigir mi trabajo de fin de máster sobre inteligencia emocional en la familia y gracias a las familias que se prestaron a mi pequeña pero intensa investigación.

Gracias a mi agente Isabel, por confiar siempre en mí; a Teresa Petit y Anna Jolis, mis editoras, por sus cuidados. Gracias a todo el equipo de Penguin Random House, por vuestro cariño siempre, como autora y como ponente.

Y gracias también a mi madre y a mi padre, por darme y dedicarme la vida, gracias por hacerlo «muy como pudisteis», todo está bien. Sin vosotros, literalmente, no estaría aquí, ni tendría a mi hermano, a quien también agradezco ser parte de mi primer laboratorio emocional. Os quiero. Gracias también a mis abuelos, donde quiera que estéis, os siento cada día en mi corazón. Nuestro hilo invisible sigue tan visible como siempre, acojo gustosamente la tristeza como el peaje de haberos querido tantísimo. Gracias al resto de mi sistema familiar; no nos conocimos, pero sé que sabéis que yo también lo hago «muy como puedo».

Gracias a todas las Anónima de la historia de la humanidad, que con sus cuidados construyeron, sin saberlo, la historia de nuestra inteligencia emocional. Si de mí dependiera, habría en cada ciudad un monumento a la madre desconocida. Os vemos.

Y gracias a ti, que tienes este libro en tus manos, por creer que otra forma de cuidar y criar está siendo posible. Gracias a ti he podido escribir este libro, y con ello encajar mi propio puzle emocional y dar más sentido a mi historia. ¡Gracias de corazón!

Y, por supuesto, gracias a mí misma, por este tomar algo para mí y dar algo de regreso que ha sido este libro, en el que he contado una historia de amor, la del amor de los padres a los hijos (las mías) y la de los hijos a los padres (los míos). Ojalá este texto pueda inspirarte para hacer más bonita tu historia de amor.